JN440665

눈떠라 영작문

눈떠라 영작문

정 용 권 · Jeanne Beck 지음

한국문화사

눈떠라 영작문

1판1쇄 발행 2015년 12월 30일

지 은 이 정용권 · Jeanne Beck
펴 낸 이 김진수
펴 낸 곳 **한국문화사**
등 록 1991년 11월 9일 제2-1276호
주 소 서울특별시 성동구 광나루로 130 서울숲IT캐슬 1310호
전 화 02-464-7708
전 송 02-499-0846
이 메 일 hkm7708@hanmail.net
홈페이지 www.hankookmunhwasa.co.kr

책값은 뒤표지에 있습니다.

잘못된 책은 바꾸어 드립니다.
이 책의 내용은 저작권법에 따라 보호받고 있습니다.

ISBN 978-89-6817-312-7 93470

이 도서의 국립중앙도서관 출판예정도서목록(CIP)은 서지정보유통지원시스템 홈페이지(http://seoji.nl.go.kr)와 국가자료공동목록시스템(http://www.nl.go.kr/kolisnet)에서 이용하실 수 있습니다.(CIP제어번호: CIP2015033801)

| 머리말 |

세계화가 점점 더 빠르게 진행되면서 영어의 필요성은 과거 어느 때보다 더 크게 부각되고 있다. 이러한 상황에서 영어공부의 초점은 과거의 읽기위한 공부에서 지금은 말하고 쓰기 위한 공부로 이동하고 있다. 게다가 말하기는 대개 대화 상대와 얼굴을 마주하고 이루어지므로 정확한 영어로 표현하지 않더라도 의사전달을 하는데 큰 문제가 없다. 이와 달리 글쓰기는 서로 얼굴을 보지 않는 상황에서 이루어지므로 그만큼 더 정확성을 요구한다.

이 책은 영어문장을 쓰는데 필요한 기초지식이 부족한 독자들에게 이 책으로 공부하는 동안 문장이 만들어지는 원리를 자연스럽게 습득하게 하여 영어문장을 쓰는데 자신감을 가지게 하기 위해 쓴 것이다. 이를 위해 문장을 만드는 가장 작은 단위인 단어에서 시작하여 보다 큰 단위인 구, 절, 문장이 만들어지는 원리를 알기 쉽게 설명하였다.

이 책은 매 단원의 첫머리에 단원의 주요학습목표를 제시하고 〈핵심연구〉에서 구체적 학습내용을 소개하고 이 내용에 대한 개괄적인 이해도를 〈기본연습〉에서 확인하고 이러한 지식을 실제로 영어문장에 적용하는 능력을 향상시키도록 〈심화연습〉에서 다시 한 번 확인을 거치게 했다. 이어서 〈기본영작〉에서는 앞에서 학습한 내용을 실제로 영어문장에 적용하는 연습을 하고 마지막으로 〈심화영작〉에서는 그 단원에서 습득한 지식을 다양한 영어예문을 직접 써 봄으로써 실제로 적용하도록 구성했다. 또한 독자의 이해를 돕기 위해 〈정답 및 해설〉에서 연습문제의 정답과 다양한 영작의 예문에 대한 상세한 설명을 덧붙였다. 특히, 〈심화영작〉에서는 일반적으로 쓰이는 영어예문과 함께 미국의 원어민들 사이에서 자주 쓰이는 일상적인 영어표현을 추가예문으로 제시하여 미국 현지영어를 배울 수 있게 하였다. 게다가 〈기본영작〉과 〈심화영작〉의 영어예문을 원어민 Jeanne Beck 선생님의 발음으로 녹음하여 독자가 작문과 함께 회화공부에도 도움이 되게 하였다.

끝으로 한국인 독자를 위해 아낌없는 조언과 영문교정은 물론 직접 많은 양의 녹음까지 맡아주신 미국인 Jeanne Beck 선생님과 언제나 주위에서 많은 관심과 격려를 주신 분들 그리고 대학에서 강의를 열심히 들어주어 제가 연구에 더욱 정진하도록 힘을 준 사랑스런 제자들과 이 책이 나오기까지 수고를 아끼지 않으신 한국문화사 관계자분들께 깊은 감사의 마음을 전한다.

정 용 권

Thank you, dear reader, for undertaking the exciting yet difficult task of mastering a foreign language. I hope my voice recordings give you a look into how one native speaker from the Midwest (USA) might say these sentences, and the sentences provide you with some possible ways Korean ideas can be translated into the English language. Never have I been more impressed with English language learners than I was during my two years teaching English and TESOL Education courses at Hankuk University of Foreign Studies, and now that I am teaching ESL (English as a Second Language) in the United States I can't help but think warm thoughts about your beautiful country and determined spirit. Best wishes!

Jeanne Beck
Jefferson City, Missouri, USA

〈기본영작〉과 〈심화영작〉의 예문을
원어민의 발음으로 들어보기
한국문화사 홈페이지 →
고객센터 → download 클릭

|차례|

머리말 / v

단어로 구 만들기 / 3

Ⅰ. 핵심연구 / 4

Ⅱ. 기본연습 / 5

Ⅲ. 심화연습 / 7

Ⅳ. 기본영작 / 8

Ⅴ. 심화영작 / 10

구의 종류와 기능 / 13

Ⅰ. 핵심연구 / 14

Ⅱ. 기본연습 / 22

Ⅲ. 심화연습 / 24

Ⅳ. 기본영작 / 25

Ⅴ. 심화영작 / 27

구와 비(非)구 / 30

Ⅰ. 핵심연구 / 31

Ⅱ. 기본연습 / 38

Ⅲ. 심화연습 / 40

Ⅳ. 기본영작 / 41

Ⅴ. 심화영작 / 44

제4장 주어 / 47
Ⅰ. 핵심연구 / 48
Ⅱ. 기본연습 / 51
Ⅲ. 심화연습 / 53
Ⅳ. 기본영작 / 54
Ⅴ. 심화영작 / 56

제5장 동사 / 59
Ⅰ. 핵심연구 / 60
Ⅱ. 기본연습 / 62
Ⅲ. 심화연습 / 64
Ⅳ. 기본영작 / 66
Ⅴ. 심화영작 / 68

제6장 보어 / 71
Ⅰ. 핵심연구 / 72
Ⅱ. 기본연습 / 75
Ⅲ. 심화연습 / 77
Ⅳ. 기본영작 / 79
Ⅴ. 심화영작 / 81

제7장 목적어 / 84
Ⅰ. 핵심연구 / 85
Ⅱ. 기본연습 / 89
Ⅲ. 심화연습 / 91
Ⅳ. 기본영작 / 93
Ⅴ. 심화영작 / 95

부사 / 98

Ⅰ. 핵심연구 / 99
Ⅱ. 기본연습 / 106
Ⅲ. 심화연습 / 108
Ⅳ. 기본영작 / 110
Ⅴ. 심화영작 / 112

구로 절 만들기 / 115

Ⅰ. 핵심연구 / 116
Ⅱ. 기본연습 / 121
Ⅲ. 심화연습 / 123
Ⅳ. 기본영작 / 126
Ⅴ. 심화영작 / 128

절의 종류와 기능 / 131

Ⅰ. 핵심연구 / 132
Ⅱ. 기본연습 / 136
Ⅲ. 심화연습 / 138
Ⅳ. 기본영작 / 140
Ⅴ. 심화영작 / 143

절로 문장 만들기 / 146

Ⅰ. 핵심연구 / 147
Ⅱ. 기본연습 / 151
Ⅲ. 심화연습 / 153
Ⅳ. 기본영작 / 156
Ⅴ. 심화영작 / 158

제12장 정문과 비문 / 161

Ⅰ. 핵심연구 / 162
Ⅱ. 기본연습 / 171
Ⅲ. 심화연습 / 174
Ⅳ. 기본영작 / 176
Ⅴ. 심화영작 / 179

동사의 행위자 표현법 / 182

Ⅰ. 핵심연구 / 183
Ⅱ. 기본연습 / 191
Ⅲ. 심화연습 / 193
Ⅳ. 기본영작 / 195
Ⅴ. 심화영작 / 198

동사가 나타내는 때로 의미 바꾸기 / 201

Ⅰ. 핵심연구 / 202
Ⅱ. 기본연습 / 205
Ⅲ. 심화연습 / 207
Ⅳ. 기본영작 / 209
Ⅴ. 심화영작 / 211

제15장 명사구의 위치와 형태의 제약 / 214

Ⅰ. 핵심연구 / 215
Ⅱ. 기본연습 / 219
Ⅲ. 심화연습 / 222
Ⅳ. 기본영작 / 224
Ⅴ. 심화영작 / 226

반복요소의 표현법 / 229
Ⅰ. 핵심연구 / 230
Ⅱ. 기본연습 / 236
Ⅲ. 심화연습 / 238
Ⅳ. 기본영작 / 241
Ⅴ. 심화영작 / 243

앞 요소의 뒤 요소 선택 / 246
Ⅰ. 핵심연구 / 247
Ⅱ. 기본연습 / 254
Ⅲ. 심화연습 / 256
Ⅳ. 기본영작 / 258
Ⅴ. 심화영작 / 260

진술 내용의 진위에 따른 표현법 / 263
Ⅰ. 핵심연구 / 264
Ⅱ. 기본연습 / 268
Ⅲ. 심화연습 / 269
Ⅳ. 기본영작 / 271
Ⅴ. 심화영작 / 273

제19장 어순의 변화와 의미의 변화 / 276
Ⅰ. 핵심연구 / 277
Ⅱ. 기본연습 / 281
Ⅲ. 심화연습 / 283
Ⅳ. 기본영작 / 285
Ⅴ. 심화영작 / 287

남의 말을 인용하는 법 / 290

Ⅰ. 핵심연구 / 291

Ⅱ. 기본연습 / 295

Ⅲ. 심화연습 / 297

Ⅳ. 기본영작 / 300

Ⅴ. 심화영작 / 302

정답 및 해설 / 305

눈떠라 영작문

제1장 | **단어로 구 만들기**
제2장 | **구의 종류와 기능**
제3장 | **구와 비(非)구**
제4장 | **주어**
제5장 | **동사**
제6장 | **보어**
제7장 | **목적어**
제8장 | **부사**
제9장 | **구로 절 만들기**
제10장 | **절의 종류와 기능**
제11장 | **절로 문장 만들기**
제12장 | **정문과 비문**
제13장 | **동사의 행위자 표현법**
제14장 | **동사가 나타내는 때로 의미 바꾸기**
제15장 | **명사구의 위치와 형태의 제약**
제16장 | **반복요소의 표현법**
제17장 | **앞 요소의 뒤 요소 선택**
제18장 | **진술 내용의 진위에 따른 표현법**
제19장 | **어순의 변화와 의미의 변화**
제20장 | **남의 말을 인용하는 법**

제1장

단어로 구 만들기

영어문장은 하나 이상의 구로 구성되고 구는 하나 이상의 단어로 구성된다. 따라서 올바른 문장을 만들려면 먼저 개개의 단어를 영어가 요구하는 순서로 배열하여 구를 만들어야 한다. 이 점에서 단어와 구를 구별하는 것은 문법적인 문장을 만드는데 기초가 된다. 많은 학습자가 문장 내의 구에 존재하는 단어를 영어가 요구하는 순서로 배열하지 못하여 완전한 구를 만들지 못해 비문을 만든다.

I 핵심연구

1. 단어

단어란 글이나 말로 나타낼 수 있는 하나의 단일한 언어단위이다. 다음 예문을 보자.

a. Bora likes English. (보라는 영어를 좋아한다)

b. She studies it very hard. (그녀는 그것을 매우 열심히 공부한다)

a: Bora, likes, English는 각각 단어. 세 개의 단어로 된 문장

b: She, studies, it, very, hard는 각각 단어. 다섯 개의 단어로 된 문장

2. 구

구란 독자적으로 또는 문장 내에서 하나의 단위를 이루는 조그만 단어집단이다.

a. Bora likes English. (보라는 영어를 좋아한다)

b. She is very attractive. (그녀는 매우 매력적이다)

c. She is a young woman. (그녀는 젊은 여성이다)

d. She studies it very hard. (그녀는 그것을 매우 열심히 공부한다)

e. She studies it very hard from morning till night. (그녀는 그것을 아침부터 밤까지 매우 열심히 공부한다)

❑ **명사구** 문장에서 동사의 주어자리에서 주어로 쓰이거나 동사의 보어자리에서 보어로 쓰이거나 동사나 전치사의 목적어자리에서 목적어로 쓰일 수 있는 명사를 포함하고 있는 형태. Bora, English, She, a young woman, it, morning, night

❑ **동사구** 문장에서 주어 뒤에서 주어에 대해 완전하게 기술하는 동사를 포함하고 있는 형태. likes English, is very attractive, is a young woman, studies it very hard, studies it very hard from morning till night

❑ **형용사구** 형용사가 중심이 되어 있는 형태. very attractive

❑ **부사구** 부사가 중심이 되어 있는 형태. very hard

❑ **전치사구** 전치사 뒤에 전치사의 목적어인 명사구가 나와 있는 형태.
from morning, till night

II 기본연습

1. 구를 고르시오.
   a. Bora likes
   b. is very
   c. hard from
   d. likes English

2. 단어를 고르시오.
   a. very hard
   b. from
   c. a young woman
   d. till night

3. 명사구를 고르시오.
   a. Bora
   b. likes English
   c. very hard
   d. very attractive

4. 구가 아닌 것을 고르시오.
   a. a young woman
   b. very hard
   c. is a
   d. very attractive

5. 단어가 아닌 것을 고르시오.
   a. boy
   b. like

c. very

d. studies it

6. 명사구가 아닌 것을 고르시오.

a. she

b. it

c. a young woman

d. from morning

7. 동사구가 아닌 것을 고르시오.

a. likes English

b. is very attractive

c. studies it very hard

d. till night

8. 부사구가 아닌 것을 고르시오.

a. very

b. very hard

c. hard

d. young

9. 형용사구가 아닌 것을 고르시오.

a. attractive

b. very attractive

c. young

d. a young

10. 전치사구가 아닌 것을 고르시오.

a. from morning

b. till night

c. a coat on

d. on the desk

III 심화연습

1. 동사구가 아닌 것을 고르시오.

a. eat it
b. give her a present
c. get angry
d. become angrily

2. 부사구가 아닌 것을 고르시오.

a. quickly
b. hard enough
c. glad enough
d. extremely hard

3. 형용사구가 아닌 것을 고르시오.

a. happy
b. very happy
c. happy enough
d. happily enough

4. 전치사구가 아닌 것을 고르시오.

a. in car
b. on the desk
c. for Seoul
d. with a pencil

5. 하나의 단어이며 구인 것을 고르시오.

a. walked
b. became
c. on the table
d. made a kite

6. 밑줄 친 구와 같은 종류의 구를 고르시오.

The runner ran as fast as he could.

a. so good
b. foolishly
c. for my mother
d. a hard worker

7. 동사이지만 동사구가 아닌 것을 고르시오.

a. walk
b. become
c. laugh
d. drive

8. 둘 이상의 단어이면서 구인 것을 고르시오.

a. happy girl
b. strong men
c. a good music
d. many news

9. 명사가 있지만 명사구가 아닌 것을 고르시오.

a. a diligent student
b. diligent student
c. diligent students
d. this diligent student

10. 단어가 모인 것으로 구가 아닌 것을 고르시오.

a. read a book
b. very angry
c. young boy
d. in summer

IV 기본영작

※ 다음을 영어로 옮길 때 □ 안에 들어갈 영어표현을 쓰시오.

1. 그 소년은 축구선수이다.

a. The boy is □□□. (명사구)

b. The boy plays □. (명사구)

2. 그 축구선수는 다리가 튼튼하다.

a. The soccer player has □□. (명사구)

b. The soccer player's legs are ____. (형용사구)

3. 그 축구선수는 열심히 공부한다.

a. The soccer player studies ____. (부사구)

b. The soccer player is ____ ____ ____. (명사구)

4. 그 축구선수는 매우 빨리 달린다.

a. The soccer player runs ____ ____. (부사구)

b. The soccer player is ____ ____ ____ ____. (명사구)

5. 그 축구선수는 아침 일찍 일어난다.

a. The soccer player gets up early ____ ____ ____. (전치사구)

b. The soccer player is ____ ____ ____. (명사구)

6. 그 축구선수는 나의 집 가까이 산다.

a. The soccer player lives ____ ____ ____. (전치사구)

b. The soccer player's house is ____ ____. (전치사구)

7. 그 축구선수는 영어를 유창하게 한다.

a. The soccer player speaks English ____. (부사구)

b. The soccer player is a fluent speaker ____ ____. (전치사구)

8. 그 축구선수는 아침 여섯 시에 조깅한다.

a. The soccer player ____ ____ ____ ____ ____ ____. (동사구)

b. The soccer player's jogging ____ ____ ____ ____ ____ ____. (동사구)

9. 그 축구선수는 매력적인 외모를 가지고 있다.

a. The soccer player looks [ ]. (형용사구)

b. The soccer player [ ] [ ] [ ] [ ]. (동사구)

10. 그 축구선수는 매우 아름다운 여자 친구가 있다.

a. The soccer player has [ ] [ ] [ ] [ ]. (명사구)

b. The soccer player's girlfriend is [ ] [ ]. (형용사구)

V 심화영작

※ 주어진 표현으로 시작하여 영작하시오.

1. 정수는 초등학생이다.

a. Jung-Su ______________________________.

b. Jung-Su goes ______________________________.

c. Jung-Su is an ______________________________.

d. Jung-Su is a ______________________________.

2. 그의 가족은 네 명이다.

a. He ______________________________.

b. He has a ______________________________.

c. His family ______________________________.

d. There ______________________________.

3. 그의 아버지는 회사원이다.

a. His father is an ______________________________.

b. His father works ______________________________.

c. His father works as ______________________________.

d. His father's job ______________________________.

4. 그의 여동생은 유치원에 다닌다.

a. His younger sister ______________________________.

b. His younger sister is a ______________________________.

c. His younger sister goes ______________________________.

d. His younger sister attends ______________________________.

5. 그의 아버지는 지하철로 출근한다.

a. His father ______________________________.

b. His father takes ______________________________.

c. His father commutes ______________________________.

d. The subway ______________________________.

6. 그의 어머니는 집에서 살림을 한다.

a. His mother ______________________________.

b. His mother is ______________________________.

c. His mother takes ______________________________.

d. His mother is responsible ______________________________.

7. 그는 자기 자신의 방에서 숙제를 한다.

a. His homework ______________________________.

b. He ______________________________.

c. His homework he ______________________________.

d. It ______________________________.

8. 그의 가족은 저녁 7시에 저녁식사를 한다.

a. His family ______________________________.

b. His family's dinner time ______________________________________.

c. His family's dinner ______________________________________.

d. Dinner ______________________________________.

9. 그의 어머니는 진공청소기로 집을 청소한다.

a. His mother ______________________________________.

b. His mother uses ______________________________________.

c. His house ______________________________________.

d. A vacuum cleaner ______________________________________.

10. 그의 아버지는 오전 9시에서 오후 6시까지 일한다.

a. His father ______________________________________.

b. His father's working hours ______________________________________.

c. His father's work ______________________________________.

d. His father begins ______________________________________.

제2장

구의 종류와 기능

영어문장은 보통 하나 이상의 구로 이루어져 있으며 문장 내의 위치에 따라 올 수 있는 구의 종류에 제약이 따른다. 뿐만 아니라 같은 구라 하더라도 문장 내의 위치에 따라 서로 다른 기능을 하기도 한다. 따라서 문장이 되기 위해서는 문장을 이루고 있는 개개의 구의 내부구조가 영어가 요구하는 순서로 배열되어야 할 뿐만 아니라 개개의 구가 영어가 요구하는 순서로 배열되어야 한다.

I 핵심연구

1. 구의 종류

(1) 명사구

A. 한정사 + 명사

a boy, the boy, the boys, my boy, my boys, this boy, these boys, many boys, ...

설명 한정사는 명사 앞에 오는 관사, 소유격, 지시사, 양화사를 말한다.

❑ **관사** 셀 수 있는 명사의 단수형 앞에 와서 그 명사가 가리키는 대상 하나를 뜻하는 부정관사(a, an)와 셀 수 있는 명사와 셀 수 없는 명사 앞에 와서 그 명사가 가리키는 대상이 화자가 그의 청자도 알고 있다고 보는 대상이라는 것을 가리키는 정관사(the)가 있다.

❑ **소유격** 셀 수 있는 명사나 셀 수 없는 명사 앞에서 그 명사가 가리키는 대상이 누구에게 속해 있다는 것을 가리키는 my, our, your, his, her, their, its, Tom's, ...와 같은 것을 가리킨다.

❑ **지시사** 명사 앞에 와서 그 명사가 가리키는 대상이 어떤 대상을 가리키는지 지시하는 말이다. '이...'를 뜻하는 this와 these 그리고 '저...'를 뜻하는 that, those가 있다. this와 that은 셀 수 있는 명사의 단수형과 셀 수 없는 명사 앞에만 오고 복수형인 these와 those는 셀 수 있는 명사의 복수형 앞에만 올 수 있다.

❑ **양화사** 명사 앞에 와서 그 명사가 가리키는 대상의 수나 양이 어느 정도인지를 가리키는 말이다. 수를 나타내는 양화사와 양을 나타내는 양화사 그리고 수와 양에 다 쓰이는 양화사가 있다.

♧ 수에만 쓰이는 양화사: a few, few, many, another, each, every, ...

♧ 양에만 쓰이는 양화사: a little, little, much, ...

♧ 수와 양에 모두 쓰이는 양화사: a lot of, lots of, plenty of, any, no, all, ...

B. 셀 수 있는 명사의 복수형

boys, girls, students, teachers, mothers, fathers, apples, oranges, ...

C. 셀 수 없는 명사

water, music, furniture, salt, news, knowledge, information, blindness, ...

D. 대명사

I, we, you, he, she, it, they, who, whom, which, someone, somebody, nobody, anybody, ...

(2) 동사구

A. 홀로 완전한 의미를 전할 수 있는 동사

홀로 완전한 의미를 전할 수 있는 동사(sing, walk, eat, laugh, smile, drive, ...)는 홀로 동사구가 될 수 있다.

a. I [sang]. (나는 노래했다)

b. You [walked]. (너는 걸었다)

설명 위 예에서 동사 sang, walked는 모두 홀로 '노래하다' '걷다'는 의미를 완전하게 전할 수 있는 동사이므로 그 자체가 동사구이다. 이 때문에 뒤에 어떤 요소가 오지 않아도 앞에 주어만 오면 완전한 문장을 만들 수 있다.

B. 보어를 필요로 하는 동사와 그 보어

보어를 필요로 하는 동사(be동사, become, get, grow, look, sound, smell, taste, feel, ...)는 뒤에 보어가 와야 그 동사가 가지고 있는 의미를 완전히 전달할 수 있으므로 동사구가 될 수 있다.

a. The boy [was tall]. (그 소년은 키가 컸다)

b. He [became a basketball player]. (그는 농구선수가 되었다)

설명 위 예문의 be동사(was)는 '~이다'는 의미로 그 자체로는 완전한 의미를 전하지 못하므로 '키가 큰'이라는 보어가 필요하다. 동사 become도 '~가 되다'는 의미로 보어가 필요하다.

C. 목적어를 필요로 하는 동사와 그 목적어

목적어를 필요로 하는 동사(eat, drink, love, study, learn, read, write, speak, ...)는 뒤에 목적어가 와야 그 동사가 가지고 있는 의미를 완전하게 전달할 수 있으므로 동사구가 될 수 있다.

a. The girl [ate an apple]. (그 소녀는 사과를 하나 먹었다)

b. She [drank water]. (그녀는 물을 마셨다)

설명 위 예문의 동사 eat은 '~을 먹다'는 의미로 그 자체로는 완전한 의미를 전 하지 못하므로 목적어인 '사과를'을 필요로 한다. 동사 drink도 '~을 마시다'는 의미로 목적어인 '물을'을 필요로 한다.

D. 두 개의 목적어를 필요로 하는 동사와 그 두 목적어

두 개의 목적어를 필요로 하는 동사(give, buy, send, offer, bring, teach, show, make, refuse ...)는 뒤에 목적어가 두 개 와야 그 동사가 가지고 있는 의미를 완전하게 전달할 수 있으므로 동사구가 될 수 있다.

a. The boy [gave his girlfriend a present]. (그 소년은 여자친구에게 선물을 하나 주었다)

b. He [bought her a present]. (그는 그녀에게 선물을 하나 사주었다)

설명 위 예문의 동사 give는 '~에게 ~을 주다'는 의미로 그 자체로는 완전한 의미를 전하지 못하므로 간접목적어인 '그의 여자 친구에게'와 직접목적이인 '선물을'을 필요로 한다. 동사 buy도 '~에게 ~을 사주다'는 의미를 전할 때 이와 마찬가지다.

E. 목적어와 목적보어를 필요로 하는 동사와 그 목적어와 목적보어

목적어와 목적보어를 모두 필요로 하는 동사(make, paint, push, pull, call, name, leave, find, ...)는 뒤에 이 두 요소가 모두 나와야 그 동사가 가진 의미를 완전히 전달할 수 있으므로 동사구가 될 수 있다.

a. The girl [made her boyfriend happy]. (그 소녀는 남자친구를 기쁘게 했다)

b. She [painted the ceiling blue]. (그녀는 천장을 푸르게 칠했다)

설명 위 예문의 동사 make는 '~을 ~하게 하다'는 의미로 그 자체로는 완전한 의미를 전하지 못하므로 목적어인 '남자친구를'과 목적보어인 '기쁜'을 필요로 한다. 동사 paint도 '~을 ~하게 칠하다'는 의미를 전할 때 목적어와 목적보어를 필요로 한다.

(3) 형용사구

형용사만으로 구성되거나 형용사 앞에 이것을 수식하는 부사가 나와 있는 구조를 말한다.

A. 형용사 하나로 되어 있는 형용사구

diligent, happy, difficult, poor, rich, yellow, tall, short, ...

a. The student was [happy]. (그 학생은 기뻤다)

b. The teacher made the boy [happy]. (그 선생은 그 소년을 기쁘게 했다)

B. 부사 + 형용사

very good, extremely strong, unbelievably cheap, surprisingly awkward, ...

a. The movie actor looked [very fit]. (그 영화배우는 매우 건강해 보였다)

b. He made his muscles [extremely strong] by working out. (그는 운동을 함으로써 그의 근육을 극히 강하게 만들었다)

(4) 부사구

하나의 부사로 구성되거나 이것을 수식하는 또 다른 부사가 앞에 나와 있는 구조를 말한다.

A. 부사 하나로 되어 있는 부사구

hard, carefully, easily, fast, warmly, coldly, wisely, foolishly, happily, ...

a. The driver works [hard]. (그 택시운전사는 열심히 일한다)

b. He drives [carefully]. (그는 조심스럽게 운전한다)

B. 부사 + 부사

very hard, extremely carefully, unbelievably easily, too fast, so warmly, very coldly, surprisingly wisely, so foolishly, ...

a. The farmer works [very hard]. (그 농부는 매우 열심히 일한다)

b. He walks [extremely carefully]. (그는 매우 주의 깊게 걷는다)

(5) 전치사구

전치사 뒤에 그 목적어인 명사구가 오거나 전치사 뒤에 목적어인 명사구와 목적보어로 형용사구, 부사구, 전치사구가 오는 구조를 말한다.

A. 전치사 + 명사구

in Seoul, at ten o'clock, for New York, after school, before him, ...

a. I met my wife [in Seoul]. (나는 아내를 서울에서 만났다)

b. She went out [at ten o'clock]. (그녀는 열시에 외출했다)

> **설명** 명사구 Seoul이 전치사 in의 목적어이고 명사구 ten o'clock이 전치사 at의 목적어이다.

B. 전치사 + 명사구 + 형용사구

with her handbag open, with the car unlocked, with his jeans unzipped, with his homework undone, ...

a. The housewife went shopping [with her handbag open]. (그 주부는 핸드백이 열린 채 쇼핑하러 갔다)

b. She came inside [with the car unlocked]. (그녀는 자동차를 잠그지 않은 채 들어왔다)

> **설명** 명사구 her handbag이 전치사 with의 목적어이고 형용사구 open이 목적보어이며, 명사구 the car가 전치사 with의 목적어이고 형용사구 unlocked가 목적보어이다.

C. 전치사 + 명사구 + 부사구

with a cap on, with his glasses off, with an umbrella up, with your eyes upward, ...

a. The little boy was sleeping [with a cap on]. (그 어린 소년은 모자를 쓴 채 자고 있었다)

b. He was sleeping [with his glasses off]. (그는 안경을 벗은 채 자고 있었다)

> 설명 명사구 a cap이 전치사 with의 목적어이고 부사구 on이 목적보어이며, 명사구 his glasses가 전치사 with의 목적어이고 부사구 off가 목적보어이다.

D. 전치사 + 명사구 + 전치사구

with a schoolbag on her back, with a pistol in his hand, with headgear on the head, with a band round his arm, ...

a. The child ran [with a schoolbag on her back]. (그 아이는 등에 책가방을 멘 채 뛰었다)

b. She saw a stranger [with a pistol in his hand]. (그녀는 손에 권총을 든 한 낯선 사람을 보았다)

> 설명 명사구 a schoolbag이 전치사 with의 목적어이고 전치사구 on her back이 목적보어이며, 명사구 a pistol이 전치사 with의 목적어이고 전치사 in his hand가 목적보어이다.

2. 구의 문장 내에서의 기능

(1) 명사구

A. 주어로서의 기능

[A stranger] came. (동사 came의 주어) (한 낯선 자가 왔다)

B. 보어로서의 기능

◇ 주격보어로서의 기능

He was [a tall man]. (be동사 was의 주격보어. a tall man이 주어 he와 같은 대상) (그는 키가 큰 남자였다)

◇ 목적보어로서의 기능

I made him [my acquaintance]. (동사 make의 목적보어. 동사의 목적어 him과 보어가 같은 대상) (나는 그를 내 지인으로 만들었다)

C. 목적어로서의 기능

◇ 타동사의 목적어로서의 기능

He loved [a Korean girl]. (동사 love의 목적어) (그는 한 한국소녀를 사랑했다)

◇ 전치사의 목적어로서의 기능

He came from [Canada]. (전치사 from의 목적어) (그는 캐나다출신이었다)

D. 명사구와 동격으로서의 기능

◇ 주어와 동격

The stranger, [my friend], was very kind. (주어인 the stranger와 같은 대상) (내 친구인 그 낯선 자는 매우 친절했다)

◇ 주격보어와 동격

He was the stranger, [my friend]. (동사 was의 주격보어인 the stranger와 같은 대상) (그는 내 친구인 그 낯선 자였다)

◇ 목적보어와 동격

I made him my friend, [a foreign friend]. (목적보어인 my friend와 같은 대상) (나는 그를 외국인 친구인 내 친구로 만들었다)

◇ 동사의 목적어와 동격

He loved a Korean girl, [his young wife]. (동사의 목적어인 a Korean girl과 같은 대상) (그는 젊은 아내인 한 한국소녀를 사랑했다)

◇ 전치사의 목적어와 동격

He met his wife in Korea, [her country]. (전치사 in의 목적어인 Korea와 같은 대상) (그는 아내의 나라인 한국에서 그의 아내를 만났다)

(2) 동사구

주어에 대한 서술기능

The astronomer [observed stars]. (주어인 the astronomer에 대해 설명) (그 천문학자는 별을 관찰했다)

(3) 형용사구

A. 명사 수식기능

A boy saw an [attractive] singer. (뒤의 명사 singer를 수식) (한 소년이 한 매력적인 가수를 보았다)

B. 보어로서의 기능

◇ 주격보어로서의 기능

She was [attractive]. (be동사 was의 보어. 이 보어를 빼면 문장은 비문법적이 된다) (그녀는 매력적이었다)

◇ 목적보어로서의 기능

She made herself [attractive]. (동사 make의 목적보어. 이 보어를 빼면 문장은 비문법적이 된다) (그녀는 자신을 매력적으로 만들었다)

(4) 부사구

A. 문장전체수식 기능

[Fortunately], the runner got first place. (뒤의 문장 전체를 수식) (운 좋게도 그 주자는 1등을 했다)

B. 동사수식 기능

He ran [fast]. (동사 ran을 수식) (그는 빨리 뛰었다)

C. 형용사수식 기능

He was fast [enough]. (형용사 fast를 수식) (그는 충분히 빨랐다)

D. 부사수식 기능

He ran fast [enough]. (부사 fast를 수식) (그는 충분히 빨리 뛰었다)

(5) 전치사구

A. 형용사적 기능: 명사구수식

The fountain pen [on the desk] is mine. (명사구 fountain pen을 수식) (그 책상 위의 만년필은 나의 것이다)

B. 부사적 기능: 동사수식

I put it [on the desk]. (동사 put을 수식) (나는 그것을 그 책상 위에 두었다)

C. 부사적 기능: 형용사수식

I was good [at writing novels]. (형용사 good을 수식) (나는 소설을 잘 썼다)

II 기본연습

1. 명사구가 아닌 것을 고르시오.

a. 한정사 + 명사 b. 셀 수 있는 명사의 복수형
c. 셀 수 없는 명사 d. 형용사 + 셀 수 있는 명사의 단수형

2. 한정사가 아닌 것을 고르시오.

a. 관사 b. 형용사
c. 소유격 d. 지시사

3. 양화사가 아닌 것을 고르시오.

a. all b. every
c. no d. a

4. 전치사구가 아닌 것을 고르시오.

a. 전치사 + 명사구 b. 전치사 + 명사구 + 형용사구
c. 전치사 + 명사구 + 부사구 d. 명사구 + 전치사구

5. 부사구에 대한 설명이 아닌 것을 고르시오.

a. 부사는 문장 전체를 수식할 수 없다.

b. 부사 홀로 부사구가 될 수 있다.

c. 부사는 형용사를 수식하기도 한다.

d. 부사 앞에 부사가 와도 부사구이다.

6. 목적어를 필요로 하지 않는 동사를 고르시오.

a. eat
b. are
c. learn
d. speak

7. 목적어를 두 개 취할 수 없는 동사를 고르시오.

a. bring
b. buy
c. put
d. make

8. 보어를 필요로 하는 동사가 아닌 것을 고르시오.

a. be
b. get
c. like
d. look

9. 두 개의 목적어를 취하지 못하는 동사를 고르시오.

a. give
b. submit
c. send
d. show

10. 목적어와 목적보어를 취하지 못하는 동사를 고르시오.

a. offer
b. make
c. leave
d. call

III 심화연습

1. 구가 아닌 것을 고르시오.

a. very bright b. love a girl

c. quickly enough d. under desk

2. 주어가 될 수 없는 것을 고르시오.

a. Tom b. young girl

c. that he is a student d. loving a girl

3. 완전한 동사구가 아닌 것을 고르시오.

a. is Korean b. like English

c. become strongly d. jog

4. 구의 내부구조가 올바른 것을 고르시오.

a. a this book b. make a boy happily

c. enough strong d. very diligently

5. 나머지 셋과 성격이 다른 것을 고르시오.

a. Mary b. water

c. these beautiful flowers d. young some boys

6. 문장전체를 수식할 수 없는 부사를 고르시오.

a. fortunately b. regrettably

c. extremely d. happily

7. 주어와 동격으로 쓰일 수 없는 것을 고르시오.

a. a foreigner b. a man that I have met

c. teachers teaching English
d. too hot to eat

8. 수와 양에 모두 쓰이는 양화사가 아닌 것을 고르시오.
a. much
b. no
c. any
d. some

9. 전치사의 목적어와 동격으로 쓰일 수 없는 것을 고르시오.
a. a boy that I know
b. a teacher that is tall
c. a man of importance
d. that speaks English

10. 동사나 전치사의 목적어로 쓰일 수 없는 명사구를 고르시오.
a. my mother
b. Bora
c. they
d. the girl whom I loved

IV 기본영작

※ 다음을 영어로 옮길 때 □ 안에 들어갈 영어표현을 쓰시오.

1. 그 운동장에 사람이 많다.

a. There are □□ on the grounds. (양화사와 가산명사)

b. I can see □□□ on the grounds. (양화사와 가산명사)

2. 그들은 그 운동장을 도느라 바쁘다.

a. They are □ walking around the grounds. (동사의 보어)

b. They are walking around the grounds □□□. (전치사구)

3. 한 여성은 모자를 쓴 채 걷고 있다.

a. A woman is walking with a cap [ ]. (전치사의 목적보어인 부사)

b. A woman wearing [ ][ ] is walking. (동사의 목적어)

4. 그들은 주위의 구경꾼들을 즐겁게 한다.

a. They make the people-watchers around them [ ]. (동사의 목적보어)

b. The people-watchers [ ] them are happy at the sight of them. (전치사구를 만드는 전치사)

5. 그들은 서로에게 행복한 미소를 짓는다.

a. They give each other [ ][ ]. (동사의 직접목적어)

b. They give friendly smiles [ ][ ][ ]. (전치사구)

6. 한 남성은 스마트폰을 팔뚝에 매단 채 뛰고 있다.

a. A man is running with a smartphone [ ] around his upper arm. (전치사의 목적보어인 과거분사)

b. A man with his smartphone strapped [ ][ ][ ][ ] is running. (전치사구)

7. 몇몇 사람들은 그 운동장을 돌고 있다.

a. Some people are walking [ ] the grounds. (목적어를 가진 전치사)

b. [ ][ ][ ] are walking around the grounds. (양화사와 명사를 가진 명사구)

8. 나의 외국인 친구 메리는 나와 벤치에서 이야기하고 있다.

a. Mary, [ ][ ][ ], is talking with me on a bench. (주어와 동격인 명사구)

b. [ ][ ][ ] Mary is chatting with me on a bench. (주어와 동격인 명사구)

9. 한 소년은 음식을 한 입 가득 문 채 주위를 둘러보고 있다.

a. A boy is looking around with his mouth [ ]. (전치사의 목적보어인 형용사구)

b. A boy whose mouth is full [ ][ ] is looking around. (전치사구)

10. 몇몇 노인은 한 오래된 플라타너스나무 아래에서 그들을 지켜보고 있다.

a. Some elderly people are watching them from under an old tree, [ ][ ][ ].

(전치사의 목적어와 동격인 명사구)

b. A few old people are looking [ ][ ] from under an old plane tree.

(전치사구)

V 심화영작

※ 주어진 표현으로 시작하여 영작하시오.

1. 자전거를 타면 건강유지에 도움이 된다.

a. Bicycle riding ______________________________.

b. Riding ______________________________.

c. It ______________________________.

d. Taking ______________________________.

2. 자전거를 많이 타면 다리가 튼튼해진다.

a. Frequently riding ______________________________.

b. Your legs ______________________________.

c. You ______________________________.

d. If ______________________________.

3. 점점 더 고가의 자전거가 생산되고 있다.

a. More and more ____.

b. Companies ____.

c. We ____.

d. There ____.

4. 건강을 위해 자전거를 타는 사람들이 많다.

a. Lots of people ____.

b. In order to ____.

c. More than a few people ____.

d. There ____.

5. 자전거도 과속하면 사고의 위험이 높아진다.

a. A high-speed bike ride ____.

b. Riding a bicycle ____.

c. When ____.

d. A bicycle ride ____.

6. 비싼 자전거는 무게가 가벼우며 더 견고하다.

a. Expensive bikes ____.

b. An expensive bike is ____.

c. A bike that is expensive ____.

d. There ____.

7. 여기 저기 자전거 전용도로가 만들어지고 있다.

a. Bike-only trails ____.

b. They ____.

c. You ____.

d. There ____.

8. 자전거 도로 옆에는 다양한 음식을 파는 노점상도 많다.

a. On the roadside ______________________________.

b. There ______________________________.

c. Lots of vendors ______________________________.

d. You ______________________________.

9. 자전거여행을 하면 많은 경치를 더 여유롭게 감상할 수 있다.

a. A bike trip ______________________________.

b. When ______________________________.

c. You'd better ______________________________.

d. Take a bike trip ______________________________.

10. 자전거를 타는 사람들이 늘면서 자전거관련 사고도 늘고 있다.

a. As ______________________________.

b. The increase ______________________________.

c. The number of bike riders ______________________________.

d. With ______________________________.

구와 비(非)구

구는 하나의 단어로 이루어지기도 하고 둘 이상의 단어로 이루어지기도 한다. 따라서 구와 구가 아닌 것을 구별하기가 쉽지 않다. 더욱이 구는 종류에 따라 다양한 형태를 가지고 있으므로 어떤 것이 구이고 어떤 것이 구의 형태처럼 보이지만 사실상 구가 아닌지 구별할 수 있어야 한다. 구가 아닌 형태가 문장에서 구가 와야 할 자리에 오면 비문법적인 구의 사용으로 인해 전체 문장이 비문이 된다.

I 핵심연구

1. 구

(1) 하나의 단어로 구성된 경우

A. 명사구

◇ 셀 수 있는 명사의 복수형

apples, pears, persimmons, boys, girls, mothers, fathers, teachers, scientists, players, balls, dancers, singers, ...

◇ 셀 수 없는 명사

water, fire, light, salt, music, advice, information, beauty, honesty, warmth, happiness, sadness, ...

B. 동사구

come, go, walk, run, appear, arrive, laugh, cry, sing, dance, study, work, eat, ...

C. 형용사구

good, bad, beautiful, attractive, wise, intelligent, careful, stupid, foolish, rich, poor, ...

D. 부사구

well, badly, beautifully, attractively, wisely, intelligently, carefully, stupidly, foolishly, richly, poorly, ...

(2) 둘 이상의 단어로 구성된 경우

A. 명사구

(A) 한정사와 명사로 구성된 경우

◇ 부정관사 + (부사) + (형용사) + 셀 수 있는 명사의 단수형

a boy (한 소년), a young boy (한 어린 소년), an honest young boy (한 정직한

어린 소년), a very young boy (한 매우 어린 소년), a very honest young boy (한 매우 정직한 어린 소년) ...

◇ 정관사 + 셀 수 있는 명사의 단수형

the boy (그 소년 (한 사람)), the girl (그 소녀 (한 사람)), the student (그 학생 (한 사람)), the teacher (그 선생 (한 사람)), ...

◇ 정관사 + (부사) + (형용사) + 셀 수 있는 명사의 복수형

the boys (그 소년들), the young boys (그 어린 소년들), the honest young boys (그 정직한 어린 소년들), the very honest young boys (그 매우 정직한 어린 소년들), ...

◇ 정관사 + (부사) + (형용사) + 셀 수 없는 명사

the water (그 물), the clear water (그 맑은 물), the clear blue water (그 맑은 푸른 물), the very clear blue water (그 매우 맑은 푸른 물), ...

◇ 소유격 + (부사) + (형용사) + 셀 수 있는 명사의 단수형

my book (나의 책), my thick book (나의 두꺼운 책), my very thick book (나의 매우 두꺼운 책), ...

◇ 소유격 + (부사) + (형용사) + 셀 수 있는 명사의 복수형

my books (나의 책들), my thick books (나의 두꺼운 책들), my very thick books (나의 매우 두꺼운 책들), ...

◇ 소유격 + (부사) + (형용사) + 셀 수 없는 명사

my water (나의 물), my clear water (나의 맑은 물), my very clear water (나의 매우 맑은 물), ...

◇ 지시사 + (부사) + (형용사) + 셀 수 있는 명사의 단수형

this book (이 책), this thick book (이 두꺼운 책), this very thick book (이 매우 두꺼운 책), ...

◇ 지시사 + (부사) + (형용사) + 셀 수 있는 명사의 복수형

these books (이 책들), these thick books (이 두꺼운 책들), these very thick books (이 매우 두꺼운 책들), ...

◇ 지시사 + (부사) + (형용사) + 셀 수 없는 명사

this water (이 물), this clear water (이 맑은 물), this very clear water (이 매우 맑은 물), ...

◇ 양화사 + (부사) + (형용사) + 셀 수 있는 명사의 단수형

any boy (어떤 소년이건), any honest boy (어떤 정직한 소년이건), any very honest boy (어떤 매우 정직한 소년이건), ...

◇ 양화사 + (부사) + (형용사) + 셀 수 있는 명사의 복수형

a few books (몇 권의 책), a few thick books (몇 권의 두꺼운 책), a few very thick books (몇 권의 매우 두꺼운 책), ...

◇ 양화사 + (부사) + (형용사) + 셀 수 없는 명사

some water (약간의 물), some clear water (약간의 맑은 물), some very clear water (약간의 매우 맑은 물), ...

(B) 한정사 없는 명사로 구성된 경우

◇ (부사) + (형용사) + 셀 수 있는 명사의 복수형

young boys (어린 소년), very young boys (매우 어린 소년), ...

◇ (부사) + (형용사) + 셀 수 없는 명사

clear water (맑은 물), very clear water (매우 맑은 물), ...

B. 동사구

walk fast, is a student, love Mary, put a book on the desk, give her a present, make her my wife, ...

C. 형용사구

very good, extremely difficult, too heavy, so light, this young, that beautiful, ...

D. 부사구

very well, too carefully, so seriously, so nervously, so impatiently, extremely well, ...

E. 전치사구

in Seoul, at ten o'clock, for New York, on the desk, under the table, across the street, with a cap on, with a cigarette in his mouth, ...

2. 비(非)구

(1) 명사구가 아닌 것

A. 한정사가 없는 셀 수 있는 명사의 단수형

boy, young boy, very young boy, teacher, good teacher, very good teacher, mother, affectionate mother, very affectionate mother, ...

핵심 셀 수 있는 명사의 단수형은 한정사가 앞에 오지 않으면 명사구가 아니다. 따라서 일반적으로 문장에서 명사구가 오는 자리에 오면 비문이 된다.

B. 부정관사와 함께 쓰인 셀 수 없는 명사

a water, a good water, a very good water, an information, a helpful information, a very helpful information, an advice, an appropriate advice, a very appropriate advice, ...

핵심 부성관사(a, an)는 '하나의, 한 사람의'를 뜻하는 수의 개념이므로 셀 수 없는 명사와 쓰일 수 없다.

C. 복수어미가 붙은 셀 수 없는 명사

musics, good musics, very good musics, informations, good informations, very good informations, advices, appropriate advices, very appropriate advices, ...

핵심 셀 수 없는 명사는 복수어미(-s, -es)를 붙여 수의 개념으로 쓸 수 없다.

D. 명사구의 내부구조를 위반한 경우

(A) 관사, 소유격, 지시사를 둘 이상 나란히 사용한 경우

a my book, *the my* book, *a this* book, *the this* book, *my this* book, *my that* book, *this my* book, *that my* book, *this a* book, *that the* book, ...

> 핵심 관사, 소유격, 지시사 중 어느 둘을 나란히 사용할 수 없다. a my book은 a book, my book, a book of mine으로 쓴다. the my book은 the book, my book으로 쓴다. a this book은 a book, this book으로 쓴다. my this book은 my book, this book, this book of mine으로 쓴다. my that book 역시 my book, that book, that book of mine으로 쓴다.

(B) 양화사와 다른 한정사의 순서를 위반한 경우

the all books, *my all* books, *these all* books, *those all* books, ...

> 핵심 보통 양화사와 다른 한정사(관사, 소유격, 지시사)를 나란히 쓸 때는 양화사가 다른 한정사보다 앞에 온다.

(2) 동사구가 아닌 것

A. 동사 뒤에 그 동사가 요구하는 요소가 나오지 않은 경우

am, become, eat, love, put a book, give, teach, make, push, ...

> 핵심 보어나 목적어가 나와야 그 동사가 가진 의미를 완전하게 전할 수 있는 동사 뒤에 이들 요소가 나오지 않으면 동사구가 될 수 없다.

B. 동사 뒤에 그 동사가 요구하지 않는 요소가 나오는 경우

am [strongly], become [intelligently], love [to Mary], put a book [the desk], give [to him] a present, paint the ceiling [yellowly], ...

> 핵심 동사 뒤는 그 동사가 가진 의미 때문에 어떤 요소는 반드시 와야 하고 어떤 요소는 오지 않아도 된다. 반드시 필요한 요소가 오지 않으면 그 동사가 가진 고유한 의미가 완전히 전달되지 못하므로 동사구가 될 수 없다.

(3) 형용사구가 아닌 것

A. 형용사구의 구조가 아닌 경우

enough good, difficult extremely, hot very, tall enormously, ...

> **핵심** 형용사구는 오른쪽의 형용사가 중심이 되는 구조이다. 따라서 이것을 수식하는 강조의 의미를 가진 부사는 왼쪽에 온다. 그러나 부사 enough는 자신이 수식할 형용사나 부사 오른쪽에 온다.

B. 형용사구의 내부구조를 위반한 경우

fat silly (woman), tall foolish (boy), young five (gentlemen), wooden old (furniture), glass large (table), ...

> **핵심** 형용사구가 여러 개의 형용사로 이루어질 때 보통 주관적 추상적 개념을 나타내는 형용사가 왼쪽으로 오고 객관적 구체적 개념을 나타내는 형용사가 오른쪽으로 온다.

(4) 부사구가 아닌 것

A. 부사구의 구조가 아닌 경우

too impatient, old enough, seemingly diligent, almost impossible, so honest, how beautiful, ...

> **핵심** 부사구의 오른 쪽 요소는 부사이다.

B. 부사구의 내부구조를 위반한 경우

enormous quickly, tremendous hard, exceeding well, rclativc well, ...

> **핵심** 부사구의 오른 쪽 요소는 부사이므로 이것을 수식하는 왼쪽 요소는 부사가 되어야 한다.

(5) 전치사구가 아닌 것

A. 전치사의 목적어가 없는 경우

at, in, on, to, for, against, before, after, between, among, over, above, under, below, ...

> **핵심** 전치사구는 전치사 뒤에 목적어가 나와 있는 구조를 가리킨다. 영어의 전치사는 그 목적어 없이 홀로 쓰일 수 없다. 이 때문에 목적어 없이 전치사가 문장에 나오면 비문이다.

B. 전치사의 목적어로 목적어가 될 수 없는 형태가 온 경우

at [they], in [room], for [be late], on [Han River], against [to go there], before [that you go], with Tom, friend, ...

> **핵심** 전치사의 목적어는 원칙적으로 명사구가 목적격을 가진 형태로 와야 한다. 의문사(what, how, which, why, ...)가 이끄는 간접의문은 명사절로 명사구의 일종이므로 목적어가 될 수 있다. 그러나 that-절은 보통 전치사의 목적어가 될 수 없다. 그러나 to-부정사는 명사적이지만 전치사의 목적어가 될 수 없다. 그리고 동사는 동명사의 형태로 와야 목적어가 될 수 있다.

C. 전치사구의 내부구조를 위반한 경우

with [schoolbag] on the back, with his schoolbag on [back], with his back against [wall], ...

> **핵심** 전치사 with가 '~을 ~한 채'의 의미를 전할 때 이 전치사의 목적어는 목적격을 가진 명사구로 오고 이 전치사의 목적어가 가진 의미를 보충하는 역할을 하는 목적보어는 형용사구, 부사구, 전치사구의 형태로 와야 한다.

II 기본연습

1. 명사구를 고르시오.
   a. 셀 수 있는 명사의 단수형
   b. 형용사와 셀 수 있는 명사의 단수형
   c. 부사와 형용사와 셀 수 있는 명사의 단수형
   d. 부사와 형용사와 셀 수 있는 명사의 복수형

2. 동사구를 고르시오.
   a. 보어나 목적어를 필요로 하지 않는 동사
   b. 보어가 나오지 않은 보어를 필요로 하는 동사
   c. 목적어가 나오지 않은 목적어를 필요로 하는 동사
   d. 목적어만 나와 있는 목적어와 목적보어를 필요로 하는 동사

3. 부사구를 고르시오.
   a. 형용사 뒤에 부사가 나와 있는 구조
   b. 부사 뒤에 형용사가 나와 있는 구조
   c. 명사 뒤에 또 다른 명사가 나와 있는 구조
   d. 부사만 나오거나 부사 뒤에 또 다른 부사가 나와 있는 구조

4. 형용사구를 고르시오.
   a. 부사 뒤에 부사가 나와 있는 구조
   b. 명사 뒤에 형용사가 나와 있는 구조
   c. 형용사 뒤에 명사가 나와 있는 구조
   d. 부사 뒤에 형용사가 나와 있는 구조

5. 전치사구를 고르시오.
   a. 전치사만으로 되어 있는 구조

b. 전치사 뒤에 명사구가 나와 있는 구조

c. 전치사 뒤에 형용사가 나와 있는 구조

d. 전치사 뒤에 동사구가 나와 있는 구조

6. 구에 관한 설명이 잘못된 것을 고르시오.

a. 동사 홀로 동사구가 되기도 한다.

b. 명사 홀로 명사구가 되기도 한다.

c. 형용사 홀로 형용사구가 되기도 한다.

d. 전치사 홀로 전치사구가 되기도 한다.

7. 부사구에 관한 설명이 잘못된 것을 고르시오.

a. 부사를 수식할 수 있다.
b. 형용사를 수식할 수 없다.
c. 동사를 수식할 수도 있다.
d. 문장 전체를 수식하기도 한다.

8. 전치사의 목적어가 될 수 없는 것을 고르시오.

a. 고유명사
b. 대명사의 소유격
c. 셀 수 없는 명사
d. 셀 수 있는 명사의 복수형

9. 형용사구에 관한 설명이 잘못된 것을 고르시오.

a. 동사의 목적어가 될 수 없다.

b. 동사 앞에서 동사를 수식한다.

c. 부사 뒤에서 부사의 수식을 받는다.

d. 문장에서 주격보어나 목적보어로 쓰인다.

10. 전치사구에 관한 설명이 잘못된 것을 고르시오.

a. 전치사 뒤에 명사구가 나와 있는 구조이다.

b. 전치사 뒤에 동명사가 나와 있는 구조이다.

c. 전치사 뒤에 to-부정사가 나와 있는 구조이다.

d. 전치사 뒤에 명사구가 오고 뒤에 전치사구가 오기도 한다.

III 심화연습

1. 동사의 보어가 될 수 없는 것을 고르시오.
   a. diligent worker
   b. tall
   c. that I am a student
   d. careful

2. 동사의 목적어가 될 수 없는 것을 고르시오.
   a. to read a book
   b. eating breakfast
   c. why I study English
   d. learn a foreign language

3. 부사구의 내부구조를 위반한 것을 고르시오.
   a. extremely well
   b. hard enough
   c. well how
   d. so quickly

4. 전치사구의 내부구조를 위반한 것을 고르시오.
   a. from foreign country
   b. outside the library
   c. over his head
   d. with a pencil in his mouth

5. 전치사의 목적어가 될 수 없는 것을 고르시오.
   a. learning a foreign language
   b. to learn a foreign language
   c. a foreign language to learn
   d. how to learn a foreign language

6. 형용사구의 내부구조를 위반한 것을 고르시오.
   a. very young
   b. so tall
   c. too young to marry
   d. enough foolish

7. 한정사의 순서를 위반하여 명사구가 아닌 것을 고르시오.

a. this interesting story
b. so tall a boy
c. too young a girl
d. how a beautiful flower

8. 동사 뒤 요소가 격을 위반하여 동사구가 아닌 것을 고르시오.

a. meet Tom and she
b. like a Russian
c. teach students English
d. respect the teachers, Tom, Mary and him

9. 동사 뒤에 필요한 요소가 오지 않아 동사구가 아닌 것을 고르시오.

a. play tennis
b. become so quickly
c. taste sour
d. give a boy a ball

10. 동사가 요구하지 않는 요소가 뒤에 나와 동사구가 아닌 것을 고르시오.

a. get warm
b. taste the soup
c. respect him his honesty
d. show a foreigner the way to the subway station

IV 기본영작

※ 다음을 영어로 옮길 때 □ 안에 들어갈 영어표현을 쓰시오.

1. 그 열람실은 조명이 잘 되어 있다.

a. The reading room is □. (형용사구)
b. The reading room has □□. (명사구)

2. 그 열람실에는 한숨을 쉬는 학생도 있다.

a. A certain student [ ] in the reading room. (동사구)

b. You can see a certain student [ ] in the reading room. (동사의 목적보어)

3. 그 열람실은 에어컨이 켜져 있어 시원하다.

a. [ ][ ][ ] is cool because the air conditioner is on. (한정사와 명사)

b. You may feel [ ] in the reading room because the air conditioner is on. (동사의 보어인 형용사구)

4. 대학원생만이 그 열람실을 이용할 수 있다.

a. The reading room is open only to [ ][ ]. (한정사 없는 가산명사의 복수형)

b. The reading room is [ ] to graduate students only. (형용사구)

5. 그 열람실에서 물을 마시는 것은 허용된다.

a. You can drink [ ] in the reading room. (한정사 없는 불가산명사)

b. You are [ ] to drink water in the reading room. (형용사구)

6. 피곤한 학생들은 공부 중 십분 정도 낮잠을 잔다.

a. Some tired students [ ][ ][ ] for about ten minutes during their study time. (동사구)

b. [ ] are some tired students who take a nap for about ten minutes during their study time. (존재의 구문)

7. 그 열람실 이용자들은 모두 매우 열심히 공부한다.

a. All the users of the reading room study [ ][ ]. (부사구)

b. The reading room users are all eager ______ ______. (to-부정사)

8. 그 열람실에는 다른 학생들을 불안하게 하는 학생이 있다.

a. Some student makes the other students ______ in the reading room. (동사의 목적보어)

b. A certain student in the reading room disturbs the other students' peace ______ ______. (전치사구)

9. 그 열람실에서 키가 매우 크거나 매우 작은 학생은 볼 수 없다.

a. The students in the reading room are not ______ ______ or very short. (동사의 보어)

b. ______ can see very tall students or very short students in the reading room. (부정의 명사구)

10. 어떤 학생들은 노트북 컴퓨터를 켜 둔 채 그 열람실 밖으로 나간다.

a. Some students go out of the reading room with their notebook computers ______. (전치사의 목적보어)

b. There are some students going out of the reading room without turning off ______ ______ ______. (동사의 목적어)

V 심화영작

※ 주어진 표현으로 시작하여 영작하시오.

1. 그 학자는 매일 같은 시간에 산책을 하러간다.
   a. The scholar's walk ____.
   b. The scholar ____.
   c. The scholar's walking ____.
   d. The scholar makes it a rule ____.

2. 그 학자의 산책로는 마을을 한 바퀴 도는 길이다.
   a. The scholar ____.
   b. The scholar's walk ____.
   c. The walking course ____.
   d. For ____.

3. 그 산책으로 그는 체중을 일정하게 유지하고 있다.
   a. The walk ____.
   b. Thanks to ____.
   c. His body weight ____.
   d. His walk helps him ____.

4. 그는 산책을 하는 동안 많은 것들을 직접 관찰한다.
   a. His walk ____.
   b. When ____.
   c. He ____.
   d. Lots of things ____.

5. 산책은 그에게 많은 것들에 관해 생각할 기회를 준다.

a. A walk ______________________________________.

b. He ______________________________________.

c. His walk ______________________________________.

d. Thanks to ______________________________________.

6. 그는 연구로 지친 머리를 식히기 위해 산책을 하러간다.

a. He ______________________________________.

b. His studies ______________________________________.

c. He is so ______________________________________.

d. In order to ______________________________________.

7. 그는 산책이 끝나면 배가 고파 맛있는 음식이 먹고 싶다.

a. After ______________________________________.

b. He ______________________________________.

c. When ______________________________________.

d. Delicious food ______________________________________.

8. 산책을 하는 동안 그는 가끔 아는 사람을 우연히 만나기도 한다.

a. During ______________________________________.

b. While ______________________________________.

c. He ______________________________________.

d. It ______________________________________.

9. 그는 산책 후 자신의 몸이 이전보다 더 유연하다는 것을 발견한다.

a. After ______________________________________.

b. His body ______________________________________.

c. When ______________________________________.

d. He ______________________________________.

10. 산책은 그가 평소 주의를 기울이지 않던 것들에 관심을 가지게 한다.

a. A merit of his walk ____________________.

b. A walk ____________________.

c. By ____________________.

d. While ____________________.

주어

주어란 보통 문장에서 술부가 기술하고자 하는 대상인 사람이나 사물을 말한다. 영어의 모든 구가 주어가 될 수 있는 것은 아니며 명사구나 명사구의 일종인 명사절이 주어가 된다. 이 때문에 명사이지만 명사구가 아닌 형태는 주어가 될 수 없고 명사절이 아닌 형용사절이나 부사절은 주어가 될 수 없다. 따라서 문장을 만들려면 먼저 문장의 주어자리에 주어가 될 수 있는 요소를 두어야 한다.

I 핵심연구

1. 주어

하나의 절에서 동사에 의해 표현되는 행위를 하는 사람이나 사물을 가리키는 명사집단이다.

2. 주어가 될 수 있는 요소

(1) 명사구

a. [A girl] danced. (한정사+명사) (한 소녀가 춤췄다)

b. [Girls] like dancing. (셀 수 있는 명사의 복수형) (소녀는 춤추는 것을 좋아한다)

c. [Music] is what they dance to. (셀 수 없는 명사) (음악은 그들이 맞춰 춤추는 것이다)

d. [She] danced. (대명사) (그녀는 춤췄다)

e. [To dance] is not easy. (to-부정사) (춤추는 것은 쉽지 않다)

f. [Dancing] is what she likes. (동명사) (춤추는 것은 그녀가 좋아하는 것이다)

(2) 명사절

a. [That she dances] pleases her friends. (that-절) (그녀가 춤춘다는 것이 그녀 친구들을 기쁘게 한다)

b. [Why she dances] is not known to them. (why-절) (그녀가 왜 춤추는지는 그들에게 알려져 있지 않다)

c. [How she dances] is their interest. (how-절) (그녀가 어떻게 춤추느냐가 그들의 관심사이다)

d. [What she likes] interests them. (what-절) (그녀가 무엇을 좋아하느냐가 그들의 흥미를 끈다)

e. [Which she chooses] is important to them. (which-절) (그녀가 어느 것을 고르느냐가 그들에게 중요하다)

f. [Whether she has a boyfriend or not] is not clear. (whether-절) (그녀가 남자친구가 있는지 없는지는 분명하지 않다)

3. 주어가 될 수 없는 요소

(1) 명사구처럼 보이지만 명사구가 아닌 형태

a. *[Woodcutter] saw a fairy. (나무꾼이 한 선녀를 보았다)
b. *[Unmarried woodcutter] loved a fairy. (미혼인 나무꾼이 한 선녀를 사랑했다)
c. *[A few woodcutter] fell in love with fairies. (몇몇 나무꾼이 선녀에게 반했다)
d. *[Many water] fell from the waterfall. (많은 물이 그 폭포로부터 떨어졌다)
e. *[A music] rang out around the waterfall. (음악이 그 폭포주위에 울려 퍼졌다)
f. *[A this woodcutter] hid a fairy's clothes. (이 나무꾼은 한 선녀의 옷을 숨겼다)
g. *[His this fairy] became his wife. (그의 이 선녀는 그의 아내가 되었다)

(2) 명사절이 아닌 형태

a. *[Why did he hide her clothes] was evident. (그가 왜 그녀의 옷을 숨겼는지는 명백했다)
b. *[If he truly loved her or not] was not clear. (그가 진정으로 그녀를 사랑했는지 어떤지는 분명하지 않았다)
c. *[He had some children between him and her] was well-known. (그가 그녀와의 사이에 몇 명의 아이가 있었다는 것은 잘 알려져 있었다)

4. 가주어와 진주어 구문

to-부정사나 명사절을 주어로 사용하는 대신 가주어인 it을 두고 이들을 진주어로 사용하는 구문이 빈번히 사용된다.

(1) 부정사가 주어

a. [To please others] is not easy. (to-부정사가 주어) (남을 기쁘게 하는 것은 쉽지 않다)

b. [It] is not easy [to please others]. (가주어와 진주어 구문)

(2) 동명사가 주어

a. [Pleasing others] is not easy. (동명사가 주어) (남을 기쁘게 하는 것은 쉽지 않다)

b. [It] is not easy [pleasing others]. (가주어와 진주어 구문)

(3) 명사절이 주어

A. that-절이 주어

a. [That she pleases others] makes her father happy. (that-절이 주어) (그녀가 남을 기쁘게 하는 것이 그녀 아버지를 기쁘게 한다)

b. [It] makes her father happy [that she pleases others]. (가주어와 진주어 구문)

B. 의문사가 이끄는 절이 주어

a. [What she likes] is not important. (what-절) (what-절이 주어) (그녀가 무엇을 좋아하느냐는 중요하지 않다)

a.' [It] is not important [what she likes]. (가주어와 진주어 구문)

b. [Which she will choose] depends on her own will. (which-절) (which-절이 주어) (그녀가 어느 것을 선택할 지는 그녀의 의지에 달려있다)

b.' [It] depends on her own will [which she will choose]. (가주어와 진주어 구문)

c. [Why she studies so hard] is not known to her friends. (why-절) (why-절이 주어) (왜 그녀가 그렇게 열심히 공부하는지 그녀 친구들은 알지 못한다)

c.' [It] is not known to her friends [why she studies so hard]. (가주어와 진주어 구문)

d. [How she got there] remains a mystery. (how-절) (how-절이 주어) (그녀가 거기에 어떻게 도착했는지는 수수께끼로 남아있다)

d.' [It] remains a mystery [how she got there]. (가주어와 진주어 구문)

e. [Whether she took a taxi or not] does not matter. (whether-절) (whether-절이 주어) (그녀가 택시를 탔는지 어떤지는 중요하지 않다)

e.' [It] does not matter [whether she took a taxi or not]. (가주어와 진주어 구문)

II 기본연습

1. 명사구가 아닌 것을 고르시오.
   a. 지시사의 단수형과 셀 수 있는 명사의 복수형
   b. 셀 수 없는 명사
   c. 부정관사와 셀 수 있는 명사의 단수형
   d. 셀 수 있는 명사의 복수형

2. 명사절이 아닌 것을 고르시오.
   a. that-절
   b. whether-절
   c. how-절
   d. because-절

3. 주어가 될 수 없는 것을 고르시오.
   a. 소유격과 셀 수 있는 명사의 복수형
   b. 부정관사와 셀 수 없는 명사
   c. 지시사의 단수형과 셀 수 없는 명사
   d. 정관사와 셀 수 있는 명사의 복수형

4. 주어로 쓰일 수 없는 절을 고르시오.
   a. if-절
   b. what-절
   c. which-절
   d. why-절

5. 주어가 될 수 없는 동명사를 고르시오.
   a. 동명사의 주어가 있는 동명사
   b. 동명사의 목적어가 있는 동명사
   c. 동명사를 부정하기 위한 부정어가 동명사 뒤에 있는 동명사
   d. 동명사의 보어가 있는 동명사

6. 가주어로 쓰일 수 있는 것을 고르시오.

a. this
b. that
c. it
d. they

7. 주어가 될 수 없는 that-절을 고르시오.

a. that 뒤에 주어인 명사구와 동사구가 나와 있는 구조
b. that 뒤에 주어인 명사구가 오고 보어를 요구하는 동사와 그 보어가 나와있는 구조
c. that 뒤의 주어인 명사구 뒤에 목적어를 요구하는 동사와 그 목적어가 나와있는 구조
d. that-절의 접속사 that이 생략되어 있는 구조

8. 주어가 될 수 없는 to-부정사를 고르시오.

a. 보어를 가진 to-부정사
b. 목적어를 가진 to-부정사
c. 주어를 가진 to-부정사
d. 필요한 보어가 빠져 있는 to-부정사

9. 셀 수 없는 명사로 명사구가 아닌 것을 고르시오.

a. 셀 수 없는 명사만 나와 있는 구조
b. 셀 수 없는 명사 앞에 소유격이 나와 있는 구조
c. 셀 수 없는 명사 앞에 형용사가 나와 있는 구조
d. 셀 수 없는 명사 앞에 수를 나타내는 양화사가 나와 있는 구조

10. 셀 수 있는 명사로 명사구가 아닌 것을 고르시오.

a. 셀 수 있는 명사의 단수형 앞에 한정사가 없는 구조
b. 셀 수 있는 명사의 복수형 앞에 한정사가 없는 구조
c. 셀 수 있는 명사의 단수형 앞에 지시사의 단수형이 있는 구조
d. 셀 수 있는 명사의 복수형 앞에 지시사의 복수형이 있는 구조

III 심화연습

1. 명사구가 아닌 것을 고르시오.
   a. some information for you
   b. foreigners living in Korea
   c. the music that is popular among young people
   d. easy way to master a foreign language

2. 명사절이 아닌 것을 고르시오.
   a. though I am not rich
   b. that I am Korean
   c. who I am
   d. why I study English

3. 주어가 될 수 있는 것을 고르시오.
   a. hard worker
   b. to work hard
   c. to not work hard
   d. not work hard

4. 주어가 될 수 없는 절을 고르시오.
   a. what I should do
   b. whether he will come or not
   c. why she puts on makeup
   d. how should you study English

5. 주어가 될 수 없는 것을 고르시오.
   a. to study English
   b. for Hyori to study English
   c. for Hyori to not study English
   d. not to study English

6. 주어가 될 수 있는 절을 고르시오.
   a. if you study hard
   b. whenever you are free
   c. since she is a foreign student
   d. what she does for a living

7. 동명사 중 주어가 될 수 없는 것을 고르시오.

a. becoming a famous man
b. Tom's becoming a famous man
c. not reading any books
d. reading not any books

8. to-부정사 중 주어가 될 수 없는 것을 고르시오.

a. to study English hard
b. to hard study English
c. for me to study English hard
d. for Miji not to study English hard

9. 명사구이지만 주어가 될 수 없는 것을 고르시오.

a. Tom and Mary
b. Jenny and him
c. a teacher and his students
d. a few boys and their dogs

10. 가주어 it의 진주어로 쓰일 수 없는 것을 고르시오.

a. to keep a diary
b. whether the boy keeps a diary or not
c. as the boy keeps a diary
d. that the boy keeps a diary

IV 기본영작

※ 다음을 영어로 옮길 때 □ 안에 들어갈 영어표현을 쓰시오.

1. 한 소년이 친구와 북한산에 올랐다.

a. □□ went up Mt. Bukhan with his friend. (부정관사와 단수명사)

b. A boy and □□ went up Mt. Bukhan. (소유격과 단수명사)

2. 등산객은 산에 오르는 것을 좋아한다.

a. [ ] like going up mountains. (한정사 없는 복수명사)

b. [ ][ ] enjoy going up mountains. (양화사와 복수명사)

3. 물은 모든 등산객이 산에서 꼭 필요하다.

a. [ ] is indispensable for all hikers in the mountains. (한정사 없는 불가산명사)

b. [ ][ ] needs water in the mountains. (양화사와 단수명사)

4. 그는 그 산에서 한 젊은 외국여성을 만났다.

a. [ ] met a young foreign woman on the mountain. (대명사)

b. [ ] was a young foreign woman that he met on the mountain. (강조구문의 주어)

5. 그가 산에서 외국인을 만나기는 쉽지 않았다.

a. For him [ ][ ][ ][ ] on a mountain was not easy. (to-부정사)

b. [ ] was not easy for him to meet a foreigner on a mountain. (가주어)

6. 산에서 외국여성과 이야기하니 그는 즐거웠다.

a. [ ] with a foreign woman on a mountain pleased him. (동명사)

b. It made him happy [ ][ ] with a foreign woman on a mountain. (진주어)

7. 그 외국여성이 등산을 좋아해서 그는 기분이 좋았다.

a. [ ][ ][ ][ ][ ][ ] made him happy. (that-절)

b. [ ] made him happy that the foreign woman liked hiking. (가주어)

8. 그녀가 왜 혼자 산에 올라왔는지 그 소년은 알지 못했다.

a. [ ][ ][ ][ ][ ][ ][ ] was a mystery to the boy. (why-절)

b. [ ] was a mystery to the boy why she came up the mountain alone. (가주어)

9. 그녀가 샌들을 신고 어떻게 산에 올라왔는지 그는 궁금했다.

a. [ ] was questionable to him how she came up the mountain in her sandals. (가주어)

b. He didn't know how she came up the mountain [ ][ ][ ][ ]. (전치사구)

10. 무엇보다 그를 기쁘게 한 것은 그녀가 독신이라는 것이었다.

a. [ ][ ][ ][ ] was that she was single. (what-절)

b. [ ] pleased him most that she was single. (가주어)

V 심화영작

※ 주어진 표현으로 시작하여 영작하시오.

1. 그 남자는 주말에 그의 친구들을 만난다.

a. The man ____.

b. For ____.

c. The man spends ____.

d. The man's weekends ____.

2. 그의 친구들은 다양한 직업을 가지고 있다.

a. His friends ____________________.

b. His friends differ ____________________.

c. His friends have ____________________.

d. His friends work ____________________.

3. 그와 몇몇 친구는 탁구를 치는 것을 좋아한다.

a. He ____________________.

b. A few of his friends ____________________.

c. Playing table tennis ____________________.

d. Table tennis ____________________.

4. 그는 친구들을 만나면 여러 가지 정보를 공유한다.

a. He and his friends ____________________.

b. He ____________________.

c. He shares ____________________.

d. Various kinds of information ____________________.

5. 그들은 저녁식사를 하면서 막걸리를 한 잔 마신다.

a. During ____________________.

b. Drinking ____________________.

c. Their dinner ____________________.

d. They ____________________.

6. 당구나 탁구가 끝나면 그들은 저녁식사를 하러 간다.

a. After ____________________.

b. They ____________________.

c. When ____________________.

d. They go ____________________.

7. 그의 친구들 중 대부분이 당구를 치는 것을 좋아한다.

a. Most of his friends ______________________________.

b. Playing ______________________________.

c. It ______________________________.

d. The majority ______________________________.

8. 그들은 각자 자신의 관심사에 관해 깊이 있는 정보를 제공한다.

a. Each person ______________________________.

b. They ______________________________.

c. Each of them shares ______________________________.

d. In-depth information ______________________________.

9. 저녁식사가 끝나면 그들은 차를 한 잔 마시면서 이야기를 계속한다.

a. After ______________________________.

b. Their conversation ______________________________.

c. When ______________________________.

d. Their dinner ______________________________.

10. 대화가 끝나면 그들은 서로에게 작별인사를 하고 각자 집으로 향한다.

a. After ______________________________.

b. As soon as ______________________________.

c. On ______________________________.

d. When ______________________________.

동사

동사란 문장에서 주어에 관해 기술하는 말이다. 그 의미에 따라 앞에 올 주어와 뒤에 올 요소를 선택한다. 이 때문에 어떤 동사 뒤는 어떤 요소도 나올 필요가 없는 경우도 있고 어떤 요소가 반드시 나오거나 어떤 요소가 또 다른 요소와 함께 반드시 나와야 할 때도 있다. 따라서 동사가 가진 의미와 그 뒤에 나올 요소에 대한 명확한 이해는 문법적인 문장을 만드는데 기초가 된다.

I 핵심연구

1. 동사

어떤 사람이나 사물이 무엇을 하거나 그들에게 무슨 일이 일어나는지 말하거나 그들에 관해 정보를 제공하기 위해 주어와 함께 쓰이는 말이다.

2. 동사의 주어선택

동사는 그것이 가진 의미에 의해 앞에 올 수 있는 주어를 선택한다. 바꾸어 말하면, 일반적으로 동사가 가진 의미와 일치하는 주어만이 그 동사 앞에 올 수 있다.

a. A boy [ate] the ice cream. (동사 eat은 먹는 행위를 할 수 있는 주어를 선택) (한 소년이 그 아이스크림을 먹었다)

a.' *A stone [ate] the ice cream. (동사 eat은 먹는 행위를 할 수 없는 대상(a stone)을 주어로 선택하지 않는다)

b. A girl [smiled] at a boy. (동사 smile은 웃는 행위를 할 수 있는 주어를 선택) (한 소녀가 한 소년에게 미소 지었다)

b.' *A stone [smiled] at a boy. (동사 smile은 웃는 행위를 할 수 없는 대상(a stone)을 주어로 선택하지 않는다)

3. 동사의 의미와 뒤 요소선택

(1) 뒤 요소 선택이 불필요한 동사

come, go, walk, arrive, leave, jog, run, laugh, smile, work, sleep, eat, breathe, move, ...

a. A student came [quickly]. (동사 come은 '오다'는 의미를 홀로 전할 수 있으므로 부사구 quickly

가 오지 않아도 정문) (한 학생이 서둘러 왔다)

b. A student came [to/towards me] [quickly]. (동사 come은 '오다'는 의미를 홀로 전할 수 있으므로 뒤의 전치사구 to/towards me와 부사구 quickly는 오지 않아도 여전히 정문) (한 학생이 서둘러 내게 왔다)

(2) 보어 선택이 필요한 동사

be, become, get, grow, feel, look, smell, sound, taste, turn, appear, go, ...

a. The student was [bright]. (be동사는 '~하다'는 의미로 뒤에 보어가 와야 완전한 의미를 전할 수 있으므로 오지 않으면 비문) (그 학생은 영리했다)

a.' *The student was.

b. He became [a scientist]. (동사 become은 '~가 되다'는 의미로 뒤에 보어가 와야 무엇이 되는지가 분명해지므로 보어가 오지 않으면 비문) (그 학생은 과학자가 되었다)

b.' *He became.

(3) 목적어 선택이 필요한 동사

eat, love, send, study, learn, speak, discuss, see, watch, cook, touch, repair, write, give, ...

a. The politicians discussed [the present situation]. (동사 discuss는 '~을 토의하다'는 의미로 뒤에 목적어가 와야 완전한 의미를 전할 수 있으므로 오지 않으면 비문) (그 정치가들은 현재의 상황을 토의했다)

a.' *The politicians discussed.

b. The boy gave [his girlfriend] [a present]. (동사 give는 '~에게 ~을 주다'는 의미를 전할 때 간접목적어와 직접목적어가 와야 정문) (그 소년은 여자 친구에게 선물을 하나 주었다)

b.' *The boy gave.

(4) 목적어와 목적보어 선택이 필요한 동사

make, elect, choose, consider, call, name, keep, push, pull, get, ...

a. They made Mary happy. (동사 make는 '~을 ~하게 하다'는 의미로 뒤에 목적어와 목적보어가 와야 완전한 의미를 전할 수 있으므로 오지 않으면 비문) (그들은 메리를 기쁘게 했다)

a.' *They made Mary.

b. They called her Mary. (동사 call은 '~을 ~라 부르다'는 의미를 전할 때 목적어와 목적보어가 와야 완전한 의미를 전할 수 있으므로 오지 않으면 비문) (그들은 그녀를 메리라 불렀다)

b. *They called Mary.

(5) 수식어 선택(부사구 선택)이 필요한 동사

a. The child put his schoolbag [on the desk]. (동사 put은 '~을 ~에 두다'는 의미로 뒤에 목적어뿐만 아니라 목적어가 놓이는 장소를 나타내는 전치사구(on the desk)가 나와야 완전한 의미를 전할 수 있으므로 이것이 오지 않으면 비문) (그 아이는 책가방을 그 책상 위에 올려놓았다)

b. *The child put his schoolbag.

II 기본연습

1. 동사에 관한 사실이 아닌 것을 고르시오.
   a. 동사가 가진 의미에 따라 뒤에 보어가 오기도 한다.
   b. 동사가 가진 의미에 따라 뒤에 목적어가 오기도 한다.
   c. 같은 동사가 다른 의미를 가질 때 뒤에 다른 요소를 선택하기도 한다.
   d. 모든 동사는 하나의 의미를 가지고 있어서 뒤에 언제나 같은 요소를 선택한다.

2. 동사의 주어선택이 무엇을 가리키는지 고르시오.
   a. 주어가 동사를 선택한다.
   b. 동사는 앞에 주어가 오기를 요구한다.
   c. 일반적으로 모든 주어는 동사를 선택한다.
   d. 동사는 일반적으로 앞에 자신이 가진 의미와 일치하는 주어를 선택한다.

3. 보어를 반드시 필요로 하는 동사의 특징을 고르시오.

a. 목적어도 항상 필요로 하는 동사이다.
b. 보어가 오지 않아도 완전한 의미를 전할 수 있는 동사이다.
c. 보어가 오지 않으면 완전한 문장을 만들 수 없는 동사이다.
d. 보어가 오면 그 동사가 가진 의미를 효과적으로 전할 수 있는 동사이다.

4. 목적어를 반드시 필요로 하는 동사의 특징을 고르시오.

a. 보어를 필요로 하는 동사이다.
b. 수식어를 가질 수 없는 동사이다.
c. 목적어와 목적보어를 모두 필요로 하는 동사이다.
d. 목적어가 오지 않으면 그 동사가 가진 의미가 완전하게 전달되지 않는다.

5. 수식어 선택이 가능한 동사에 관한 올바른 설명을 고르시오.

a. 보어가 필요한 동사이다.
b. 목적어가 필요한 동사이다.
c. 거의 모든 동사가 수식어 선택이 가능하다.
d. 극히 소수의 동사만이 수식어를 가질 수 있다.

6. 동사의 뒤 요소 선택과 관련된 가장 올바른 기술을 고르시오.

a. 모든 동사 뒤는 어떤 요소가 반드시 나와야 한다.
b. 모든 동사가 보어나 목적어를 반드시 필요로 한다.
c. 모든 동사가 보어나 목적어를 필요로 하는 것은 아니다.
d. 목적어를 필요로 하지 않는 동사는 반드시 보어를 필요로 한다.

7. 뒤 요소 선택이 불필요한 동사에 관한 올바른 설명을 고르시오.

a. 수식어가 반드시 필요한 동사이다.
b. 보어가 올 수도 오지 않을 수도 있는 동사이다.
c. 목적어가 올 수도 오지 않을 수도 있는 동사이다.
d. 동사 혼자만으로도 동사구가 될 수 있는 동사이다.

8. 목적어와 목적보어를 모두 필요로 하는 동사의 특징을 고르시오.

a. 누구에게 무엇을 준다는 의미를 가진 동사이다.

b. 누구에게 무엇을 만들어준다는 의미를 가진 동사이다.

c. 동사의 목적보어로 명사구만을 취할 수 있는 동사이다.

d. 동사의 목적어만으로는 완전한 의미를 전하지 못하는 동사이다.

9. 동사와 관련된 비문법적인 문장에 관한 올바른 설명을 고르시오.

a. 형용사구만 주격보어가 될 수 있다.

b. 보어를 필요로 하는 동사 뒤에 보어가 오지 않아도 좋다.

c. 목적보어를 필요로 하는 동사 뒤에 목적어를 생략할 수 있다.

d. 명사구는 동사 뒤에서 그 동사의 보어나 목적어가 될 수 있다.

10. 수식어 선택이 필수적이 아닌 동사에 관한 올바른 설명을 고르시오.

a. 동사 홀로 완전한 의미를 전할 수 있다.

b. 동사 뒤에 보어가 와야 완전한 문장을 만든다.

c. 동사 뒤에 목적어가 와야 완전한 문장을 만든다.

d. 동사 뒤에 수식어가 와야 문법적인 문장을 만든다.

III 심화연습

1. 보어를 필요로 하는 동사를 고르시오.

a. walk　　b. study

c. smell　　d. work

2. 동사의 주어선택이 잘못된 것을 고르시오.

a. The baby smiled.　　b. The water ate.

c. A bird sang.
d. A worm squirmed.

3. 동사와 그 보어의 관계를 가진 것을 고르시오.

a. write something
b. get warm
c. drive fast
d. give my nephew a present

4. 명사구를 보어로 선택할 수 없는 동사를 고르시오.

a. is
b. become
c. call
d. smell

5. 목적어인 명사구를 선택할 수 없는 동사를 고르시오.

a. arrive
b. speak
c. sing
d. send

6. 형용사구를 보어로 선택할 수 없는 동사를 고르시오.

a. get
b. grow
c. elect
d. look

7. 목적보어로 명사구를 선택할 수 없는 동사를 고르시오.

a. make
b. call
c. name
d. push

8. 동사와 동사 뒤 요소가 서로 일치하지 않는 것을 고르시오.

a. study hard
b. grow old
c. make a baby to laugh
d. hit a man on the head

9. 목적어 뒤에 부사구를 반드시 필요로 하는 동사를 고르시오.

a. put
b. write
c. walk
d. paint

10. 간접목적어와 직접목적어를 선택할 수 없는 동사를 고르시오.

a. show b. learn
c. teach d. allow

IV 기본영작

※ 다음을 영어로 옮길 때 □ 안에 들어갈 영어표현을 쓰시오.

1. 그 학자는 한 내를 따라 조깅한다.

a. The scholar [ ] along a stream. (뒤 요소 선택이 불필요한 동사)

b. Along a stream [ ][ ][ ]. (주어와 동사의 도치)

2. 그 학자는 한 대학의 영어교수이다.

a. The scholar is [ ][ ] of English at a university. (명사구보어)

b. The scholar works [ ][ ][ ] of English at a university. (전치사구)

3. 그 학자의 다리는 더 강해지고 있다.

a. The scholar's legs are getting [ ]. (형용사구인 보어)

b. The scholar is strengthening [ ][ ]. (목적어)

4. 그 학자는 조깅하러가는 것을 좋아한다.

a. The scholar enjoys [ ] jogging. (목적어)

b. Going jogging is [ ][ ] to the scholar. (명사구보어)

5. 그 학자는 주위의 사람들을 기쁘게 한다.

a. The scholar makes others around him [ ]. (형용사구인 목적보어)

b. The scholar [ ] the people around him. (목적어가 필요한 동사)

6. 그 학자는 그의 조깅화를 신발장에 둔다.

a. The scholar [ ] his jogging shoes on the shoe shelf. (수식어가 필요한 동사)

b. [ ][ ][ ][ ] are kept on the shoe shelf. (명사구)

7. 그 학자는 주말에는 그의 친구들을 만난다.

a. The scholar [ ] his friends on weekends. (목적어가 필요한 동사)

b. The scholar and his friends [ ] on weekends. (목적어를 필요로 하지 않는 동사)

8. 그 학자는 학생들이 영작 공부를 열심히 하게 만든다.

a. The scholar makes his students [ ][ ] in studying writing in English. (명사구인 목적보어)

b. The scholar makes his students [ ] in studying writing in English. (형용사구인 목적보어)

9. 그 학자는 학생들에게 영작을 잘하는 방법을 가르친다.

a. The scholar [ ] his students English writing skills. (두 개의 목적어를 가진 동사)

b. The teacher gives [ ] on English writing skills to his students. (동사의 목적어)

10. 그 학자는 학생들에게 자신은 내를 따라 조깅한다고 한다.

a. The scholar [ ] his students that he jogs along a stream. (절을 목적어로

가진 동사)

b. The scholar tells his students [　　|　　] along a stream. (전치사구)

V 심화영작

※ 주어진 표현으로 시작하여 영작하시오.

1. 냇가를 따라 구민에게 분양된 텃밭이 있다.
   a. District residents ____________________.
   b. You ____________________.
   c. There ____________________.
   d. Along the stream ____________________.

2. 이곳에서 일하는 가족들 모두 땀을 흘리고 있다.
   a. The whole family ____________________.
   b. Everyone in the family ____________________.
   c. You ____________________.
   d. The family members who are ____________________.

3. 주말이면 이 텃밭에서 일하는 가족이 여기저기 눈에 띈다.
   a. On ____________________.
   b. Here and there ____________________.
   c. It ____________________.
   d. You ____________________.

4. 귀여운 꼬마아이들이 부모와 함께 채소에 물을 주고 있다.

a. Cute little kids ______________________.

b. Cute little kids are ______________________.

c. There ______________________.

d. You ______________________.

5. 그들은 모두 도시인으로 채소를 손수 길러 먹을 수 있어 행복하다.

a. They ______________________.

b. Since ______________________.

c. As city dwellers ______________________.

d. It ______________________.

6. 냇가를 따라 자전거를 타는 사람들도 그들을 지켜보며 즐거워한다.

a. Bike riders ______________________.

b. People ______________________.

c. Watching ______________________.

d. Those ______________________.

7. 채소를 가꾸는 것이 힘들어 보이지만 그들은 모두 즐거운 표정이다.

a. Growing vegetables ______________________.

b. They ______________________.

c. Though ______________________.

d. It ______________________.

8. 나이가 많은 할아버지와 할머니도 그들의 텃밭에서 열심히 일을 하신다.

a. Even old men and old women ______________________.

b. You ______________________.

c. Old men and old women are ______________________.

d. There ______________________.

9. 냇가를 따라 조깅하는 사람들은 그들이 열심히 일하는 모습을 지켜본다.

a. People ______________________________.

b. Along ______________________________.

c. You ______________________________.

d. There ______________________________.

10. 그들은 모두 그 신선한 야채가 빨리 자라 먹을 수 있기를 기대하고 있다.

a. They hope ______________________________.

b. They all want ______________________________.

c. They are all expecting ______________________________.

d. Their expectation ______________________________.

제6장 보어

보어란 보통 주어의 의미를 완전하게 해 주는 역할을 하는 형용사구나 명사구인 주격보어와 목적어의 의미를 완전하게 해주는 역할을 하는 형용사구나 명사구인 목적보어를 가리킨다. 모든 동사가 보어를 필요로 하는 것은 아니고 특정 동사만이 필요로 한다. 따라서 보어를 필요로 하는 동사와 그렇지 않은 동사를 구별하고 보어자리에 있는 요소가 보어가 될 수 있는 요소인지 확인하는 것이 중요하다.

I 핵심연구

1. 보어

동사 뒤에 와서 그 동사의 주어에 관해 기술하거나 밝혀주는 기능을 하거나 목적어 뒤에 와서 그 목적어에 관해 기술하거나 밝혀주는 기능을 하는 형용사구나 명사구를 가리킨다.

2. 보어의 종류

(1) 주격보어

A. 형용사구 보어

a. The baby grew [older]. (동사 grow는 '차츰 ~이 되다'는 의미로 보어인 형용사구를 필요로 하는 동사) (그 갓난아기는 나이가 들었다)

b. He got [tired] after working hard. (동사 get은 '~되다'는 의미로 보어인 형용사구를 필요로 하는 동사) (그는 열심히 일한 후 피곤해졌다)

B. 보어가 될 수 없는 형용사구

a. It's [sheer] madness. (그것은 순전히 미친 짓이다)

a.' *The madness is [sheer]. (형용사구 sheer는 한정적 위치가 아닌 서술적 위치에 오면 비문)

b. My son is a [mere] child. (내 아들은 어린애에 지나지 않는다)

b.' *My child is [mere]. (형용사구 mere 역시 서술적 위치인 주격 보어자리에 오면 비문)

C. 명사구 보어

a. The girl became [a nurse]. (동사 become은 '~이 되다'는 의미로 보어인 명사구를 필요로 하는 동사) (그 소녀는 간호사가 되었다)

b. She remained [a widow] all her life. (동사 remain은 '여전히 ~인 채로이다'는 의미로 보어로 명사구를 가질 수 있는 동사) (그녀는 평생 과부로 지냈다)

D. 명사구 보어의 변형

a. He turned [traitor] during the war. (동사 turn은 '~이 되다'는 의미로 보어로 완전한 명사구(a traitor)가 아닌 한정사인 관사가 없는 명사(traitor)를 보어로 취하는 동사. traitor가 주격보어)

b. They elected him [chairman]. (유일무이한 지위를 나타내는 말(chairman)이 보어로 쓰일 때 이 명사 앞에 관사를 쓰지 않는다. chairman이 목적보어)

E. 명사절 보어

a. My belief is [that the boy is not guilty of theft]. (that-절이 동사 is의 보어) (나는 그 소년이 절도죄를 저지르지 않았다고 믿는다)

b. My question is [whether he is poor enough to steal something]. (의문사가 이끄는 명사절이 동사 is의 보어) (나의 의문은 그가 뭔가를 훔칠 정도로 가난한가 하는 것이다)

(2) 목적보어

A. 형용사구 보어

a. A little boy pushed the door [open]. (동사 push는 '~을 밀어 ~되게 하다'는 의미를 목적어(the door)와 목적보어(open)를 두어 전하는 동사) (한 꼬마가 그 문을 밀어 열었다)

b. He pulled the door [shut]. (동사 pull은 '~을 당겨 ~되게 하다'는 의미를 목적어(the door)와 목적보어(shut)를 두어 전하는 동사) (그는 그 문을 당겨 닫았다)

B. 명사구 보어

a. We called him [Tom]. (동사 call은 '~을 ~이라고 부르다'는 의미를 목적어(him)와 목적보어(Tom)를 두어 전하는 동사) (우리는 그를 탐이라고 불렀다)

b. We made him [happy]. (동사 make는 '~을 ~하게 하다'는 의미를 목적어(him)와 목적보어(happy)를 두어 전하는 동사) (우리는 그를 기쁘게 했다)

3. 보어를 필요로 하는 동사

(1) 주격보어를 필요로 하는 동사

be동사(am, are, is, was, were), become, get, grow, go, turn, feel, taste, sound, smell, look, seem, keep, stay, remain, ...

(2) 목적보어를 필요로 하는 동사

call, name, make, pull, push, paint, turn, elect, choose, appoint, leave, keep, hold, think, believe, consider, find, ...

4. 보어와 정문 비문

보어를 필요로 하는 동사의 주격보어나 목적보어 자리에 보어가 될 수 없는 요소가 오거나 보어가 오지 않으면 비문이 된다.

a. I am [diligent]. (주격보어: 형용사구) (나는 부지런하다)

a.' *I am [diligently]. (비(非)주격보어: 부사구)

a." *I am. (주격보어를 요구하는 동사(am) 뒤에 보어가 오지 않아 비문)

b. I am [a boy]. (주격보어: 명사구) (나는 소년이다)

b.' *I am [boy]. (비(非)주격보어: 명사)

b." *I am. (주격보어를 요구하는 동사(am) 뒤에 보어가 오지 않아 비문)

c. My girlfriend makes me [happy]. (목적보어: 형용사구) (나의 여자 친구는 나를 기쁘게 한다)

c.' *My girlfriend makes me [happily]. (비(非)목적보어: 부사구)

c." *My girlfriend makes me. (목적보어를 요구하는 동사(make) 뒤에 목적보어가 오지 않아 비문)

d. My girlfriend makes me [a happy man]. (목적보어: 명사구) (나의 여자 친구는 나를 행복한 남자로 만든다)

d.' *My girlfriend makes me [happy man]. (비(非)목적보어: 형용사+명사)

d." *My girlfriend makes me. (목적보어를 요구하는 동사(make) 뒤에 목적보어가 오지 않아 비문)

II 기본연습

1. 보어에 관한 잘못된 설명을 고르시오.
   a. that-절도 보어가 될 수 있다.
   b. to-부정사나 동명사도 보어가 될 수 있다.
   c. 보통 명사구나 형용사구가 보어가 될 수 있다.
   d. 의문사가 이끄는 간접의문문은 보어가 될 수 없다.

2. 명사절 보어에 관한 잘못된 설명을 고르시오.
   a. 동사 become의 보어가 될 수 없다.
   b. be동사의 주격보어 자리에 올 수 있다.
   c. 동사 feel의 주격보어 자리에 오지 못한다.
   d. 목적보어를 취하는 동사의 목적보어가 될 수 있다.

3. 주격보어에 관한 설명이 잘못된 것을 고르시오.
   a. 주어에 대해 설명하는 역할을 한다.
   b. 형용사구만을 주격보어로 취하는 동사가 있다.
   c. 주격보어를 빼더라도 그 문장은 여전히 문법적이다.
   d. 많은 동사가 형용사구와 명사구를 주격보어로 취한다.

4. 보어의 자격과 관련된 잘못된 설명을 고르시오.
   a. 보어가 될 수 없는 형용사도 있다.
   b. 보통 완전한 명사구가 보어가 되는 것이 원칙이다.
   c. that-절은 주격보어가 될 수 없지만 목적보어는 된다.
   d. 어떤 동사는 완전한 명사구가 아닌 형태를 보어로 가진다.

5. 목적보어에 관한 설명이 잘못된 것을 고르시오.
   a. 목적어에 관해 설명하는 부분이다.

b. 간접의문문이 목적보어가 될 수 있다.
c. 동사 make는 목적보어를 취할 수 있는 동사이다.
d. 목적어를 가진 모든 동사가 목적보어를 가질 수 있는 것은 아니다.

6. 보어와 정문 비문과의 관계를 잘못 설명한 것을 고르시오.
a. 명사절도 주격보어나 목적보어가 될 수 있다.
b. 일반적으로 형용사구나 명사구가 보어가 된다.
c. 보어는 동사가 가진 의미를 구체화하는 기능을 한다.
d. 주격보어를 필요로 하는 동사 뒤에 보어가 오지 않으면 비문이 된다.

7. 보어가 될 수 없는 형용사에 관한 올바른 설명을 고르시오.
a. 명사 뒤에서 그 명사를 한정하는 형용사이다.
b. 대개 명사를 한정하는 위치에서만 쓰일 수 있는 형용사이다.
c. 주격보어 위치에서는 쓰이지만 목적보어위치에서는 쓰이지 못한다.
d. 목적보어 위치에서는 쓰이지만 주격보어위치에서는 쓰이지 못한다.

8. 완전한 명사구가 아닌 보어에 관한 올바른 설명을 고르시오.
a. 이 보어는 특정 동사 뒤에서만 가능하다.
b. 모든 동사가 완전한 명사구가 아닌 보어를 취할 수 있다.
c. 형용사구를 보어로 가진 모든 동사가 이 형태를 보어로 취한다.
d. 일반적으로 명사구를 보어로 가진 모든 동사가 이 형태를 보어로 취한다.

9. 주격보어를 필요로 하는 동사에 관한 올바른 설명을 고르시오.
a. 보어가 오지 않으면 비문법적이다.
b. 목적보어도 취할 수 있는 동사이다.
c. 명사구만을 보어로 취하는 동사이다.
d. 형용사구만을 보어로 취하는 동사이다.

10. 목적보어를 필요로 하는 동사에 관한 올바른 설명을 고르시오.

a. 목적보어 앞의 목적어는 생략이 가능하다.

b. 주격보어도 반드시 가실 수 있는 동사이나.

c. 목적보어 앞에 가목적어 it이 올 수도 있다.

d. 목적보어 앞에 that-절이 목적어로 올 수 있다.

III 심화연습

1. 보어가 될 수 없는 절을 고르시오.

a. that he is a foreigner
b. when he came to Korea
c. why does he learn Korean
d. whom he met here

2. 주격보어가 될 수 없는 것을 고르시오.

a. very cold
b. very cold weather
c. a very cold weather
d. that it is very cold

3. 목적보어가 될 수 없는 것을 고르시오.

a. very happy
b. a very happy man
c. that he is very happy
d. pretty happy

4. 동사와 주격보어의 관계인 것을 고르시오.

a. look good
b. taste the soup
c. walk slowly
d. smell a rose

5. 동사와 목적보어의 관계인 것을 고르시오.

a. allow him two hours
b. push the door open

c. turn the key quickly
d. seem very good

6. 주격보어를 가질 수 없는 동사를 고르시오.
a. sound
b. feel
c. look
d. sing

7. 목적보어를 가질 수 없는 동사를 고르시오.
a. make
b. keep
c. learn
d. get

8. 동사의 보어가 잘못 선택된 것을 고르시오.
a. is hasty
b. become stranger
c. paint the ceiling blue
d. make her a happy woman

9. that-절을 보어로 가질 수 있는 동사를 고르시오.
a. is
b. become
c. make
d. look

10. 완전한 명사구가 아닌 형태를 보어로 취할 수 있는 동사를 고르시오.
a. feel
b. turn
c. get
d. consider

IV 기본영작

※ 다음을 영어로 옮길 때 □ 안에 들어갈 영어표현을 쓰시오.

1. 날씨가 습하다.

a. It is [ ]. (형용사구인 주격보어)

b. We have [ ][ ]. (명사구)

2. 지금은 장마철이다.

a. Now is [ ][ ][ ]. (명사구인 주격보어)

b. It rains [ ] at this time every year. (부사구)

3. 더위는 사람을 배반자로 만든다.

a. The heat makes a person [ ][ ]. (명사구 목적보어)

b. A person [ ][ ][ ] in the heat. (동사구)

4. 가랑비가 때때로 소나기로 바뀐다.

a. A drizzle often [ ] a shower. (주격보어가 필요한 동사)

b. A drizzle sometimes changes [ ][ ][ ]. (전치사구)

5. 가랑비도 오래 맞으면 옷이 다 젖는다.

a. Long exposure to even a drizzle may get your clothes [ ][ ]. (형용사구인 목적보어)

b. Even a drizzle may get your clothes [ ] if you are exposed to it for a long time. (형용사구인 목적보어)

6. 강풍이 불면 사람이 똑바로 서 있기 어렵다.

a. A strong wind makes it [ ] to stand upright. (형용사구인 목적보어)

b. It is difficult to stand upright [ ][ ][ ][ ]. (전치사구)

7. 이따금씩 내리는 소나기가 대기를 식혀준다.

a. Scattered showers [ ] the air cool. (목적보어가 필요한 동사)

b. The air is made [ ] by scattered showers. (목적보어인 형용사구)

8. 장마철에 그녀는 그를 국방장관으로 임명했다.

a. She appointed him [ ][ ] in the rainy season. (명사구 목적보어의 변형)

b. In the rainy season, he was appointed defense minister [ ][ ]. (전치사구)

9. 나는 이 비가 그치면 매미가 울기 시작할 것이라고 생각한다.

a. My guess is [ ] the cicadas will begin to sing after this rain. (명사절 보어를 이끄는 접속사)

b. I think that this rain will be followed [ ][ ][ ][ ]. (전치사구)

10. 이 때문에 장마가 끝나면 잠자리가 날아다니는 것을 볼 수 있다.

a. This is [ ] we can see dragonflies fly around after the rainy season. (명사절인 보어를 이끄는 의문사)

b. [ ][ ][ ], you can see dragonflies fly around when the rainy season is over. (전치사구)

V 심화영작

※ 주어진 표현으로 시작하여 영작하시오.

1. 옛날에는 먹을 음식이 충분하지 않았다.
   a. Food ____.
   b. There ____.
   c. In the old days ________________________________.
   d. People ____.

2. 지금은 먹을 음식이 많아 배가 불러도 더 먹게 된다.
   a. There's ____.
   b. Now that ______________________________________.
   c. We ____.
   d. Since ____.

3. 먹을 음식이 부족한 시절에는 먹고 싶어도 참아야 했다.
   a. People ____.
   b. We could not help ______________________________.
   c. There ____.
   d. In the days ____________________________________.

4. 이 때문에 옛날에는 몸이 야윈 사람을 보기가 더 쉬웠다.
   a. This ____.
   b. We ____.
   c. This ____.
   d. It ____.

5. 이와 같은 이유로 지금은 몸이 뚱뚱한 사람을 더 자주 본다.

a. This ______________________________.

b. This explains why ______________________________.

c. For ______________________________.

d. It ______________________________.

6. 음식을 많이 먹을 때는 건강을 위해 운동을 많이 해야 한다.

a. More exercise ______________________________.

b. When ______________________________.

c. A person ______________________________.

d. If ______________________________.

7. 배고픔을 참는 것이나 식욕을 참는 것 모두 쉬운 일은 아니다.

a. Both hunger and appetite ______________________________.

b. Both enduring being hungry ______________________________.

c. We ______________________________.

d. It ______________________________.

8. 옛날이나 지금이나 음식을 적게 먹는 것이 미덕으로 여겨진다.

a. It ______________________________.

b. As was in the old days ______________________________.

c. People ______________________________.

d. Both in the old days and at present ______________________________.

9. 체중을 줄이려면 식사량을 줄이면서 규칙적으로 운동하는 것이 좋다.

a. As a way ______________________________.

b. A way ______________________________.

c. To ______________________________.

d. You ______________________________.

10. 옛날에는 살이 찌기 어려운 생활환경이었고 지금은 살이 찌기 쉬운 생활환경이다.

a. The living conditions ____.

b. In the old days ____.

c. As for ____.

d. We ____.

목적어

목적어란 타동사나 전치사의 행위에 영향을 받거나 행위를 받는 명사구나 명사구에 상당하는 말이다. 목적어에는 동사의 행위를 받는 직접목적어와 어떤 것이 누구에게 또는 무엇을 위해 행해지는가를 가리키는 간접목적어가 있다. 영작을 할 때 타동사나 전치사 뒤에 목적어가 있는지 그것이 목적어가 될 수 있는 명사구나 명사구에 상당하는지 그리고 목적격의 형태로 와 있는지 확인하는 것이 중요하다.

I 핵심연구

1. 목적어

동사나 전치사의 목적어는 동사나 전치사에 의해 시작되는 구조를 완성시키는 단어나 구이다.

2. 목적어의 종류

(1) 타동사의 목적어

a. Tom loved [Mary]. (목적어) (탐은 메리를 사랑했다)

b. He gave [her] [an engagement ring]. (간접목적어, 직접목적어) (그는 그녀에게 약혼반지를 주었다)

(2) 전치사의 목적어

a. She received an engagement ring from [Tom]. (고유명사 Tom이 전치사 from의 목적어. 고유명사는 명사구) (그녀는 탐으로부터 약혼반지를 받았다)

b. She received an engagement ring from [him]. (대명사의 목적격 him이 전치사 from의 목적어) (그녀는 그로부터 약혼반지를 받았다)

3. 목적어가 될 수 있는 요소

(1) 명사구

a. A boy met [a foreigner]. (명사구가 동사 met의 목적어) (한 소년이 한 외국인을 만났다)

b. He met the foreigner in [Seoul]. (명사구가 전치사 in의 목적어) (그는 서울에서 그 외국인을 만났다)

(2) 부정사

a. A scientist wanted [to send] people to Mars. (to-부정사가 동사 wanted의 목적어) (한 과학자가 사람을 화성에 보내기를 원했다)

b. *He thought about [to send] people to Mars. (to-부정사는 전치사 about의 목적어가 될 수 없다) (그는 사람을 화성에 보내는 것에 관해 생각했다)

(3) 동명사

a. He finished [constructing] a spaceship. (동명사가 동사 finished의 목적어) (그는 우주선 조립을 끝냈다)

b. He concentrated his efforts on [constructing] the spaceship. (동명사가 전치사 on의 목적어) (그는 그 우주선을 조립하는데 그의 노력을 집중했다)

(4) 명사절

a. He insisted [that Koreans move to other planets]. (that-절이 동사 (insisted)의 목적어) (그는 한국인이 다른 행성으로 이사하기를 주장했다)

a.' *He focused his thoughts on [that Koreans should move to other planets]. (that-절은 일반적으로 전치사 on의 목적어가 될 수 없다)

b. He knew [why they should move to other planets]. (의문사 why가 이끄는 간접의문이 동사 knew의 목적어) (그는 그들이 왜 다른 행성으로 이사해야 하는지 알고 있었다)

b.' He focused his thoughts on [why they should move to other planets]. (의문사 why가 이끄는 간접의문이 전치사 on의 목적어) (그는 그의 생각을 그들이 왜 다른 행성으로 이사해야 하는가에 초점을 맞췄다)

c. He didn't know [if all Koreans wanted to move to other planets]. (if가 이끄는 명사절이 동사 know의 목적어) (그는 모든 한국인이 다른 행성으로 이사하고 싶어 하는지 어떤지 알지 못했다)

4. 목적어와 비(非)목적어

(1) 목적어의 자격을 가진 형태인지의 여부

a. I met [an angel]. (동사의 목적어로 명사구가 와서 정문) (나는 한 천사를 만났다)

a.' *I met [angel]. (동사의 목적어로 명사구가 아닌 명사가 와서 비문)

b. I met [a beautiful angel]. (동사의 목적어로 명사구가 와서 정문) (나는 아름다운 천사를 만났다)

b.' *I met [beautiful angel]. (동사의 목적어로 명사구가 아닌 형용사와 셀 수 있는 명사의 단수형이 와서 비문)

c. I thought of [an angel]. (전치사의 목적어로 명사구가 와서 정문) (나는 한 천사를 생각했다)

c.' *I thought of [angel]. (전치사의 목적어로 명사구가 오지 않아 비문)

d. I thought of [a beautiful angel]. (전치사의 목적어로 명사구가 와서 정문) (나는 한 아름다운 천사를 생각했다)

d.' *I thought of [beautiful angel]. (전치사의 목적어로 명사구가 오지 않아 비문)

(2) 목적격을 가진 형태인지의 여부

a. The student respected [his teachers]. (명사구 his teachers는 동사 respected의 목적어자리에 있으므로 목적격을 가진 것으로 본다) (그 학생은 그의 선생님들을 존경했다)

a.' The student respected [them]. (인칭대명사 they는 동사의 목적어자리에서는 목적격으로 온다) (그 학생은 그들을 존경했다)

a." *The student respected [they]. (인칭대명사가 동사의 목적어자리에서 목적격이 아닌 주격으로 와서 비문)

b. The student bought some presents for [his teachers]. (명사구 his teachers는 전치사 for의 목적어자리에 있으므로 목적격을 가진 것으로 본다) (그 학생은 그의 선생님들을 위해 약간의 선물을 샀다)

b.' The student bought some presents for [them]. (인칭대명사 they는 전치사 for의 목적어자리에서는 목적격으로 온다) (그 학생은 그들을 위해 약간의 선물을 샀다)

b." *The student bought some presents for [they]. (인칭대명사가 전치사의 목적어자리에서 목적격이 아닌 주격으로 와서 비문)

5. 가목적어와 진목적어

목적어와 목적보어를 함께 취하는 동사의 목적어로 to-부정사나 that-절 또는 의문사가 이끄는 명사절이 올 때 이 목적어를 가목적어 it으로 대치하고 원래의 목적어인 진목적어를 목적보어 뒤에 둔다.

(1) 진목적어가 될 수 있는 요소

A. 부정사

The tennis player found it easy [to beat] his opponent. (to-부정사가 동사 found의 진목적어. it은 가목적어. 형용사구 easy가 목적보어) (그 테니스 선수는 그의 상대를 물리치기 쉽다는 것을 알았다)

B. 동명사

I think it difficult [getting] there on foot. (동명사가 동사 think의 진목적어. it은 가목적어. 형용사구 difficult가 목적보어) (나는 걸어서 거기 도착하는 것은 어렵다고 생각한다)

C. 명사절

a. The politician made it clear [that he would not resign]. (that-절이 동사 made의 진목적어. it은 가목적어. 형용사구 clear가 목적보어) (그 정치가는 사임하지 않겠다는 것을 분명히 했다)

b. He left it unclear [why he should not resign]. (의문사 why가 이끄는 명사절이 동사 left의 진목적어. it은 가목적어. 형용사구 unclear가 목적보어) (그는 왜 그가 사임하지 않아야 하는지를 분명히 하지 않았다)

(2) 가목적어 진목적어 구문을 만드는 동사

가목적어 진목적어 구문은 목적어와 함께 목적보어로 형용사구나 명사구를 취할 수 있는 동사(find, think, believe, consider, make, leave, ...)에 의해 만들어진다.

II 기본연습

1. 목적어가 될 수 없는 것을 고르시오.

a. 동명사 b. to-부정사

c. 현재분사 d. that-절

2. 목적어에 관한 설명이 잘못된 것을 고르시오.

a. 목적어가 되려면 명사구나 명사절이 되어야 한다.

b. 모든 목적어는 목적격을 가지고 있다고 볼 수 있다.

c. 목적어에는 타동사의 목적어와 전치사의 목적어가 있다.

d. 목적어와 동격관계인 명사구는 목적격을 가지지 않는다.

3. 목적어를 두 개 취할 수 없는 동사를 고르시오.

a. make b. punish

c. get d. teach

4. 명사절인 목적어에 관한 올바른 설명을 고르시오.

a. 자동사도 명사절을 목적어로 가질 수 있다.

b. 명사절은 모든 타동사의 목적어가 될 수 있다.

c. 전치사는 모든 명사절을 목적어로 가질 수 있다.

d. 모든 동사가 같은 명사절 목적어를 가진 것은 아니다.

5. 명사구가 목적격을 가지고 있지 않은 것을 고르시오.

a. write a book b. to Seoul

c. The boy walked d. between you

6. 가목적어와 진목적어에 관한 올바른 설명을 고르시오.

a. 진목적어가 없어도 가목적어가 쓰일 수 있다.

b. 보통의 목적어와 달리 가목적어는 목적격을 가지고 있지 않다.

c. that-절인 목적어 뒤에 목적보어가 올 때는 반드시 이 절을 가리키는 가목적어 it를 두고 이 절을 목적보어 뒤로 이동시켜야 한다.

d. 목적어인 to-부정사 뒤에 목적보어가 올 때는 이 목적어를 가목적어 it로 두고 이 to-부정사를 목적보어 뒤로 이동시킬 필요가 없다.

7. 타동사의 목적어에 관한 설명이 잘못된 것을 고르시오.

a. 타동사의 목적어는 대개 명사구이거나 명사절이다.

b. 타동사의 목적어와 동격인 명사구는 목적격을 가진다.

c. 모든 타동사의 목적어가 목적격을 가지고 있는 것은 아니다.

d. 타동사의 목적어와 전치사의 목적어는 모두 목적격을 가진다.

8. 전치사의 목적어에 관한 설명이 잘못된 것을 고르시오.

a. 전치사의 목적어는 모두 목적격을 가진다.

b. 인칭대명사는 전치사의 목적어일 때 주격으로 온다.

c. 전치사의 목적어와 동격관계인 명사구도 목적격을 가진다.

d. 전치사의 목적어인 동명사의 주어는 소유격으로 표현하지만 구어체에서 목적격으로 표현될 때도 있다.

9. 부정사인 목적어에 관한 설명 중 올바른 것을 고르시오.

a. 진행부정사는 목적어가 될 수 없다.

b. 완료부정사는 목적어가 될 수 없다.

c. 모든 전치사는 부정사인 목적어를 가질 수 없다.

d. 모든 타동사는 부정사인 목적어를 가질 수 있다.

10. 동명사인 목적어에 관한 설명 중 올바른 것을 고르시오.

a. 모든 타동사는 동명사를 목적어로 가질 수 있다.

b. 동명사는 대개 타동사나 전치사의 목적어가 될 수 있다.

c. 타동사의 목적어인 동명사는 그 자신의 주어를 가질 수 없다.

d. 타동사의 목적어인 동명사 뒤에 이것과 동격관계인 표현은 올 수 없다.

III 심화연습

1. 동사의 목적어가 잘못된 것을 고르시오.

a. walk a pet dog
b. speak an excellent English
c. respect others
d. give a child a pack of chewing gum

2. 전치사의 목적어가 잘못된 것을 고르시오.

a. after he and his friends
b. with a baby on her back
c. among them
d. by the river

3. 동사의 목적어의 격이 잘못된 것을 고르시오.

a. like them, i.e., Tom, a boy and he
b. finish her homework
c. study English and Russian
d. see her and her pet dog

4. 동사와 목적어의 관계가 잘못된 것을 고르시오.

a. make his son a kite
b. teach to students English
c. put down his book on the desk
d. write an email

5. 동명사를 목적어로 가질 수 없는 동사를 고르시오.

a. finish
b. avoid
c. quit
d. decide

6. that-절을 목적어로 가질 수 없는 동사를 고르시오.

a. say
b. think
c. like
d. suppose

7. to-부정사를 목적어로 가질 수 없는 동사를 고르시오.

a. pretend
b. postpone
c. hope
d. expect

8. 가목적어 진목적어 구문을 만들 수 없는 동사를 고르시오.

a. insist
b. find
c. consider
d. believe

9. 동사의 목적어와 동격관계인 요소가 잘못된 것을 고르시오.

a. met a few students, i.e., he, Jenny and Tom
b. satisfied some scientists, i.e., Woosuk, Jinho and them
c. saw lots of entertainers, i.e., Hyori, Yoonah, and others
d. studied some languages, i.e., English, French, Russian and Japanese

10. 전치사의 목적어와 동격관계인 요소가 잘못된 것을 고르시오.

a. among the three people, Jinho, Joonyoung, and him
b. in the cities, New York, Los Angeles, and San Francisco
c. with some foreigners, a Frenchman, two Russians, and tall Australian
d. along the rivers, the Han River, the Nakdong River, and the Youngsan River

IV 기본영작

※ 다음을 영어로 옮길 때 □ 안에 들어갈 영어표현을 쓰시오.

1. 많은 사람들이 더위를 싫어한다.

a. Most people hate ______ ______. (타동사의 목적어: 명사구)

b. The heat is ______ ______ that lots of people avoid. (관계절 내의 타동사의 목적어)

2. 어떤 사람들은 그들을 환영한다.

a. Some people welcome ______. (타동사의 목적어: 대명사)

b. There are some people ______ welcome them. (관계절을 이끄는 관계대명사)

3. 그들은 더위를 참는 것을 좋아하지 않는다.

a. They don't like ______ the heat. (타동사의 목적어: 동명사)

b. ______ ______ is difficult for them to stand. (to-부정사의 목적어)

4. 그들은 시원한 바닷가로 피서를 갈 계획을 세운다.

a. They ______ ______ go on vacation to a cool beach. (타동사와 목적어: to-부정사)

b. They make ______ to go on vacation to a cool beach. (타동사의 목적어: 명사구)

5. 그들은 왜 해변으로 피서를 가야 하는지를 분명히 했다.

a. They made it clear ______ they should go on a vacation to the beach. (진목적어가 의문사절)

b. They clearly stated ______ ______ why they should go on a vacation to a beach. (타동사의 목적어: 명사구)

6. 그들은 동해로 떠나는 것이 좋을 것이라는 결론을 내린다.

a. They conclude ______ it will be good to leave for the East Sea. (타동사의 목적어: 명사절)

b. They reach ______ ______ that it is good to leave for the East Sea. (타동사의 목적어: 명사구)

7. 그들은 승용차 안에서 그들의 목적지에 관해 이야기하고 있다.

a. They are talking about ______ ______ in the car. (전치사의 목적어: 명사구)

b. They are talking about ______, their destination, in the car. (전치사의 목적어: 대명사)

8. 그들은 가족전원이 아침 일찍 떠나는 것은 어렵다고 생각한다.

a. They think it hard for all the family members ______ ______ early in the morning. (진목적어: to-부정사)

b. They think it hard ______ all the family members leave early in the morning. (진목적어: that-절)

9. 그들은 너무 더워지기 전에 해변에 도착하는 것이 중요하다고 생각한다.

a. They think it ______ to arrive at the beach before it gets too hot. (가목적어의 목적보어: 형용사구)

b. They think ______ it is important for them to get to the beach before it gets too hot. (타동사의 목적어: that-절)

10. 그들은 태풍이 오기 전에 그 호텔에 도착하는 것이 중요하다는 것을 안다.

a. They know the importance of ______ at the hotel before it storms. (전치사의 목적어: 동명사)

b. It is known to [   ] that they should arrive at the hotel before a storm begins. (전치사의 목적어: 대명사)

V 심화영작

※ 주어진 표현으로 시작하여 영작하시오.

1. 그 남자는 그의 단골이발관에서 이발한다.
   a. The man's hair ______________________________.
   b. The man ______________________________.
   c. In order to ______________________________.
   d. The man's favorite barbershop ______________________________.

2. 그 이발관은 단골고객 수가 꽤 많은 것 같다.
   a. Quite a few regular customers ______________________________.
   b. The barbershop ______________________________.
   c. It ______________________________.
   d. Quite a few people ______________________________.

3. 그는 매월 거의 같은 날에 그 이발관을 찾는다.
   a. He ______________________________.
   b. He makes it a rule ______________________________.
   c. The barbershop ______________________________.
   d. His visit ______________________________.

4. 그 이발사는 오는 고객들에게 커피를 한 잔 권한다.

a. The barber ____.

b. A cup of coffee ____.

c. The barber's customers _____________________________________.

d. When ____.

5. 같은 이발관에서 이발을 하는 것은 쉬운 일이 아니다.

a. I ____.

b. Getting ____.

c. It ____.

d. You ____.

6. 그 이발관의 이발사는 머리를 깎는 기술이 좋아 보인다.

a. The barber ____.

b. It ____.

c. In ____.

d. I ____.

7. 그 이발관은 한 교회 가까이 있어서 교인들이 자주 온다.

a. The barbershop ____.

b. The barbershop and a church _________________________________.

c. Christians ____.

d. The barbershop's location ___________________________________.

8. 그 이발관에는 나이가 매우 어린 소년은 거의 오지 않는다.

a. Very young boys ____.

b. Rarely ____.

c. The barbershop ____.

d. It ____.

9. 최신유행의 헤어스타일을 원하는 고객은 그 이발관에 오지 않는다.

a. Seldom ______________________________.

b. Those ______________________________.

c. The barbershop ______________________________.

d. You ______________________________.

10. 이발사가 단골고객을 많이 만들기 위해서는 머리를 잘 깎아야 한다.

a. It ______________________________.

b. An important thing ______________________________.

c. A barber ______________________________.

d. If ______________________________.

제8장

부사

부사는 보통 문장에서 동사 형용사 다른 부사를 수식하는 수식어로 쓰인다. 부사에는 여러 종류가 있으며 종류에 따라 문장에서 올 수 있는 위치에 제약이 따른다. 일반적으로 문장 내의 세 주요위치인 문장 첫머리 위치, 문장 가운데 위치, 문장 끝 위치에 온다. 이 중 문장 가운데 위치는 동사 자리에 조동사가 있느냐 be동사가 있느냐 일반 동사가 있느냐에 따라 변하므로 세심한 주의가 필요하다.

I 핵심연구

1. 부사

부사는 보통 문장에서 주어 보어 목적어로 쓰이지 않는 수식어로 동사 형용사 부사 또는 문장전체를 수식하는 요소이다.

2. 부사의 기능

(1) 동사 수식

a. The dog runs [fast]. (동사 runs를 수식) (그 개는 빨리 달린다)

b. The boy studies [hard]. (동사 studies를 수식) (그 소년은 열심히 공부한다)

(2) 형용사 수식

a. I am strong [enough] to lift the heavy stone. (형용사 strong을 수식) (나는 그 무거운 돌을 들어 올릴 만큼 충분히 힘이 세다)

b. The farmer is [so] diligent that he can become a rich man. (형용사 diligent를 수식) (그 농부는 너무나 부지런해서 부자가 될 수 있다)

(3) 부사 수식

a. A boy ran [very] fast. (부사 fast를 수식) (한 소년이 매우 빨리 뛰었다)

b. A girl ran fast [enough] to catch him. (부사 fast를 수식) (한 소녀가 그를 붙잡을 만큼 충분히 빨리 뛰었다)

(4) 문장 전체 수식

a. [Fortunately], I won the lottery. (뒤의 문장전체를 수식) (운 좋게도 나는 복권에 당첨되었다)

b. [Regrettably], she killed herself. (뒤의 문장전체를 수식) (유감스럽게도 그녀는 자살했다)

3. 부사의 종류와 문장 내 위치

부사는 문장 내에서 부사의 종류에 따라 올 수 있는 위치에 제약이 따른다. 일반적으로 부사가 오는 위치는 문장 첫머리 위치, 문장 가운데 위치, 문장 끝 위치이다.

(1) 부사의 세 주요위치

(문장 첫머리) 주어 (문장 가운데) 동사 (문장 끝)
부사 부사 부사

핵심 문장 첫머리위치는 주어 앞이고 문장 가운데 위치는 be동사 뒤, 일반동사 앞, 그리고 조동사가 하나 있는 경우는 조동사 뒤이고 조동사가 여러 개 있는 경우는 첫 번째 조동사 뒤나 두 번째 조동사 뒤 또는 본동사 바로 앞이 될 때도 있다. 문장 끝 위치는 동사 뒤를 말하며 동사의 목적어가 있는 경우는 목적어 뒤를 가리킨다. 문장 끝 위치에 부사가 여러 개 올 때는 보통 필수부사가 가장 앞에 오고 다음으로 양태부사, 장소부사, 시간부사의 순서로 온다.

(2) 부사의 종류에 따른 가능한 위치

A. 연결부사

앞서 언급한 내용과 시작하려는 내용을 연결하는 역할을 하는 부사이므로 주로 문장 첫머리에 온다. however, therefore, then, next, besides, in addition, for this reason 등이 있다.

a. [For this reason], I study English very hard. (이런 이유로 나는 영어를 매우 열심히 공부한다)

b. [Besides], I can speak a little French. (게다가 나는 약간의 불어도 할 수 있다)

B. 시간부사

시간을 나타내는 부사로 주로 문장 끝 위치에 오며 보통 문장 첫머리 위치에도 올 수 있다. yesterday, the day before yesterday, last night, today, tomorrow, the day after tomorrow, last year, this year, this morning, in December, in 1980 등이 있다.

a. I met my old friend [yesterday]. (나는 어제 나의 옛 친구를 만났다)
b. [Yesterday] I met my old friend. (어제 나는 나의 옛 친구를 만났다)

C. 장소부사

어떤 행위나 사건이 일어나는 장소를 나타내는 부사로 주로 문장 끝 위치에 오지만 문장 첫머리 위치에도 온다. here, there, in Seoul, upstairs, downstairs, around, in the garden, on the bed, on the table, under the table, in front of the house, on the beach, in the mountains 등이 있다.

a. The young man met his girlfriend [on the beach]. (그 청년은 여자 친구를 해변에서 만났다)
b. [On the beach], the young man met his girlfriend. (해변에서 그 청년은 여자 친구를 만났다)

D. 한정빈도부사

행위가 일어나는 범위가 명확하게 한정되어 있는 빈도를 나타내는 부사로 보통 문장 끝 위치에 오지만 문장 첫머리 위치에도 온다. every day, daily, every week, weekly, every month, monthly, every year, yearly 등이 있다.

a. I meet my girlfriend [every week]. (나는 나의 여자 친구를 매주 만난다)
b. [Every week] I meet my girlfriend. (매주 나는 나의 여자 친구를 만난다)

E. 부정부사

부정의 의미를 가진 부사로 주로 문장 가운데 위치에 오지만 부정의 의미를 강조하고자 할 때는 문장 첫머리 위치에도 온다. Never, not, scarcely, hardly 등이 있다.

a. I have [never] been to a foreign country. (나는 외국에 결코 가본 적이 없다)

b. [Never] have I been to a foreign country. (부정어가 문장 첫머리 위치로 이동하여 전체문장을 부정하면 주어와 조동사가 도치된다) (결코 나는 외국에 가본 적이 없다)

b.'*[Never] I have been to a foreign country. (주어와 조동사가 도치되지 않아 비문)

F. 부정빈도부사

막연한 빈도를 나타내는 부사로 주로 문장 가운데 위치에 오지만 문장 첫머리 위치와 문장 끝 위치에 오는 것도 있다. always, usually, often, sometimes, ever, normally, occasionally 등이 있다. sometimes는 세 위치 모두 가능하다.

a. The little boy is [always] in bed at six in the morning. (be동사 뒤) (그 꼬마는 아침 여섯시에는 언제나 잠자리에 있다)

a.' He [always] gets up at seven in the morning. (일반동사 앞) (그는 언제나 아침 일곱 시에 일어난다)

a." He can [always] get up at eight in the morning. (조동사 뒤) (그는 언제나 아침 여덟 시에는 일어날 수 있다)

b. My father [sometimes] visits my hometown. (일반동사 앞) (나의 아버지는 때때로 나의 고향을 방문하신다)

b.' [Sometimes] my father visits my hometown. (문장 첫머리) (때때로 나의 아버지는 나의 고향을 방문하신다)

b." My father visits my hometown [sometimes]. (문장 끝) (나의 아버지는 나의 고향을 때때로 방문하신다)

G. 완전부사

동사가 나타내는 행위가 얼마나 완전하게 이루어지는가를 나타내는 부사로 문장 가운데 위치에 온다. 조동사가 여러 개 있는 문장에서는 이 조동사들을 모두 제치고 본동사 바로 앞에 와서 본동사를 직접 수식하기도 한다. completely, nearly, almost, practically 등이 있다.

a. The dancer [completely] finished dancing at 10 p.m. (일반 동사 앞) (그 무용수는 오후 10시에 춤을 완전히 끝마쳤다)

b. The dancer has [completely] finished dancing today. (조동사 뒤) (그 무용수는 오늘 춤을 완전히 끝마쳤다)

c. The dancer will have [completely] finished dancing by 11 p.m. (본동사 앞) (그 무용수는 오후 11시까지는 춤을 끝마쳐 있을 것이다)

H. 확신부사

화자의 확신을 나타내는 부사로 보통 문장 가운데 위치에 오지만 maybe, perhaps는 대개 문장 첫머리 위치에 온다. certainly, probably, definitely, obviously, clearly 등이 있다.

a. My son is [probably] older than yours. (be동사 뒤) (내 아들이 아마 너의 아들보다 나이가 많을 것이다)
b. My son [probably] knows the fact. (일반동사 앞) (내 아들은 아마 그 사실을 알고 있을 것이다)
c. My son will [probably] want to meet you. (조동사 뒤) (내 아들은 아마 너를 만나고 싶어 할 것이다)
d. My son [probably] won't meet anybody else. (부정문에서 축약형 앞) (내 아들은 아마 그 밖의 어느 누구도 만나지 않을 것이다)
e. My son will [probably] be looking for a job next year. (조동사가 여러 개 있을 때는 첫 번째 조동사 뒤) (내 아들은 내년에 일자리를 찾고 있을 것이다)
f. [Probably] my son will leave for America soon. (문장 첫머리 위치) (아마 내 아들은 곧 미국으로 떠날 것이다)

I. 논평부사

전체 문장의 내용에 대한 화자의 논평을 나타내는 부사로 보통 문장 가운데 위치에 오지만 문장 첫머리 위치에도 온다. fortunately, unfortunately, stupidly, happily, regrettably 등이 있다.

a. The woman [stupidly] married the man for money. (문장 가운데 위치) (그 여자는 어리석게도 돈을 보고 그 남자와 결혼했다)
b. [Stupidly] the woman married the man for money. (문장 첫머리 위치) (어리석게도 그 여자는 돈을 보고 그 남자와 결혼했다)

J. 양태부사

문장에서 동사가 나타내는 행위나 동작이 어떤 모양으로 이루어지는지를 나타내는 부사로 주로 문장 끝 위치에 온다. 그러나 -ly로 끝나는 양태부사는 문장 끝 위치는 물론 문장 가운데 위치에도 올 수 있다. hard, quietly, fast, slowly, carefully, diligently 등이 있다.

a. The university student studied [hard]. (문장 끝 위치: 자동사 뒤) (그 대학생은 열심히 공부했다)

a.' The university student studied English [hard]. (문장 끝 위치: 타동사의 목적어 뒤) (그 대학생은 영어를 열심히 공부했다)

b. The disabled person walked [slowly]. (문장 끝 위치) (그 신체장애자는 천천히 걸었다)

b.' The disabled person [slowly] walked. (문장 가운데 위치)

K. 초점부사

특정 단어나 구 또는 절 앞에 와서 그 단어나 구 또는 절에 초점을 맞추는 부사이다. only, mainly, mostly, either, neither, even 등이 있다.

a. [Only] I loved the music. (주어 앞에서 주어에 초점) (나만이 그 음악을 좋아했다)

b. I [only] loved the music. (동사 앞에서 동사에 초점) (나는 그 음악을 좋아할 따름이었다)

c. I loved [only] the music. (목적어 앞에서 목적어에 초점) (나는 그 음악만을 좋아했다)

L. 강조부사

특정 단어나 표현 바로 앞에 놓여 그 단어나 표현을 수식함으로써 강조의 의미를 전하는 부사이다. very, just, extremely, right, really, terribly 등이 있다.

a. The employee arrived [just] before the conference. (전치사구 앞에서 전치사구 강조) (그 직원은 그 회의 직전에 도착했다)

b. The employee was [very] busy. (형용사 앞에서 형용사 강조) (그 직원은 매우 바빴다)

4. 부사와 비문

(1) 보어인 형용사구 자리에 올 때

a. *The worker was [diligently]. (주격보어 자리)

a.' The worker was diligent. (형용사구가 오면 정문) (그 일꾼은 부지런했다)

b. *His wife made him [diligently]. (목적보어 자리)

b.' His wife made him diligent. (형용사구가 오면 정문) (그의 아내가 그를 부지런하게 만들었다)

(2) 타동사와 그 타동사의 대명사인 목적어 사이에 올 때

a. *Don't put [down] it. (대명사인 목적어가 타동사와 부사 뒤에 와서 비문)

b. Don't put it [down]. (대명사인 목적어가 타동사와 부사 사이에 오면 정문)

(3) 부사의 종류에 따른 가능한 위치를 위반할 때

a. The boy has [completely] finished his homework. (완전부사가 조동사 뒤에 위치) (그 소년은 숙제를 완전히 끝마쳤다)

a.' *The boy [completely] has finished his homework. (완전부사가 조동사 앞에 위치)

b. The politician [sometimes] visits his hometown. (부정빈도부사가 일반 동사 앞에 위치) (그 정치가는 때때로 그의 고향을 방문한다)

b.' *The politician visits [sometimes] his hometown. (부정빈도부사가 일반 동사 뒤에 위치)

II 기본연습

1. 부사의 기능이 아닌 것을 고르시오.
   a. 동사수식 기능
   b. 부사수식 기능
   c. 형용사 수식기능
   d. 전치사수식 기능

2. 초점부사에 관한 잘못된 설명을 고르시오.
   a. 동사 뒤에 놓여 동사에 초점을 맞추기도 한다.
   b. 동사구 앞에 놓여 동사구에 초점을 맞출 수 있다.
   c. 문장 내에서 다른 위치로의 이동이 비교적 자유롭다.
   d. 주어 보어 목적어인 명사구 앞에 놓여 이들에 초점을 맞춘다.

3. 부사의 위치에 관한 잘못된 설명을 고르시오.
   a. 장소부사는 주로 문장 끝 위치에 온다.
   b. 장소부사는 문장 첫머리 위치에도 올 수 있다.
   c. 한정빈도부사는 주로 문장 가운데 위치에 온다.
   d. 일반적으로 부사가 오는 문장 내 세 주요위치가 있다.

4. 양태부사에 관한 설명이 잘못된 것을 고르시오.
   a. 주로 문장 끝 위치에 온다.
   b. 일반적으로 문장 첫머리 위치에도 온다.
   c. 양태부사는 동사를 직접 수식하는 기능을 한다.
   d. 어떤 양태부사는 문장 가운데 위치에도 올 수 있다.

5. 연결부사에 관한 설명이 잘못된 것을 고르시오.
   a. 일반적으로 문장 끝 위치에 온다.

b. 주로 문장 첫머리에 오는 것이 특징이다.
c. 한 문장의 내용을 또 다른 문장의 내용과 연결할 때 사용한다.
d. 앞서 언급한 내용과 현재 언급하려는 내용을 연결하는 기능을 한다.

6. 부사의 세 주요위치란 무엇을 말하는지 고르시오.
a. 일반적으로 부사가 놓이는 세 위치를 가리킨다.
b. 부사가 아닌 요소는 갈 수 없는 세 위치를 가리킨다.
c. 모든 부사가 마음대로 갈 수 있는 세 위치를 가리킨다.
d. 특정 부사만 갈 수 있는 문장 내의 세 위치를 가리킨다.

7. 부정빈도부사에 관한 설명이 잘못된 것을 고르시오.
a. 주로 문장 가운데 위치에 온다.
b. 막연한 빈도를 나타내는 부사를 가리킨다.
c. be동사가 있을 때는 이 동사 앞에 오는 것이 보통이다.
d. 몇몇 부정빈도부사는 부사의 세 주요위치에 모두 갈 수 있다.

8. 시간부사에 관한 설명이 사실과 다른 것을 고르시오.
a. 주로 문장 끝 위치에 온다.
b. 문장 첫머리 위치에도 올 수 있다.
c. It ~ that ~ 강조구문을 사용하여 강조할 수 있다.
d. 문장 끝 위치의 부사는 보통 시간부사, 장소부사, 양태부사의 순서로 온다.

9. 부정부사에 관한 설명이 사실이 아닌 것을 고르시오.
a. 보통의 경우 문장 가운데 위치에 온다.
b. 부정의 의미를 강조하고자 할 때는 문장 첫머리 위치로 이동시킨다.
c. 모든 부정부사는 문장 첫머리로 이동하면 주어와 조동사가 도치된다.
d. 문장 첫머리로 이동한 부정부사는 주어와 조동사의 도치를 일으키는 것과 그렇지 않은 것이 있다.

10. 부사와 관련된 비문에 관한 잘못된 설명을 고르시오.

a. 필수 보어인 부사가 빠져 있는 문장은 비문이 된다.

b. 주격보어를 필요로 하는 동사의 보어자리에 부사가 올 수 없다.

c. 강조부사는 일반적으로 강조하고자 하는 형용사나 부사 뒤에 온다.

d. 목적어가 대명사일 때 이 목적어가 타동사와 부사 뒤에 오면 비문이다.

III 심화연습

1. 강조부사가 아닌 것을 고르시오.

a. very　　b. terribly

c. really　　d. carefully

2. 논평부사가 아닌 것을 고르시오.

a. fortunately　　b. stupidly

c. certainly　　d. regrettably

3. 한정빈도부사가 아닌 것을 고르시오.

a. always　　b. every day

c. weekly　　d. yearly

4. 부사의 위치가 잘못된 것을 고르시오.

a. The singer sometimes dances.　　b. She drives her car carefully.

c. She certainly is unmarried　　d. She is only 25 years old.

5. 부사의 위치가 올바른 것을 고르시오.

a. He hard studies foreign languages.

b. He probably won't leave his office.

c. He is enough strong to lift the heavy stone.

d. The scientist visits occasionally his hometown.

6. 부사의 종류가 나머지 셋과 다른 것을 고르시오.

a. maybe   b. obviously

c. clearly   d. slowly

7. 주로 문장 끝 위치에 오는 부사가 아닌 것을 고르시오.

a. nearly   b. in a classroom

c. quietly   d. tomorrow

8. 한국어 문장과 일치하는 초점부사 only의 위치를 고르시오.

"나는 그 여성을 이전에 단 한번 만났을 따름이다." ㉠ I ㉡ have met ㉢ her ㉣ once before.

a. ㉠   b. ㉡

c. ㉢   d. ㉣

9. 부사 sometimes가 일반적으로 올 수 없는 위치를 고르시오.

㉠ The man ㉡ visits ㉢ the library to meet his friend ㉣ .

a. ㉠   b. ㉡

c. ㉢   d. ㉣

10. 양태부사 carefully의 문장 내 위치가 올바른 것을 고르시오.

The old man ㉠ drives ㉡ his car ㉢ every day ㉣ .

a. ㉠   b. ㉡

c. ㉠, ㉢   d. ㉢, ㉣

IV 기본영작

※ 다음을 영어로 옮길 때 □ 안에 들어갈 영어표현을 쓰시오.

1. 여름은 낚시하기 매우 좋은 계절이다.

a. We can catch fish [ ][ ] in summer. (동사수식부사)

b. Summer is a [ ] good season for us to fish. (강조부사)

2. 그 낚시꾼은 주말마다 낚시여행을 떠난다.

a. The angler goes on a fishing trip [ ][ ]. (한정빈도부사)

b. The angler's weekends are [ ] spent going on a fishing trip. (부정빈도부사)

3. 수온이 높으면 물고기의 활동이 매우 활발하다.

a. High water temperatures make fish [ ] active. (형용사수식부사)

b. Fish [ ] move actively in warm water. (확신부사)

4. 대부분의 낚시꾼은 주말이나 공휴일에 낚시하러간다.

a. Most anglers go fishing [ ][ ] or on holidays. (시간부사)

b. For most anglers, going fishing takes place [ ] on weekends or holidays. (강조부사)

5. 많은 낚시꾼은 내나 저수지 또는 호수에서 낚시를 한다.

a. Lots of anglers fish in a stream, in a pond or [ ][ ][ ]. (장소부사)

b. Fishing is [ ] done in a stream, a pond or a lake by lots of anglers. (부정빈도부사)

6. 낚시꾼은 낚시하러가기 위해 아침에 매우 일찍 일어난다.

a. An angler gets up ________ early in the morning to go fishing. (부사수식부사)

b. ________, anglers rise very early in the morning and go fishing. (논평부사)

7. 그 외에도, 낚시꾼은 낚시를 가기위한 준비를 하는 것을 즐긴다.

a. ________ ________, anglers enjoy preparing for their fishing trip. (연결부사)

b. Besides, anglers ________ think happy thoughts while preparing for their fishing trip. (초점부사)

8. 그 낚시꾼은 보통 아침 여섯시에 일어나 낚시를 하러 갈 준비를 한다.

a. The angler ________ gets up at six in the morning and prepares for his fishing trip. (부정빈도부사)

b. The angler's preparation for going fishing begins at six ________ ________ ________. (동사수식 부사구)

9. 흥미롭게도, 어떤 낚시꾼은 다음날 낚시할 생각에 밤잠을 설치기도 한다.

a. ________, some anglers often sleep fitfully at the thought of fishing the next day. (문장전체수식 부사)

b. It is interesting that some anglers cannot sleep ________ because of their fishing trip the next day. (양태부사)

10. 그 낚시꾼은 이전에는 결코 그 정도로 많은 물고기를 잡아 본 적이 없다.

a. The angler has ________ caught so many fish before. (부정부사)

b. ________ ________ has the angler caught so many fish. (부정부사의 전치)

V 심화영작

※ 주어진 표현으로 시작하여 영작하시오.

1. 사람들은 대개 가족외식을 좋아한다.
   a. People ______________________.
   b. Most people like for their family ______________________.
   c. Eating out with family ______________________.
   d. For ______________________.

2. 옛날에는 가족외식은 매우 드문 일이었다.
   a. Eating out ______________________.
   b. In the old days, it ______________________.
   c. It ______________________.
   d. We ______________________.

3. 그 가족은 보통은 외식을 거의 하지 않는다.
   a. The family ______________________.
   b. Normally ______________________.
   c. In general, the family ______________________.
   d. It ______________________.

4. 운 좋게도, 명절에는 많은 가족구성원이 모인다.
   a. It ______________________.
   b. A fortunate thing ______________________.
   c. Luckily lots of family members ______________________.
   d. Lots of family members ______________________.

5. 가족 구성원이 많이 모일 때만이 가족외식을 한다.

a. We ______________________________.

b. We do not eat out ______________________________.

c. Only when ______________________________.

d. Our family ______________________________.

6. 가족외식은 보통 집에서 멀지 않은 식당에서 한다.

a. We ______________________________.

b. A restaurant ______________________________.

c. The place ______________________________.

d. It ______________________________.

7. 외식을 할 때만이 가정주부가 식사준비로부터 해방된다.

a. Only when her family ______________________________.

b. Eating out ______________________________.

c. Only eating out together ______________________________.

d. A housewife ______________________________.

8. 그 가족은 여름휴가 때마다 온 가족이 외식을 하러 나간다.

a. The family ______________________________.

b. Whenever ______________________________.

c. Summer vacation ______________________________.

d. As for ______________________________.

9. 외식은 가족 모두에게 특별한 음식을 먹을 기회를 제공한다.

a. Eating out ______________________________.

b. When ______________________________.

c. The whole family ______________________________.

d. Special foods ______________________________.

10. 외식을 할 때는 점심이나 저녁을 먹는 것이 일반적인 것 같다.

a. People ____.

b. It ____.

c. Lunch or dinner ____.

d. My idea ____.

제9장

구로 절 만들기

구를 결합하여 절을 만들기 위해서는 개개의 구를 영어가 요구하는 순서로 배열해야 한다. 개개의 구 자체는 문제가 없다고 하더라도 이들을 배열하는 순서가 영어가 요구하는 규칙을 따르지 않으면 절이 되지 못한다. 영어의 절은 보통 주어인 명사구 뒤에 동사구를 두어 만든다. 이 점에서 명사이지만 명사구가 아닌 형태나 동사이지만 동사구가 아닌 형태는 절을 만들지 못한다.

I 핵심연구

1. 구

구란 하나 이상의 단어로 만들어지지만 구가 되기 위한 조건을 갖추어야 구가 될 수 있다. 따라서 각각의 구가 되기 위한 조건을 명확히 이해하는 것이 매우 중요하다.

2. 구의 배열과 절

(1) 명사구와 동사구

절을 만들기 위해서는 먼저 명사구를 만들어야 하고 이 명사구 뒤에 동사구를 두어야 한다. 구와 구가 아닌 것에 관한 명확한 구분을 위해서는 '제3장 구와 비(非)구'에서의 설명을 참조하라.

(2) 명사구와 동사구의 내부구조

A. 명사구의 내부구조

a. [A doctor] examined [a patient]. (부정관사 + 셀 수 있는 명사의 단수형) (한 의사가 한 환자를 진찰했다)

b. [The doctor] met [him] on [the road]. (정관사 + 셀 수 있는 명사의 단수형, 대명사) (그 의사는 길에서 그를 만났다)

c. [The tall doctor] examined [a short patient]. (정관사 + 형용사 + 셀 수 있는 명사의 단수형, 부정관사 + 형용사 + 셀 수 있는 명사의 단수형) (그 키가 큰 의사가 한 키가 작은 환자를 진찰했다)

d. [The very tall doctor] examined [this very short patient]. (정관사 + 부사 + 형용사 + 셀 수 있는 명사의 단수형, 지시사의 단수형 + 부사 + 형용사 + 셀 수 있는 명사의 단수형) (그 매우 키가 큰 의사가 이 매우 키가 작은 환자를 진찰했다)

e. [My tall doctor] loved [all his patients]. (소유격 + 형용사 + 셀 수 있는 명사의 단수형, 양화사 + 소유격 + 셀 수 있는 명사의 복수형) (나의 키가 큰 의사는 그의 모든 환자를 사랑했다)

f. [All these doctors] loved [all those patients]. (양화사 + 지시사의 복수형 + 셀 수 있는 명사의 복수형) (이 의사 모두가 저 환자 모두를 사랑했다)

B. 동사구의 내부구조

a. A nurse [ran]. (동사 하나로 이루어진 동사구. 동사 run은 '달리다'는 의미를 홀로 전할 수 있으므로 그 자체가 동사구) (한 간호사가 달렸다)

b. The nurse [became a mother]. ('동사 + 보어'로 이루어진 동사구. 동사 become은 '~이 되다'는 의미로 보어가 뒤따라야 동사구) (그 간호사는 어머니가 되었다)

c. The nurse [had a baby]. ('동사 + 목적어'로 이루어진 동사구. 동사 have는 '~을 가지다'는 의미로 목적어가 뒤따라야 동사구) (그 간호사는 아기를 낳았다)

d. The nurse [bought her husband a Christmas present]. ('동사 + 간접목적어 + 직접목적어'로 이루어진 동사구. 동사 buy는 '~에게 ~을 사주다'는 의미를 전할 때 두 개의 목적어가 뒤따라야 동사구) (그 간호사는 남편에게 크리스마스 선물을 하나 사주었다)

e. The nurse [made her husband very happy]. ('동사 + 목적어 + 보어'로 이루어진 동사구. 동사 make는 '~을 ~하게 만들다'는 의미를 전할 때 목적어와 목적보어가 뒤따라야 동사구) (그 간호사는 남편을 매우 행복하게 했다)

3. 구의 배열과 비(非)절

(1) 구의 내부구조로 인한 비(非)절

A. 명사구 내부 구조위반

a. *[Student] should study hard. (주어 자리에는 명사구가 와야 한다. 셀 수 있는 명사의 단수형은 앞에 한정사가 와야 명사구)

a.' [A student] should study hard. (주어 자리에 명사구가 와서 정문) (학생은 열심히 공부해야 한다)

b. *He is [diligent student]. (동사의 보어로 명사구가 와야 한다. 셀 수 있는 명사의 단수형 앞의 형용사 앞에 한정사가 와야 명사구)

b.' He is [a diligent student]. (동사의 보어로 명사구가 와서 정문) (그는 부지런한 학생이다)

c. *A student should respect [a knowledge]. (동사의 목적어로 명사구가 와야 한다. 셀 수 없는 명사 앞에 한정사인 부정관사가 오지 않아야 명사구)

c.' A student should respect [knowledge]. (동사의 목적어로 명사구가 와서 정문) (학생은 지식을 중시해야 한다)

d. *A senior student may teach [underclassman] something. (동사의 간접목적어로 명사구가 와야 한다. 셀 수 있는 명사의 단수형은 앞에 한정사가 와야 명사구)

d.' A senior student may teach [an underclassman] something. (동사의 간접목적어로 명사구가 와서 정문) (상급생은 하급생에게 뭔가를 가르칠 수 있다)

e. *A senior student may teach an underclassman [important something]. (동사의 직접목적어로 명사구가 와야 한다. 대명사 something을 수식하는 형용사가 이 대명사 뒤에 와야 명사구)

e.' A senior student may teach an underclassman [something important]. (동사의 직접목적어로 명사구가 와서 정문) (상급생은 하급생에게 뭔가 중요한 것을 가르칠 수도 있다)

f. *A senior student may make his underclassman [diligent person]. (동사의 목적보어로 명사구가 와야 한다. 셀 수 있는 명사의 단수형은 앞의 형용사와 상관없이 한정사가 와야 명사구)

f.' A senior student may make his underclassman [a diligent person]. (동사의 목적보어로 명사구가 와서 정문) (상급생이 하급생을 부지런한 사람으로 만들지도 모른다)

B. 동사구 내부 구조위반

a. *A girl [danced beautiful]. (보어를 필요로 하지 않는 동사 뒤에 형용사구가 오면 동사구가 아니다)

a.' A girl [danced beautifully]. (동사의 행위가 일어나는 모양을 나타내는 양태부사가 오면 동사구. 부사의 종류와 위치에 관해서는 '제8장 부사'의 '핵심연구'에서의 설명을 참조하라) (한 소녀가 아름답게 춤췄다)

b. *The girl [was attractively]. (보어를 필요로 하는 동사 뒤에 보어가 될 수 있는 요소가 오지 않으면 동사구가 아니다)

b.' The girl [was attractive]. (형용사구가 보어로 오면 동사구) (그 소녀는 매력적이었다)

c. *The dancer [discussed]. (목적어를 필요로 하는 동사 뒤에 목적어가 오지 않으면 동사구가 아니다)

c.' The dancer [discussed her future]. (목적어가 오면 동사구) (그 무희는 그녀의 장래에 관해 토의했다)

d. *She [made others]. (목적보어를 필요로 하는 동사의 목적보어가 오지 않으면 동사구가 아니다)

d.' She[made others happy]. (목적보어가 오면 동사구) (그녀는 남을 즐겁게 했다)

C. 형용사구 내부 구조위반

a. *My car is [useful extremely]. (강조부사가 강조하는 형용사 앞에 와야 형용사구)

a.' My car is [extremely useful]. (강조부사가 강조하는 형용사 앞에 와서 형용사구) (내 차는 극히 유용하다)

b. *Yun-Ah is [enough old] to choose her own spouse. (형용사구 내의 부사는 보통 형용사 앞에 오지만 부사 enough는 예외적으로 뒤에 온다)

b.' Yun-Ah is [old enough] to choose her own spouse. (부사 enough가 수식할 형용사 뒤에 오면 형용사구) (윤아는 자신의 배우자를 고를 정도로 나이가 들었다)

D. 부사구 내부 구조위반

a. *The student studies English [hard extremely]. (강조부사가 수식할 부사 앞에 오지 않으면 부사구가 아니다)

a.' The student studies English [extremely hard]. (강조부사가 수식할 부사 앞에 와서 부사구) (그 학생은 영어를 극히 열심히 공부한다)

b. *He studies English [enough hard] to pass all the exams. (부사 enough가 수식할 부사 뒤에 와야 부사구)

b.' He studies English [hard enough] to pass all the exams. (부사 enough가 수식할 부사 뒤에 와서 부사구) (그는 그 모든 시험을 통과할 정도로 충분히 열심히 공부한다)

E. 전치사구 내부 구조위반

a. *The boy sleeps [on bed]. (전치사 뒤에 명사구가 와야 전치사구. bed는 셀 수 있는 명사의 단수로 앞에 한정사가 오지 않으면 명사구가 아니다)

a.' The boy sleeps [on the bed]. (전치사 뒤에 명사구가 와서 전치사구) (그 소년은 침대에서 잔다)

b. *He is afraid [of to be late to school]. (전치사의 목적어 자리의 동사는 to-부정사가 아닌 동명사로 와야 전치사구)

b.' He is afraid [of being late] to school. (전치사 뒤의 동사가 동명사로 와서 전치사구) (그는 학교에 지각하는 것을 두려워한다)

c. *He is talking [about she]. (전치사의 목적어로 명사구가 목적격으로 오지 않으면 전치사구가 아니다)

c.' He is talking [about her]. (전치사의 목적어가 목적격으로 와서 전치사구) (그는 그녀에 관해 이야기하고 있는 중이다)

d. *He is talking [with mouth full]. (전치사의 목적어로 명사구가 오지 않으면 목적보어인 형용사구가 와도 전치사구가 아니다)

d.' He is talking [with his mouth full]. (전치사의 목적어로 명사구가 오고 형용사구가 목적보어로 와서 전치사구) (그는 입에 음식이 가득한 채 이야기하고 있다)

e. *He can't concentrate on his studies [with friend around] (전치사의 목적어로 명사구가 오지 않으면 목적보어로 부사가 와도 전치사구가 아니다)

e.' He can't concentrate on his studies [with his friend around]. (전치사의 목적어로 명사구가 오고 목적보어로 부사가 와서 전치사구) (그는 주위에 그의 친구를 둔 채로 공부에 집중할 수 없다)

f. *He is sleeping [with mouth watering]. (전치사의 목적어로 명사구가 오지 않으면 목적보어로 현재분사가 와도 전치사구가 아니다)

f.' He is sleeping [with his mouth watering]. (전치사의 목적어로 명사구가 오고 목적보어로 현재분사가 와서 전치사구) (그는 입에 침을 흘리며 자고 있다)

g. *He is sitting on a chair [with eye closed]. (전치사의 목적어로 명사구가 오지 않으면 목적보어로 과거분사가 와도 전치사구가 아니다)

g.' He is sitting on a chair [with his eyes closed]. (전치사의 목적어로 명사구가 오고 목적보어로 과거분사가 와서 전치사구) (그는 눈을 감은 의자에 앉아 있다)

h. *He is reading a textbook [with foot on the desk]. (전치사의 목적어로 명사구가 오지 않으면 목적보어로 전치사구가 와도 전치사구가 아니다)

h.' He is reading a textbook [with his feet on the desk]. (전치사의 목적어로 명사구가 오고 목적보어로 전치사구가 와서 전치사구) (그는 두 발을 책상 위에 올린 채 교재를 읽고 있다)

(2) 구의 잘못된 배열로 인한 비(非)절

A. 주어인 명사구와 동사구의 잘못된 배열

a. *[Loved a girl] [a boy]. (동사구가 주어인 명사구 앞에 오면 절이 아니다)

b. [A boy] [loved a girl]. (주어인 명사구가 동사구 앞에 오면 절) (한 소년이 한 소녀를 사랑했다)

B. 동사구 내의 구의 잘못된 배열

a. *The boy [[made] [his girlfriend] [happily]]. (동사 make는 '~을 ~하게 만들다'는 의미를 뒤에 목적어인 명사구와 목적보어인 형용사구를 두어 전하는 동사. 목적어 뒤에 형용사구가 아닌 부사구가 와서 동사구가 아니다)

b. The boy [[made] [his girlfriend] [happy]]. (동사 make 뒤에 명사구와 형용사구가 나와 동사구)

II 기본연습

1. 구에 관한 설명이 잘못된 것을 고르시오.
   a. 하나 이상의 단어로 이루어져 있다.
   b. 둘 이상의 단어로 이루어진 구도 있다.
   c. 둘 이상의 단어만 모이면 구가 될 수 있다.
   d. 단어의 수와 관계없이 구의 조건을 갖추어야 구가 될 수 있다.

2. 절에 관한 설명이 잘못된 것을 고르시오.
   a. 주어인 명사구 뒤에 동사구가 오면 절이다.
   b. 주어로는 명사구의 자격을 가진 요소가 와야 한다.
   c. 동사 뒤에 그 동사가 요구하는 필수적인 요소가 모두 와야 동사구이다.
   d. 동사 뒤에 그 동사가 요구하는 요소가 나오지 않아도 동사구가 될 수 있다.

3. 절의 내부구조에 관한 잘못된 설명을 고르시오.
   a. 동사 혼자서는 완전한 동사구가 될 수 없다.
   b. 절은 명사구 뒤에 동사구가 나와 있는 구조이다.

c. 명사구 내에서는 보통 한정사 뒤에 명사가 온다.

d. 명사구 내에서 명사 앞에 한정사가 오지 않을 때도 있다.

4. 구와 절의 관계에 관한 올바른 설명을 고르시오.

a. 구를 배열하면 절이 된다.

b. 명사구 뒤에 동사구가 와야 절이 될 수 있다.

c. 동사구 뒤에 명사구가 와도 절이 될 수 있다.

d. 동사구 내에서 동사 뒤는 반드시 어떤 요소가 나와야 한다.

5. 절이 되기 위한 조건을 잘못 설명한 것을 고르시오.

a. 명사구 뒤에 동사구가 와야 한다.

b. 동사 뒤에 어떤 요소가 와도 동사구가 될 수 있다.

c. 인칭대명사의 주격은 주어가 될 수 있는 명사구이다.

d. 명사구 내에서는 명사구 내부의 구조가 문법적이어야 한다.

6. 명사구와 절의 관계에 관한 잘못된 설명을 고르시오.

a. 절 내의 동격인 명사구는 격과는 독립적이다.

b. 동사의 목적어인 명사구는 목적격을 가진 형태만 가능하다.

c. 명사구가 주격을 가진 형태가 아니면 절의 주어가 될 수 없다.

d. 동사구 내의 전치사 구는 전치사 뒤에 목적격을 가진 명사구가 와야 한다.

7. 동사구와 절의 관계에 관한 잘못된 설명을 고르시오.

a. 동사 뒤에 반드시 필요한 요소가 오지 않으면 절이 될 수 없다.

b. 동사 뒤에 그 동사가 요구하지 않는 요소가 오면 절이 될 수 없다.

c. 목적보어를 필요로 하는 동사 뒤에 보어가 오지 않으면 절이 될 수 없다.

d. 모든 형용사구 보어를 요구하는 동사 뒤에 명사구 보어가 와도 절이 될 수 있다.

8. 부사구와 절의 관계에 관한 잘못된 설명을 고르시오.

a. 부사구의 위치를 위반하면 완전한 절이 될 수 없다.

b. 대부분의 부사구는 빼더라도 절은 여전히 문법적이다.

c. 보어로 쓰이는 필수부사는 빼면 절이 비문법적이 된다.

d. 모든 부사구는 부사의 세 주요위치 중 어니에나 올 수 있다.

9. 전치사구와 절의 관계에 관한 잘못된 설명을 고르시오.

a. 전치사의 목적어로 to-부정사가 오면 절은 문법적이다.

b. 절 내의 전치사구가 비문법적이면 절은 비문법적이 된다.

c. 전치사의 목적어가 절 내에 없으면 절은 비문법적이 된다.

d. 전치사의 목적어로 목적격이 아닌 명사구가 오면 절은 비문법적이 된다.

10. 형용사구와 절의 관계에 관한 잘못된 설명을 고르시오.

a. 절 내의 형용사구의 내부구조를 위반하면 절이 될 수 없다.

b. 절 내의 명사 앞에 형용사가 여러 개 오면 절이 비문법적이 된다.

c. 한정적으로만 쓰이는 형용사가 서술위치에 오면 절이 비문법적이 된다.

d. 서술적으로만 쓰이는 형용사가 명사나 대명사를 한정하는 위치에 오면 절이 비문법적이 된다.

III 심화연습

1. 구의 종류를 고르시오.

very warm, tall enough, too young to get married

a. 명사구 b. 동사구

c. 형용사구 d. 부사구

2. 구가 아닌 것을 고르시오.

a. walk b. very pretty girl

c. so quickly　　　　　　　　　　d. at noon

3. 부사구가 잘못되어 절이 아닌 것을 고르시오.

a. The singer sang passionately.

b. The thief ran as fast as he could.

c. The boxer runs always 8 kilometers every morning.

d. The student studied hard enough to pass the examination.

4. 동사구가 잘못되어 절이 아닌 것을 고르시오.

a. The girl likes growing her hair long.

b. She walks her pet dog in her free time.

c. She dreams of becoming a ballet dancer.

d. She enjoys dancing and to sing very much.

5. 명사구가 잘못되어 절이 아닌 것을 고르시오.

a. She liked his tall stature.

b. They met each other very often.

c. He fell in love with her at first sight.

d. A tall boy was loved by pretty young girl.

6. 형용사구가 잘못되어 절이 아닌 것을 고르시오.

a. He was also able to run very fast.

b. He was as young as the other good players.

c. He played too careful to beat the opposing team.

d. The boy was tall enough to be a basketball player.

7. 전치사구가 잘못되어 절이 아닌 것을 고르시오.

a. He thanked her for this meals.

b. His wife carried his meals to the field.

c. She carried them with a baby on her back.

d. The farmer worked from morning till night.

8. 절이 되기 위한 조건을 모두 갖춘 것을 고르시오.

a. You are too young to watch the soap opera.

b. Your parents won't let you to watch the soap opera.

c. Watching not the soap opera is a good thing for you.

d. It is not bad for your parents to stop you from watch the soap opera.

9. 다음 표현이 구가 되지 못하는 이유를 바르게 설명한 것을 고르시오.

"put some books"

a. 동사 put 뒤에 목적어로 명사구가 오지 않아 동사구가 아니다.

b. 동사 put 뒤에 목적어는 있지만 목적보어인 형용사구가 오지 않아 동사구가 아니다.

c. 동사 put 뒤에 직접목적어는 있지만 간접목적어인 명사구가 오지 않아 동사구가 아니다.

d. 동사 put 뒤에 목적어는 있지만 필수부사인 보어가 오지 않아 동사구가 아니다.

10. 완전한 절을 만들기 위한 다음 단어들의 올바른 결합 순서를 고르시오.

① they ② their opinions ③ the courage ④ to express ⑤ have ⑥ not ⑦ did

a. ⑤⑥③②④①⑦

b. ①⑦⑤③②④⑥

c. ①⑦⑥⑤③④②

d. ②⑦⑥④①③⑤

IV 기본영작

※ 다음을 영어로 옮길 때 □ 안에 들어갈 영어표현을 쓰시오.

1. 그의 취미는 탁구를 치는 것이다.

   a. □□ is playing table tennis. (명사구)

   b. He plays table tennis □□□. (전치사구)

2. 그는 매주 한 두 번 탁구장에 간다.

   a. He □□□□□ once or twice a week. (동사구)

   b. □□□□ is where he visits once or twice a week. (명사구)

3. 그는 공을 정확하게 치려고 노력한다.

   a. He tries to hit the ball □. (부사구)

   b. His efforts are focused on □□□□. (전치사의 목적어인 명사구)

4. 그는 탁구공 자동훈련기계로 열심히 연습한다.

   a. He practices hard with an □ table tennis ball training machine. (형용사구)

   b. His □ practice is done with an automatic table tennis training machine. (형용사구)

5. 그는 장시간의 연습 후 약간의 피로를 느낀다.

a. He ____ ____ ____ ____ after practicing a long time. (동사와 보어로 된 동사구)

b. Practicing a long time makes him ____ ____ ____ ____. (원형부정사구)

6. 잠깐 동안의 휴식이 끝나면 그는 다시 연습한다.

a. He ____ again after a break. (동사만으로 된 동사구)

b. His exercise is resumed after he takes a ____ rest. (형용사구)

7. 그는 몸의 열기를 식히기 위해 약간의 찬물을 마신다.

a. He ____ ____ ____ ____ to cool himself. (동사와 목적어로 된 동사구)

b. He cools himself by ____ ____ ____ ____. (동명사구)

8. 그는 연습을 완전히 끝내면 가방을 멘 채 탁구장을 떠난다.

a. When he finishes practicing, he leaves the table tennis room ____ ____ ____ ____ ____ ____. (전치사와 목적어와 목적보어로 된 전치사구)

b. ____ ____, he leaves the table tennis room, carrying his bag on his shoulder. (전치사구)

9. 그는 연습 중 잠시 쉬기 위해 탁구라켓을 탁구대에 내려놓는다.

a. He puts down his paddle ____ ____ ____ ____ ____ to take a break during practice. (전치사구)

b. His paddle ____ ____ ____ on the table tennis table when he takes a break during practice. (동사구)

10. 그는 연습이 끝나면 탁구라켓고무를 젖은 스펀지로 깨끗이 닦는다.

a. He [ ][ ][ ][ ][ ][ ][ ] with a wet sponge after practice. (동사와 목적어와 목적보어로 된 동사구)

b. The table tennis paddle rubber is wiped [ ] by him after practice is over. (동사의 목적보어인 형용사구)

V 심화영작

※ 주어진 표현으로 시작하여 영작하시오.

1. 오래 전에는 많은 사람들이 비닐우산을 썼다.
   - a. A long time ago, most people ______________________.
   - b. Plastic umbrellas ______________________.
   - c. It ______________________.
   - d. Umbrellas ______________________.

2. 요즘은 비닐우산을 사용하는 사람이 많지 않다.
   - a. Nowadays, not many people ______________________.
   - b. Many people ______________________.
   - c. Plastic umbrellas ______________________.
   - d. It ______________________.

3. 비닐우산은 값이 싸서 잃어버려도 그다지 아깝지 않다.
   - a. You ______________________.
   - b. A plastic umbrella ______________________.
   - c. Since ______________________.

d. We ____.

4. 천으로 된 우산은 소나기가 오면 비가 안으로 스며든다.

a. An umbrella ____.

b. An umbrella made of cloth ___________________________.

c. When ____.

d. Rainwater ____.

5. 비닐우산은 소나기가 와도 안으로 비가 스며들지 않는다.

a. Even when ____.

b. Even a lot of rainwater _____________________________.

c. A plastic umbrella __________________________________.

d. You ____.

6. 그 젊은이는 천으로 된 우산보다 비닐우산을 더 좋아한다.

a. The young man ______________________________________.

b. A plastic umbrella __________________________________.

c. The young man's preference ___________________________.

d. Of the two kinds of umbrellas _________________________.

7. 비닐우산은 천으로 된 우산보다 가벼워서 사용자가 휴대하기 편하다.

a. A merit of a plastic umbrella _________________________.

b. A person ____.

c. Since ____.

d. A plastic umbrella __________________________________.

8. 비닐우산은 강한 바람이 불 때는 사용하기가 어렵다는 것이 단점이다.

a. When ____.

b. You ____.

c. It ____.

d. A defect of a plastic umbrella ____________________________.

9. 비닐우산은 투명하여 하늘을 볼 수 있어서 사용자의 기분을 좋게 한다.

a. A plastic umbrella ________________________________.

b. An umbrella user _________________________________.

c. A plastic umbrella is so ___________________________.

d. The clarity of a plastic umbrella _____________________.

10. 여러 가지 장점 때문에 요즘도 어떤 사람들은 비닐우산을 즐겨 사용한다.

a. There ____.

b. With ____.

c. Since ____.

d. Plastic umbrellas ___________________________________.

제10장

절의 종류와 기능

절은 문장에서 하는 기능에 따라 명사절 형용사절 부사절로 나뉜다. 명사절은 문장 내에서 명사구가 오는 자리에 와서 명사처럼 쓰인다. 형용사절은 문장 내에서 형용사처럼 명사나 대명사 뒤에서 그 명사나 대명사를 수식하는 기능을 한다. 부사절은 문장 내에서 부사처럼 동사 형용사 부사를 수식하는 기능을 한다. 절의 종류와 기능에 대한 이해는 문법적인 문장을 만드는데 기초가 된다.

I 핵심연구

1. 명사절

(1) that-절

a. [That she is unmarried] pleases me. (that-절이 명사구처럼 동사(pleases)의 주어로 기능) (그녀가 미혼이라는 것이 나를 기쁘게 한다)

b. My belief is [that she is unmarried]. (that-절이 명사구처럼 be-동사(is)의 보어로 기능) (나의 믿음은 그녀가 미혼이라는 것이다)

c. I know [that she is unmarried]. (that-절이 명사구처럼 동사(know)의 목적어로 기능) (나는 그녀가 미혼이라는 것을 알고 있다)

(2) 의문사가 이끄는 절

a. [Why she studies English] is not known. (의문사 why가 이끄는 절이 명사구처럼 동사(is)의 주어로 기능) (왜 그녀가 미혼인지는 알려져 있지 않다)

b. [How she makes money] is not known. (의문사 how가 이끄는 절이 명사구처럼 동사(is)의 주어로 기능) (그녀가 어떻게 돈을 버는 지는 알려져 있지 않다)

c. [What she does to make money] is not known. (의문사 what이 이끄는 절이 동사(is)의 주어로 기능) (돈을 벌기 위해 그녀가 무엇을 하는 지는 알려져 있지 않다)

d. [When she is going to get married] is not known. (의문사 when이 이끄는 절이 명사구처럼 동사(is)의 주어) (그녀가 언제 결혼하려고 하는 지는 알려져 있지 않다)

e. [Which she prefers, a strong boy or a rich boy], is not known. (의문사 which가 이끄는 절이 명사구처럼 동사(is)의 주어) (그녀가 힘센 남자와 부유한 남자 중 어느 쪽을 더 좋아하는지는 알려져 있지 않다)

(3) 관계대명사가 이끄는 절

a. [What I know] is that she is a mysterious girl. (관계대명사 what이 이끄는 절이 명사구처럼 동사 is의 주어로 기능) (내가 아는 것은 그녀가 불가사의한 여성이라는 것이다)

b. This is [what I know about the mysterious girl]. (관계대명사 what이 이끄는 절이 명사구처럼 동사 is의 보어) (이것이 내가 그 불가사의한 여성에 관해 알고 있는 것이다)

c. I will do [what Is helpful to her]. (관계대명사 what이 이끄는 절이 명사구처럼 동사 do의 목적어로 기능) (나는 그녀에게 도움이 되는 것을 하겠다)

d. I will think about [what is helpful to her]. (관계대명사 what이 이끄는 절이 명사구처럼 전치사 about의 목적어로 기능) (나는 그녀에게 도움이 되는 것에 관해 생각하겠다)

2. 형용사절

(1) 관계대명사가 이끄는 절

a. The little girl needs a person [who can help her with her homework]. (관계대명사 who가 이끄는 절은 앞의 명사구 a person 내의 명사 person을 수식하는 형용사처럼 기능) (그 어린 소녀는 숙제를 도와줄 사람이 필요하다)

b. This is her homework [which she has to finish by tomorrow]. (관계대명사 which가 이끄는 절은 앞의 명사구 her homework 내의 명사 homework을 수식하는 형용사처럼 기능) (이것이 그녀가 내일까지 끝마쳐야 하는 숙제이다)

c. That is her textbook [that she studies in school]. (관계대명사 that이 이끄는 절이 앞의 명사구 her textbook 내의 명사 textbook을 수식하는 형용사처럼 기능) (저것이 그녀가 학교에서 공부하는 교과서이다)

(2) 관계부사가 이끄는 절

a. The painter was born in those days [when lots of people were very poor]. (때를 나타내는 관계부사 when이 이끄는 절이 앞의 명사구 those days 내의 명사 days를 수식하는 형용사처럼 기능) (그 화가는 많은 사람이 가난하던 시절에 태어났다)

b. He lives in a small fishing village [where he was born]. (장소를 나타내는 관계부사 where가 이끄는 절이 앞의 명사구 a small fishing village 내의 명사village를 수식하는 형용사처럼 기능) (그 화가는 그가 태어난 한 조그만 어촌마을에 산다)

c. That is the reason [why he mainly paints fishing villages]. (이유를 나타내는 관계부사 why가 이끄는 절이 앞의 명사구 the reason 내의 명사 reason을 수식하는 형용사처럼 기능)

(그것이 그가 주로 어촌을 그리는 이유이다)

d. This is the way [(how) he paints his fishing village]. (방법을 나타내는 관계부사 how가 이끄는 절이 앞의 명사구 the way 내의 명사 way를 수식하는 형용사처럼 기능. 보통 the way나 how 중 하나만을 사용한다) (이것이 그가 그의 어촌마을을 그리는 방식이다)

3. 부사절

(1) 때

a. [When it snowed], they went up a mountain to catch hares. (때를 나타내는 접속사 when이 이끄는 절이 주절동사 went를 수식하는 부사처럼 기능. 부사절이 주절 앞에 올 때는 보통 부사절 뒤에 쉼표(,)를 둔다) (눈이 오면 그들은 산토끼를 잡으러 산에 올랐다)

a.' They went up a mountain to catch hares [when it snowed]. (부사절이 주절 뒤에 올 때는 쉼표(,)가 불필요)

b. [While they ran after hares], they shouted at each other. (때를 나타내는 접속사 while이 이끄는 절이 주절동사 shouted를 수식하는 부사처럼 기능. 부사절이 주절 앞에 올 때는 보통 부사절 뒤에 쉼표(,)를 둔다) (그들은 산토끼를 뒤쫓는 동안 서로에게 소리쳤다)

b.' They shouted at each other [while they ran after hares]. (부사절이 주절 뒤에 올 때는 쉼표(,)가 불필요)

c. [As they ran after a hare], they shouted at each other. (때를 나타내는 접속사 as가 이끄는 절이 주절동사 shouted를 수식하는 부사처럼 기능. 부사절이 주절 앞에 와서 쉼표(,)가 필요) (그들은 산토끼를 뒤쫓으면서 서로에게 소리쳤다)

c.' They shouted at each other [as they ran after a hare]. (부사절이 주절 뒤에 올 때는 쉼표(,)가 불필요)

(2) 이유

a. [Because they wanted to show unity among villagers], they ran after hares. (이유를 나타내는 접속사 because가 이끄는 절이 주절 동사 ran을 수식하는 부사처럼 기능. 부사절이 주절 앞에 와서 뒤에 쉼표(,)가 필요) (그들은 마을사람들 간의 단결을 보여주기를 원했기 때문에 산토끼를 뒤쫓았다)

a.' They ran after hares [because they wanted to show unity among villagers].

(부사절이 주절 뒤에 올 때는 쉼표(,)가 불필요)

b. [Since hares had difficulty escaping in the heavy snow], the villagers used to run after them. (상대에게 이미 알려져 있는 이유를 나타내는 접속사 since가 이끄는 절이 주절 동사 used를 수식하는 부사처럼 기능. 부사절이 주절 앞에 있으므로 부사절 뒤에 쉼표(,)가 필요) (많은 눈 위에서는 도망치기가 어려우므로 그 마을 사람들은 산토끼를 뒤쫓았다)

b.' The villagers used to run after hares [since they had difficulty in escaping in the heavy snow]. (부사절이 주절 뒤에 올 때는 부사절 앞에 쉼표(,)가 불필요)

c. [As it was difficult for hares to escape in the heavy snow], the villagers tried to catch them. (이유를 나타내는 접속사 as가 이끄는 절이 주절동사 tried를 수식하는 부사처럼 기능. 부사절이 주절 앞에 올 때는 부사절 뒤에 쉼표(,)가 필요) (많은 눈 위에서 산토끼가 도망가기 어려우므로 그 마을 사람들은 잡으려고 애썼다)

(3) 조건

a. [If you need my help], please don't hesitate to ask me. (조건을 나타내는 접속사 if가 이끄는 절이 주절동사 hesitate를 수식하는 부사처럼 기능. 부사절이 주절 앞에 오면 부사절 뒤에 쉼표(,)가 필요) (내 도움이 필요하면 주저 없이 말해라)

a.' Please tell me without hesitation [if you need my help]. (부사절이 주절 뒤에 올 때는 부사절 앞에 쉼표(,)가 불필요)

b. [Providing that you finish your work], you may go out to play. (조건을 나타내는 접속사 providing이 이끄는 절이 주절동사 may go를 수식하는 부사처럼 기능. 부사절이 주절 앞에 와서 부사절 뒤에 쉼표(,)가 필요) (네가 일을 끝마친다면 놀러 나가도 좋다)

b.' You may go out to play [provided that you finish your work]. (부사절이 주절 뒤에 올 때는 쉼표(,)가 불필요)

(4) 양보

a. [Though the girl was young], she was intelligent. (양보를 나타내는 접속사 though가 이끄는 절이 주절동사 was를 수식하는 부사처럼 기능. 부사절이 주절 앞에 오면 부사절 뒤에 쉼표(,)가 필요) (그 소녀는 어렸지만 지적이었다)

a.' The girl was intelligent [though she was young]. (부사절이 주절 뒤에 와서 부사절 앞에 쉼표(,)가 불필요)

b. [Although it was raining heavily, he arrived in time. (접속사 although가 이끄는 절이 주절동사 arrived를 수식하는 부사처럼 기능. 부사절이 주절 앞에 오면 부사절 뒤에 쉼표(,)가 필요) (비가 심하게 내리고 있었지만 그는 시간에 맞춰 도착했다)

b.' He arrived in time [although it was raining heavily]. (부사절이 주절 뒤에 와서 부사절 뒤에 쉼표(,)가 불필요)

II 기본연습

1. 절에 관한 설명이 잘못된 것을 고르시오.
   a. 절에는 동사의 시제가 나타난다.
   b. 하나의 문장은 여러 개의 절로 구성될 수 있다.
   c. 문장에서 하는 기능에 따라 명사절 형용사절 부사절로 나뉜다.
   d. 절이 되기 위해서는 동사의 주어가 와야 하고 동사 뒤는 어떤 요소가 와도 문제가 되지 않는다.

2. 명사절에 관한 설명이 잘못된 것을 고르시오.
   a. 명사절은 일반적으로 동사의 목적보어로 쓰이지 않는다.
   b. 명사절이 동사의 가목적어 it의 진목적어로 쓰이기도 한다.
   c. 모든 명사절은 타동사나 전치사의 목적어자리에 올 수 있다.
   d. 명사절은 보통 동사의 주어가 되거나 주격보어가 될 수 있다.

3. 부사절에 관한 설명이 잘못된 것을 고르시오.
   a. 직접 명사나 대명사를 수식한다.
   b. 동사의 주어나 목적어가 될 수 없다.
   c. 때 이유 조건 양보 동시동작 등을 나타내기도 한다.
   d. 문장에서 보통 동사 형용사 부사를 수식하는 기능을 한다.

4. 형용사절에 관한 설명이 잘못된 것을 고르시오.

a. 형용사 뒤에 오는 절을 가리킨다.

b. 명사나 대명사를 수식하는 절이다.

c. 관계부사가 이끄는 절이 여기에 속한다.

d. 관계대명사가 이끄는 많은 절이 여기에 속한다.

5. 절의 위치에 관한 설명 중 잘못된 것을 고르시오.

a. 명사구와 동격으로 명사절이 올 수도 있다.

b. 부사절은 문장에서 부사의 세 주요위치에 온다.

c. 명사절은 문장에서 보통 명사구가 오는 자리에 온다.

d. 형용사절은 문장에서 형용사처럼 명사나 대명사를 수식하는 자리에 온다.

6. that-절에 관한 설명이 사실이 아닌 것을 고르시오.

a. 동사의 주어자리에서 주어로 쓰일 수 있다.

b. 형용사 뒤에서 형용사의 보어로 쓰일 수 있다.

c. 타동사의 목적어자리에서 목적어로 쓰일 수 있다.

d. 동사의 가목적어에 대한 진목적어로 쓰일 수 없다.

7. 의문사가 이끄는 절에 관한 잘못된 설명을 고르시오.

a. 명사절로서의 기능을 한다.

b. 동사의 주어자리에서 주어가 될 수 있다.

c. 동사의 주격보어자리에서 보어가 될 수 있다.

d. 전치사의 목적어자리에서 목적어로 쓰일 수 없다.

8. 관계부사가 이끄는 절에 관한 잘못된 설명을 고르시오.

a. 명사구를 수식하는 형용사 절이다.

b. 부사처럼 문장의 세 주요위치에 온다.

c. 보통 때 장소 이유 방법을 나타내는 절이다.

d. 관계부사가 관계절과 주절을 연결한다고 볼 수 있다.

9. 관계대명사가 이끄는 절에 관한 잘못된 설명을 고르시오.

a. 명사절을 만드는 관계대명사도 있다.

b. 관계부사와 달리 관계대명사는 보통 생략하지 않는다.

c. 어떤 관계절은 앞에 나온 명사구에 대해 부연 설명한다.

d. 관계대명사가 이끄는 많은 절이 명사구를 한정하는 형용사 절이다.

10. 이유를 나타내는 부사절에 관한 설명이 사실이 아닌 것을 고르시오.

a. for-절은 이유를 가볍게 덧붙일 때 사용한다.

b. because-절은 이유를 강하게 주장할 때 사용한다.

c. as-절은 부사절이지만 이유를 나타낼 때 쓰이지 않는다.

d. since-절은 청자가 알고 있는 이유를 화자가 제시할 때 사용한다.

III 심화연습

1. 부사절을 고르시오.

a. while they are walking along the lake

b. who is teaching English

c. what the man is looking for

d. why he is learning Russian

2. 명사절을 고르시오.

a. which is strong and thick

b. though he is very busy

c. as he will come back soon

d. when he will come back from America

3. 형용사절을 고르시오.

a. how he solved the problem

b. who was attractive

c. whenever he goes out

d. why he solved the problem

4. 절이 아닌 것을 고르시오.

a. with a schoolbag on his back

b. for you can do something

c. which has beautiful flowers and trees

d. that she comes from a foreign country

5. 빈칸에 들어갈 적합한 표현을 고르시오.

"There was a nice stream, _____ my friends and I used to swim and catch minnows."

a. that
b. which
c. where
d. why

6. 형용사의 보어로 쓰인 that-절을 고르시오.

a. It was her husband that returned from the battlefield safely.

b. She was glad that her husband came back safely from the battlefield.

c. That he returned safely from the battlefield pleased his wife very much.

d. It made her glad that her husband came back safely from the battlefield.

7. 의문사가 이끄는 절이 아닌 것을 고르시오.

a. how you got to your destination

b. why you met the stranger

c. which was proof of his honesty

d. which way you took to get to your destination

8. 절의 기능이 나머지 셋과 다른 것을 고르시오.

a. where the boy met his girlfriend for the first time

b. when he and she go out to eat

c. why she pleases her boyfriend

d. while they eat dinner together

9. 이유를 나타내는 부사절이 아닌 것을 고르시오.

a. since the scholar studied abroad

b. for the student studied hard

c. because the singer sang well

d. why the dancer danced passionately

10. 절을 전치사의 목적어로 가진 문장을 고르시오.

a. I don't know how to answer such a question.

b. I don't know why you are going to marry her.

c. You are interested in making lots of money, aren't you?

d. Have you ever thought about why you should live long?

IV 기본영작

※ 다음을 영어로 옮길 때 □ 안에 들어갈 영어표현을 쓰시오.

1. 코스모스를 보면 우리는 가을을 생각한다.

a. We think of fall □ we see cosmos flowers. (때의 부사절을 이끄는 접속사)

b. Cosmos flowers remind us □□. (전치사구)

2. 그 코스모스들은 바람에 흔들리면서 서로를 껴안는다.

a. The cosmos flowers hug each other [ ] they sway in the wind. (동시성을 나타내는 접속사)

b. [ ] the cosmos flowers sway in the wind, they hug each other. (동작이 계속되는 시간을 나타내는 접속사)

3. 한 어린 소녀가 친구에게 코스모스가 피었다고 알려준다.

a. A young girl tells her friend [ ] cosmos flowers are in bloom. (동사의 직접목적어인 명사절을 이끄는 접속사)

b. [ ] is told to her friend by a young girl that cosmos flowers are in bloom. (진주어인 명사절을 가리키는 가주어)

4. 코스모스가 피어있다는 것은 가을이 왔다는 것을 의미한다.

a. [ ] cosmos flowers are in bloom indicates that it is fall. (주어인 명사절을 이끄는 접속사)

b. My belief is [ ] seeing cosmos flowers in bloom is an indication of the coming of fall. (보어인 명사절을 이끄는 접속사)

5. 그 어린 소녀는 형형색색의 코스모스가 피어있어서 놀란다.

a. The young girl is surprised by the variety of cosmos flowers [ ] are in bloom. (형용사절을 이끄는 주격관계대명사)

b. All sorts of cosmos flowers in bloom make the young girl [ ]. (동사의 목적보어인 형용사구)

6. 그 두 어린소녀는 왜 코스모스가 가을에 피는지 알지 못한다.

a. The two young girls don't know [ ] cosmos flowers bloom in fall. (동사의 목적어인 명사절을 이끄는 의문사)

b. [ ] is not known to the two young girls why cosmos flowers bloom in fall. (진주어인 명사절을 가리키는 가주어)

7. 그 가느다란 코스모스는 바람에 흔들리지만 꺾이지는 않는다.

a. The slender cosmos stems are not broken in the wind, [ ] they are swayed. (양보의 부사절을 이끄는 접속사)

b. The slender cosmos stems are swaying in the wind, [ ] they are not broken. (두 절을 대등하게 연결하는 등위접속사)

8. 그 어린소녀는 왜 코스모스에 꿀벌이 모여드는지 알지 못한다.

a. The young girl doesn't know the reason [ ] honeybees get together on cosmos flowers. (형용사절을 이끄는 이유의 관계부사)

b. It is not known to the young girl [ ] honeybees gather together on cosmos flowers. (가주어 It이 가리키는 명사절을 이끄는 의문사)

9. 코스모스는 약하고 예뻐서 많은 사람들의 마음을 끄는 것 같다.

a. Cosmos seem to attract lots of people's attention [ ] they are fragile and pretty. (이유의 부사절을 이끄는 접속사)

b. Cosmos are fragile and pretty, [ ] is why they seem to attract lots of people's attention. (앞 절 전체를 가리키는 형용사절을 이끄는 관계대명사)

10. 그 나비가 그 코스모스에서 무엇을 먹고 있는지 그 어린소녀들은 모른다.

a. The young girls don't know [ ] the butterfly is eating on the cosmos flower. (동사의 목적어인 명사절을 이끄는 의문사)

b. The butterfly is eating something on the cosmos flower but the young girls don't know [ ][ ][ ]. (동사의 목적어인 명사절)

V 심화영작

※ 주어진 표현으로 시작하여 영작하시오.

1. 언제 어디에서 비를 맞느냐가 문제가 될 것이다.
   a. When and where ________________.
   b. The significance ________________.
   c. It ________________.
   d. I ________________.

2. 비를 맞으며 걸으면 어떤 느낌이 들지 궁금하다.
   a. I ________________.
   b. It ________________.
   c. Walking in the rain ________________.
   d. My curiosity ________________.

3. 어떤 사람들은 비를 맞으며 걷는 것을 즐기기도 한다.
   a. Some people ________________.
   b. Walking ________________.
   c. It ________________.
   d. There ________________.

4. 가랑비를 맞으면 마음이 좀 가라앉지 않을까 생각된다.
   a. Getting ________________.
   b. It ________________.
   c. I ________________.
   d. You ________________.

5. 많은 사람들이 비를 맞으며 걷는 것을 좋아하지 않는다.

a. Most people ______________________________.

b. Lots of people ______________________________.

c. Walking ______________________________.

d. It ______________________________.

6. 소나기를 맞으면 강렬한 감정의 변화가 일어날 것 같다.

a. It ______________________________.

b. When ______________________________.

c. Being ______________________________.

d. I ______________________________.

7. 비를 맞으며 걷는다는 것은 자연의 변화에 순응하는 것이다.

a. When ______________________________.

b. It ______________________________.

c. Walking ______________________________.

d. To walk in the rain ______________________________.

8. 비를 맞으며 걸으면 감정의 정화가 일어나지 않을까 생각된다.

a. Walking ______________________________.

b. You ______________________________.

c. I ______________________________.

d. It ______________________________.

9. 요즘은 산성비가 내린다고 사람들이 비를 맞는 것을 두려워한다.

a. Acid rain ______________________________.

b. Since ______________________________.

c. Nowadays people ______________________________.

d. With ______________________________.

10. 가랑비를 맞는 것과 소나기를 맞는 것은 서로 느낌이 다를 것이다.

a. You ______________________________.

b. A drizzle and a shower ______________________________.

c. The two different kinds of rain ______________________________.

d. When ______________________________.

제11장

절로 문장 만들기

절은 홀로 하나의 문장을 만들거나 또 다른 하나 이상의 절과 결합하여 문장을 만든다. 홀로 하나의 문장을 만들 때는 그 절을 구성하고 있는 개개의 구가 영어가 요구하는 순서로 배열되어야 하고 그 구를 이루고 있는 단어나 일련의 단어가 영어가 요구하는 순서로 배열되어야 한다. 이와 달리 둘 이상의 절로 하나의 문장을 만들 때는 절과 절을 결합하는 방식도 영어가 요구하는 규칙을 따라야 한다.

I 핵심연구

1. 주절

a. [A stranger came to me]. (하나의 주절로 구성된 문장) (한 낯선 사람이 내게 왔다)

b. [A stranger came to me] and [he addressed me]. (두 개의 주절이 등위접속사 and로 연결된 문장) (한 낯선 사람이 내게 왔으며 그는 나에게 말을 걸었다)

b.' [A stranger came to me], [he hesitated for a while], and then [he asked me some questions]. (세 개의 주절이 쉼표(,)와 등위접속사 and로 연결된 문장. 셋 이상의 주절을 연결할 때는 쉼표를 사용하고 마지막 절 앞에 등위 접속사를 사용) (한 낯선 사람이 내게 와서 잠시 망설이고 내게 몇 가지 질문을 했다)

c. [The stranger came to me] but [I looked away from him]. (두 개의 주절이 등위접속사 but으로 연결된 문장) (그 낯선 사람이 내게 왔지만 나는 그로부터 얼굴을 돌렸다)

d. [The stranger may be a foreigner] or [he may look like a foreigner]. (두 개의 주절이 등위접속사 or로 연결된 문장) (그 낯선 사람은 외국인이거나 아니면 외국인처럼 보일지도 모른다)

d.' [The stranger may be a foreigner], [he may look like a foreigner], or [he may have a foreign parent]. (세 개의 주절이 쉼표(,)와 등위접속사 or로 연결된 문장. 마지막 절 앞에 등위접속사를 사용) (그 낯선 사람은 외국인이거나 외국인처럼 보이거나 부모 중 한 사람이 외국인일지 모른다).

e. [He asked me some questions], so [I answered them]. (두 개의 주절이 등위접속사 so로 연결된 문장) (그는 내게 몇 가지 질문을 했으며 그래서 나는 그 질문에 대답했다)

f. [He asked me some questions], for [he wanted to]. (두 개의 주절이 등위접속사 for로 연결된 문장) (그는 내게 몇 가지 질문을 했다. 그는 그렇게 하고 싶었으니까)

2. 종속절

a. My belief is [that the stranger is a foreigner]. (that-절: 주절동사 is의 보어) (나의 믿음은 그 낯선 사람이 외국인이라는 것이다)

b. I don't know [what he does]. (간접의문절: 의문사 what이 이끄는 간접의문이 주절동사 know의 목적어) (나는 그가 무엇을 하는 사람인지 모른다)

c. Do you know [if the stranger is a foreigner]? (if-절: yes-no 의문이 주절동사 know의 목적어) (너는 그 낯선 사람이 외국인인지 어떤지 아니?)

d. I'll tell you about the stranger [when I come to know him]. (when-절: 주절에 종속된 부사절) (내가 그 낯선 사람을 알게 되면 그에 관해 이야기해 줄게)

e. I cannot tell you anything about the stranger now [because I know nothing about him]. (because-절: 주절에 대한 이유) (나는 그 낯선 사람에 관해 아무 것도 알지 못하기 때문에 그에 관해 아무 것도 네게 말할 수 없다)

f. I will make friends with the stranger [if he is a foreigner]. (if-절: 주절에 대한 조건) (만약 그 낯선 사람이 외국인이라면 나는 그와 친구가 될 것이다)

g. The stranger speaks Korean very well [though he looks like a foreigner]. (though-절: 주절에 대한 양보) (그 낯선 사람은 외국인처럼 보이지만 한국어를 매우 잘 한다)

3. 절의 연결과 비문

(1) 주절의 연결

a. [A stranger came to me] and [he addressed me]. (한 낯선 사람이 내게 왔으며 그는 나에게 말을 걸었다)

a.' *[A stranger came to me], [he addressed me]. (둘 이상의 주절을 등위접속사가 아닌 쉼표(,)로만 연결하면 비문)

a." A stranger came to me. He addressed me. (두 개의 주절을 각기 다른 문장으로 분리하면 정문) (한 낯선 사람이 내게 왔다. 그는 나에게 말을 걸었다)

b. [A stranger came to me], [he hesitated for a while], and [he asked me some questions]. (한 낯선 사람이 내게 와서 잠시 망설이고 내게 몇 가지 질문을 했다)

b.' *[A stranger came to me], [he hesitated for a while], [he asked me some questions]. (둘 이상의 주절을 등위접속사가 아닌 쉼표(,)로만 연결하면 비문)

b.'' A stranger came to me. He hesitated for a while. He asked me some questions. (둘 이상의 주절을 각기 다른 문장으로 분리하면 정문) (한 낯선 사람이 내게 왔다. 그는 잠시 망설였다. 그는 내게 몇가지 질문을 했다)

c. [The stranger came to me] but [I looked away from him]. (그 낯선 사람이 내게 왔지만 나는 그로부터 얼굴을 돌렸다)

c.' *[The stranger came to me], [I looked away from him]. (둘 이상의 주절을 등위접속사가 아닌 쉼표(,)로만 연결하면 비문)

c.'' The stranger came to me. I looked away from him. (둘 이상의 주절을 각기 다른 문장으로 분리하면 정문) (그 낯선 사람이 내게 왔다. 나는 그로부터 얼굴을 돌렸다)

d. [The stranger may be a foreigner] or [he may look like a foreigner]. (그 낯선 사람은 외국인이거나 아니면 외국인처럼 보일지도 모른다)

d.' *[The stranger may be a foreigner], [he may look like a foreigner]. (둘 이상의 주절을 쉼표(,)로만 연결하여 비문)

d.'' The stranger may be a foreigner. He may look like a foreigner. (둘 이상의 주절을 각기 다른 문장으로 분리하면 정문) (그 낯선 사람은 외국인일지 모른다. 그는 외국인처럼 보일지도 모른다)

e. [The stranger may be a foreigner], [he may look like a foreigner], or [he may have a foreign parent]. (그 낯선 사람은 외국인이거나 외국인처럼 보이거나 부모 중 한 사람이 외국인일지 모른다).

e.' *[The stranger may be a foreigner], [he may look like a foreigner], [he may have a foreign parent]. (둘 이상의 주절을 등위접속사가 아닌 쉼표(,)로만 연결하면 비문)

e.'' The stranger may be a foreigner. He may look like a foreigner. He may have a foreign parent. (둘 이상의 주절을 각기 다른 문장으로 분리하면 정문) (그 낯선 사람은 외국인일지 모른다. 그는 외국인처럼 보일지도 모른다. 그는 부모 중 한 사람이 외국인일지도 모른다)

f. [He asked me some questions], so [I answered them]. (그는 내게 몇 가지 질문을 했으며 그래서 나는 그 질문에 대답했다)

f.' *[He asked me some questions], [I answered them]. (둘 이상의 주절을 등위접속사가

아닌 쉼표(,)로만 연결하면 비문)

f." He asked me some questions. I answered them. (둘 이상의 주절을 각기 다른 문장으로 분리하면 정문) (그는 내게 몇 가지 질문을 했다. 나는 그 질문에 대답했다)

g. [He asked me some questions], for [he wanted to]. (그는 내게 몇 가지 질문을 했다. 그는 그렇게 하고 싶었으니까)

g.' *[He asked me some questions], [he wanted to]. (둘 이상의 주절을 등위접속사가 아닌 쉼표(,)로만 연결하면 비문)

g." He asked me some questions. He wanted to. (둘 이상의 주절을 각기 다른 문장으로 분리하면 정문) (그는 내게 몇 가지 질문을 했다. 그는 그렇게 하고 싶었다)

(2) 주절과 종속절의 연결

a. My belief is [(that) the stranger is a foreigner]. (종속접속사 that이 종속절과 주절을 연결. that은 생략가능) (나의 믿음은 그 낯선 사람이 외국인이라는 것이다)

b. I don't know [what he does]. (의문사 what이 간접의문을 나타내는 종속절을 주절에 연결. what은 종속절 동사 does의 목적어로 생략이 불가능) (나는 그가 무엇을 하는 사람인지 모른다)

c. Do you know [if the stranger is a foreigner]? (종속접속사 if가 종속절을 주절에 연결. 여기서 if는 whether의 의미) (너는 그 낯선 사람이 외국인인지 어떤지 아니?)

d. I'll tell you about the stranger [when I come to know him]. (때를 나타내는 종속접속사 when이 종속절을 주절에 연결) (내가 그 낯선 사람을 알게 되면 그에 관해 야기해 줄게)

e. I cannot tell you anything about the stranger now [because I know nothing about him]. (이유를 나타내는 종속접속사 because가 종속절을 주절에 연결) (나는 그 낯선 사람에 관해 아무 것도 알지 못하기 때문에 그에 관해 아무 것도 네게 말할 수 없다)

f. I will make friends with the stranger [if he is a foreigner]. (조건을 나타내는 종속접속사 if가 종속절을 주절에 연결) (만약 그 낯선 사람이 외국인이라면 나는 그와 친구가 될 것이다)

g. The stranger speaks Korean very well [though he looks like a foreigner]. (양보를 나타내는 종속접속사 though가 종속절을 주절에 연결) (그 낯선 사람은 외국인처럼 보이지만 한국어를 매우 잘 한다)

4. 절의 연결과 문장

a. [A stranger came to me]. (하나의 주절로 되어있는 문장: 단문) (한 낯선 사람이 내게 왔다)

b. [A stranger came to me] and [he addressed me]. (둘 이상의 주절로 되어있는 문장: 중문) (한 낯선 사람이 내게 왔으며 그는 나에게 말을 걸었다)

c. [The stranger came to me] [because he wanted to ask me the way]. (하나의 주절과 하나 이상의 종속절로 되어있는 문장: 복문) (그 낯선 사람은 길을 묻고 싶어서 내게 왔다)

d. [The stranger came to me] and [he asked me the way] [because he was new here]. (둘 이상의 주절과 하나 이상의 종속절로 되어있는 문장: 중복문) (그 낯선 사람은 여기가 처음이어서 내게 와서 길을 물었다)

II 기본연습

1. 종속절이 아닌 것을 고르시오.
   a. that+명사구+동사구
   b. as+명사구+동사구
   c. if+명사구+동사구
   d. 명사구+동사구

2. 단문에 관한 올바른 설명을 고르시오.
   a. 주어 뒤에 동사구가 나와 있는 구조이다.
   b. 주어 뒤의 동사구 내에 절이 있는 구조이다.
   c. 주어 뒤에 동사의 목적어가 절로 되어 있는 구조이다.
   d. 절로 되어 있는 주어 뒤에 동사구가 나와 있는 구조이다.

3. 중문에 관한 올바른 설명을 고르시오.
   a. 하나의 주절로 되어 있는 문장이다.
   b. 둘 이상의 주절로 되어있는 문장이다.
   c. 하나의 주절과 둘 이상의 종속절로 되어있는 문장이다.

d. 하나의 주절과 하나 이상의 종속절로 되어있는 문장이다.

4. 복문에 관한 올바른 설명을 고르시오.

a. 하나의 주절로 되어있는 문장이다.

b. 둘 이상의 주절로 되어있는 문장이다.

c. 하나의 주절과 하나이상의 종속절로 되어있는 문장이다.

d. 둘 이상의 주절과 하나이상의 종속절로 되어있는 문장이다.

5. 중복문에 관한 올바른 설명을 고르시오.

a. 하나의 주절로 되어있는 문장이다.

b. 둘 이상의 주절로 되어있는 문장이다.

c. 하나의 주절과 하나이상의 종속절로 되어있는 문장이다.

d. 둘 이상의 주절과 하나이상의 종속절로 되어있는 문장이다.

6. 주절의 연결에 관한 잘못된 설명을 고르시오.

a. 둘 이상의 주절은 쉼표(,)로 연결한다.

b. 두 개의 주절은 등위접속사로 연결한다.

c. 세 개의 주절은 쉼표(,)와 등위접속사로 연결한다.

d. 셋 이상의 주절은 쉼표(,)로 연결하고 마지막 주절 앞에 등위접속사를 사용한다.

7. 주절과 종속절에 관한 잘못된 설명을 고르시오.

a. 종속절이 없으면 주절은 비문이 된다.

b. 주절은 종속절로부터 의미상 독립적이다.

c. 종속절 홀로는 완전한 문장을 만들지 못한다.

d. 종속절은 주절로부터 독립적으로 존재할 수 없다.

8. 문장에 관한 설명이 사실이 아닌 것을 고르시오.

a. 명사구와 동사구로 문장이 만들어진다.

b. 주절과 종속절은 의미상 서로 관련성이 없다.

c. 종속절 없이 주절만으로도 문장이 될 수 있다.

d. 종속절로만 이루어진 문장은 존재하지 않는다.

9. 절의 연결과 비문에 관한 잘못된 설명을 고르시오.

a. 주절과 종속절의 연결은 종속접속사로 한다.

b. 주절과 주절의 연결은 쉼표나 등위접속사로 한다.

c. 관계대명사나 관계부사도 절과 절을 연결할 수 있다.

d. 두개의 주절과 하나의 종속절을 하나의 종속접속사로 연결할 수 있다.

10. 주절과 종속절의 연결에 관한 잘못된 설명을 고르시오.

a. 종속접속사에 의해 연결한다.

b. 종속접속사가 생략될 때도 있다.

c. 주절이 둘 이상일 때는 등위접속사가 반드시 필요하다.

d. 종속절과 종속절을 연결할 때는 등위접속사를 쓸 수 없다.

III 심화연습

1. 복문을 고르시오.

a. There is a man selling fruit on the sidewalk.

b. The man knows that lots of people go by on the sidewalk.

c. He sits on a chair and he looks around because he has to find customers.

d. He addresses a few people and they also enjoy talking with him.

2. 중문을 고르시오.

a. The wind blew.

b. I found that some apricots fell from the apricot tree.

c. The wind blew and some apricots fell from the apricot tree.

d. Since the wind blew, some apricots fell from the apricot tree.

3. 중복문을 고르시오.

a. The professor stopped speaking.

b. The professor stopped speaking and he put down his book.

c. The professor put down his book because his lecture finished.

d. The professor stopped speaking and he put down his book because his lecture finished.

4. 단문이 아닌 것을 고르시오.

a. I met a boy carrying a ball.

b. A ball was rolling down the road.

c. A dog was running after the ball.

d. I kicked the ball that was rolling before me.

5. 종속절이 아닌 것을 고르시오.

a. as the country launched a satellite

b. why the country launched a satellite

c. the country finally launched a satellite

d. that the country succeeded in launching a satellite

6. 완전한 문장이 아닌 것을 고르시오.

a. It snowed in the morning.

b. It rained in the afternoon after snowed in the morning.

c. It snowed in the morning and it rained in the afternoon.

d. It rained in the afternoon after the snow in the morning.

7. 주절의 연결이 잘못된 것을 고르시오.

a. He went to Uzbekistan and he married an Uzbek woman there.

b. He returned to his native country and he cleaned his house, he waited for his wife to come.

c. She was at a loss what to do at first, but she soon got accustomed to the life in her husband's country.

d. She came to her husband's country later, she met her husband's family, and she was also introduced to her husband's relatives.

8. 절의 연결이 잘못되어 비문인 것을 고르시오.

a. A student hurried to the subway station, but he could not catch the train.

b. A student hurried to the subway station, however, he could not catch the train.

c. A student hurried to the subway station; however, he could not catch the train.

d. A student hurried to the subway station, though he could not catch the train.

9. 주절과 종속절의 연결이 잘못된 것을 고르시오.

a. She recognized that the color white is very beautiful.

b. The girl was glad that the ground was covered with snow.

c. She walked on the snow as she looked back at her footsteps.

d. She reflected on her childhood in which ran about merrily with her friends.

10. 구의 내부구조가 잘못되어 절이 아닌 것을 고르시오.

a. The sky is clear after the heavy snow.

b. A man is throwing snowballs towards one of the little girls.

c. One of university students are watching these boys and girls.

d. There are lots of little boys and girls walking on the snowy playground.

IV 기본영작

※ 다음을 영어로 옮길 때 □ 안에 들어갈 영어표현을 쓰시오.

1. 지금은 가을이다.

a. □ is fall now. (한 개의 주절로 된 문장: 계절을 가리키는 주어)

b. □ is here now. (한 개의 주절로 된 문장: 주어인 명사구)

2. 가을바람이 불고 나뭇잎이 흔들린다.

a. A fall wind is blowing □ leaves are swaying in the breeze. (두 개의 주절로 된 문장: 주절과 주절을 연결하는 접속사)

b. A fall wind is making leaves □. (한 개의 주절로 된 문장: 동사의 목적보어인 원형부정사)

3. 농부는 언제 해가 지는지를 알고 있다.

a. A farmer knows □ the sun sets. (하나의 주절과 간접의문인 종속절로 구성된 문장: 주절동사의 목적어인 명사절을 이끄는 의문사)

b. Farmers know □□. (한 개의 주절로 된 문장: 동사의 목적어인 명사구)

4. 그 농부는 졸리지만 일하기 위해 들판으로 나간다.

a. The farmer is sleepy □ he goes out to the field. (두 개의 주절을 대등하게 연결하는 접속사)

b. The farmer goes out to the field □ he is sleepy. (한 개의 주절과 한 개의 종속절로 된 문장: 양보의 부사절을 이끄는 접속사)

5. 그 농부는 매우 열심히 일해서 목마르고 배가 고프다.

a. The farmer is thirsty and he is also hungry, [　　　] he works very hard.
(두 개의 주절과 하나의 종속절로 된 문장: 이유의 종속절을 이끄는 접속사)

b. The farmer works very hard, [　　　] he is not only thirsty but also hungry.
(두 개의 주절로 된 문장: 주절과 주절을 대등하게 연결하는 접속사)

6. 가을바람이 불고 나뭇잎이 흔들리고 소가 풀을 뜯는다.

a. A fall wind blows, leaves sway [　　　] cattle graze. (세 개의 주절로 된 문장: 절과 절을 대등하게 연결하는 접속사)

b. Cattle graze [　　　] a fall wind blows and leaves sway. (한 개의 주절과 한 개의 종속절로 된 문장: 주절의 행위가 또 다른 행위가 일어나는 동안에 일어난다는 것을 나타내는 접속사)

7. 그 농부는 들판의 벼가 곧 익을 것이라는 것을 알고 있다.

a. The farmer knows [　　　] the rice in the field will become ripe soon. (하나의 주절과 하나의 종속절로 구성된 문장: 주절동사의 목적어인 명사절을 이끄는 접속사)

b. [　　　] is known to the farmer that the rice in the field will become ripe soon. (한 개의 주절과 한 개의 종속절로 된 문장: 종속절인 명사절(that-절)을 가리키는 주어)

8. 그 농부의 아내는 들에서 일하거나 집에서 식사준비를 한다.

a. The farmer's wife works in the field, [　　　] she prepares a meal at home.
(두 개의 주절로 된 문장: 주절과 주절을 대등하게 연결하는 선택을 나타내는 접속사)

b. The farmer's wife [　　　] works in the field or prepares a meal at home.
(한 개의 주절로 된 문장: 동사구와 동사구를 연결하는 둘 중의 선택을 나타내는 접속사)

9. 그 농부의 딸은 들에서 일하기에는 너무 어려서 집에 남아있다.

a. The farmer's daughter is too young to work in the field, [　　　] she stays at home. (두 개의 주절로 된 문장: 이유를 나타내는 접속사)

b. The farmer's daughter stays home [ ] she is too young to work in the field. (한 개의 주절과 한 개의 종속절로 된 문장: 이유를 나타내는 종속접속사)

10. 그 아들은 들에서 일하거나 그의 방에서 공부하거나 밖에서 친구를 만난다.

a. The son works in the field, he studies in his room, [ ] he meets his friends outside. (세 개의 주절로 된 문장: 선택을 나타내는 접속사)

b. The son does the following: working in the field, [ ] in his room and meeting his friends outside. (한 개의 주절로 된 문장: 등위접속사는 대등한 요소를 연결)

V 심화영작

※ 주어진 표현으로 시작하여 영작하시오.

1. 물속에는 물고기가 산다.

a. In the water ______________________________.

b. Fish ______________________________.

c. You ______________________________.

d. There ______________________________.

2. 물고기는 물속에서 먹고 물속에서 놀고 물속에서 잠잔다.

a. In the water fish ______________________________.

b. Fish ______________________________.

c. Eating ______________________________.

d. Fish eat in the water ______________________________.

3. 물고기가 다른 물고기와 어떻게 의사전달을 하는지 궁금하다.

a. I ______________________________.

b. How ______________________________.

c. I ______________________________.

d. It ______________________________.

4. 사람이 물속에서 살 수 없듯이 물고기는 물 밖에서 살 수 없다.

a. Just as humans ______________________________.

b. A human being ______________________________.

c. One ______________________________.

d. Human beings ______________________________.

5. 물고기는 사람과 달리 식사시간이 정해져 있는 것 같지는 않다.

a. It ______________________________.

b. Fish ______________________________.

c. Unlike ______________________________.

d. Human beings ______________________________.

6. 어떤 물고기는 자신의 집이 있으며 다른 물고기의 침입을 막는다.

a. Some fish, ______________________________.

b. With ______________________________.

c. Some fish ______________________________.

d. There ______________________________.

7. 다른 물고기를 잡아먹는 물고기도 있고 그렇지 않은 물고기도 있다.

a. Some fish ______________________________.

b. While ______________________________.

c. Two kinds of fish ______________________________.

d. There ______________________________.

8. 어미물고기는 자신의 새끼물고기들을 보호하는 것으로 알려져 있다.

a. A mother fish ______________________________.

b. It ______________________________.

c. Baby fish ______________________________.

d. A known fact ______________________________.

9. 물 밖에 여러 종류의 동물이 살듯이 물속에도 여러 종류의 물고기가 산다.

a. As you know, various kinds of animals ______________________________.

b. You ______________________________.

c. Various kinds of animals ______________________________.

d. Just as various kinds of animals ______________________________.

10. 많은 물고기가 이른 아침에는 잠자고 해가 뜨면서 활발히 움직이는 것 같다.

a. Most fish ______________________________.

b. My guess ______________________________.

c. I ______________________________.

d. It ______________________________.

제12장

정문과 비문

문장은 그것을 구성하는 개개의 구성요소가 영어가 요구하는 구조로 배열되어 있을 때 정문이라 하고 그렇지 않을 때 비문이라 한다. 정문은 문장을 구성하는 하나의 절이나 일련의 절이 문장을 만드는 규칙을 지키고 있고 개개의 절을 구성하는 일련의 구 역시 절을 만드는 규칙을 지키고 있으며 개개의 구를 구성하는 단어나 일련의 단어도 구를 구성하는 규칙을 지키고 있다는 것을 의미한다.

I 핵심연구

1. 정문

a. [A patient met a nurse]. (단문에서) (한 환자가 한 간호사를 만났다)

① 명사구 A patient와 동사구 met a nurse로 구성

② 주어인 명사구는 한정사 a와 셀 수 있는 명사의 단수형 patient로 구성

③ 동사구는 타동사 met 뒤에 목적어인 명사구 a nurse로 구성되어 있고 명사구는 한정사 a와 단수명사 nurse로 구성

b. [A patient met a nurse] and [he fell in love with her]. (중문에서) (한 환자가 한 간호사를 만났으며 그는 그녀에게 사랑에 빠졌다)

① 두 개의 주절이 등위접속사 and로 대등하게 연결되어 있는 구조

② 앞의 주절은 명사구 a patient와 동사구 met a nurse로 구성. 명사구는 한정사 a와 단수명사 patient로 구성. 동사구는 타동사 met 뒤에 목적어인 명사구 a nurse로 구성. 목적어인 명사구는 한정사 a와 단수명사 nurse로 구성

③ 뒤의 주절은 주어인 명사구 he와 동사구 fell in love with her로 구성. 주어는 대명사 he로 구성되고 동사구는 자동사 fell과 전치사구 in love와 또 다른 전치사구 with her로 구성. 명사구 love는 전치사 in의 목적어이고 대명사의 목적격 her는 전치사 with의 목적어

c. [The patient loved the nurse] [because she looked like an angel]. (복문에서) (그 환자는 그 간호사가 천사처럼 보여서 그녀를 사랑했다)

① 주절 The patient ~ the nurse와 종속절 because ~ an angel로 구성

② 주절은 주어인 명사구(the patient)와 동사구(loved the nurse)로 구성
주어인 명사구는 한정사 the와 단수명사 patient로 구성. 동사구는 타동사 loved와 그 목적어인 명사구 the nurse로 구성. 목적어인 명사구는 한정사 the와 단수명사 nurse로 구성

③ 종속절은 종속접속사 because 뒤에 주어인 명사구 she와 동사구 looked ~ an angel로 구성. 주어인 명사구는 대명사 he로 구성. 동사구는 자동사 looked 뒤에 선치사구 like an angel로 구성. 전치사구는 전치사 like 뒤의 그 목적이인 명사구 an angel로 구성. 목적어인 명사구는 한정사 an과 단수명사 angel로 구성

d. [The patient bought some roses] and [he gave them to her] [because he wanted to confess his love for her]. (중복문에서) (그 환자는 그녀에 대한 그의 사랑을 고백하고 싶어서 몇 송이 장미를 사서 그녀에게 주었다)

① 등위접속사 and로 대등하게 연결된 두 개의 주절과 이 주절에 대한 이유를 나타내는 종속절인 because-절로 구성

② 앞 주절은 주어인 명사구 the patient와 동사구 bought ~ roses로 구성. 주어인 명사구는 한정사 the와 단수명사 patient로 구성. 동사구는 타동사 bought와 그 목적어인 명사구 some roses로 구성. 목적어인 명사구는 한정사인 양화사 some과 복수명사 roses로 구성

③ 뒤 주절은 주어인 명사구 he와 동사구 gave ~ to her로 구성. 주어인 명사구는 대명사 he로 구성. 동사구는 타동사 gave와 목적어인 명사구 them과 전치사구 to her로 구성. 전치사구는 전치사 to와 그 목적어인 명사구 her로 구성. 전치사의 목적어는 대명사 her로 구성

④ 종속절은 종속접속사 because와 종속절의 주어인 명사구 he와 동사구 wanted ~ her로 구성. 주어인 명사구는 대명사 he로 구성. 동사구는 타동사 wanted와 그 목적어인 to-부정사 to confess와 부정사의 목적어인 명사구 his love와 전치사구 for her로 구성. 부정사의 목적어인 명사구는 한정사 his와 셀 수 없는 명사 love로 구성. 전치사구는 전치사 for와 그 목적어인 명사구 her로 구성

2. 비문

(1) 문장 내의 구의 내부구조 위반

A. 명사구 위반

(단문에서)

a. *[Patient] met a nurse. (주어인 명사구 자리에 명사구가 아닌 명사가 와서 비문. 단수명사 patient는 앞에 한정사가 오지 않으면 명사구가 아니다)

b. *A patient met [nurse]. (동사의 목적어인 명사구 자리에 명사구가 아닌 명사가 와서 비문. 단수명사 nurse는 앞에 한정사가 오지 않으면 명사구가 아니다)

(중문에서)

a. *A patient met a nurse and [him] fell in love with her. (동사의 주어자리에 대명사가 주격 he가 아닌 목적격 him으로 오면 명사구가 아니다)

b. *A patient met a nurse and he fell in love with [she]. (전치사의 목적어 자리에 명사구가 목적격 her가 아닌 주격 she로 오면 명사구가 아니다)

(복문에서)

a. *The patient loved [nurse] because she looked like an angel. (동사의 목적어로 명사구가 아닌 명사가 오면 비문. 단수명사 nurse는 앞에 한정사가 오지 않으면 명사구가 아니다)

b. *The patient loved a nurse because she looked like [angel]. (전치사의 목적어로 명사구가 아닌 명사가 오면 비문. 전치사 like의 목적어로 단수명사 angel이 한정사가 앞에 오지 않아 명사이지만 명사구가 아니다)

(중복문에서)

a. *The patient bought [rose] and he gave them to the nurse because he wanted to confess his love for her. (동사의 목적어 자리에 단수명사가 앞에 한정사 없이 쓰여 명사이지만 명사구가 아니어서 비문)

b. *The patient bought some roses and he gave them to [nurse] because he wanted to confess his love for her. (전치사의 목적어 자리에 목적어로 명사구가 아닌 명사가 와서 비문. 단수명사 nurse가 앞에 한정사가 오지 않아 명사이지만 명사구가 아니어서 비문)

B. 동사구 위반

(단문에서)

a. *A patient [met nurse]. (동사구 내에서 동사의 목적어로 명사구 a nurse가 와야 하는데 명사 nurse가 와서 비문)

b. *A patient [fell in love with]. (동사구 내에서 전치사 with의 목적어로 명사구 a nurse가 와야 하는데 오지 않아 비문)

(중문에서)

a. *A patient [gave a nurse] and he fell in love with her. (첫 번째 주절의 동사구에서 동사 gave의 목적어로 하나의 명사구 a nurse가 나와 완전한 의미를 전하는 동사구가 아니어서 비문. 동사의 목적어로 a nurse와 some flowers가 오면 완전한 동사구)

b. *A patient met a nurse and he [bought for her some flowers]. (동사구 내의 목적어를 두 개 취하는 동사 buy가 간접목적어인 명사구가 직접목적어인 명사구 앞에 올 때 간접목적어 앞에 전치사 for 없이 와야 동사구)

(복문에서)

a. *The patient [loved nurse] because she looked like an angel. (주절의 동사구 내에 동사의 목적어인 명사구 a nurse가 아닌 명사 nurse가 와서 동사구가 아니어서 비문)

b. *The patient loved the nurse because she [looked an angel]. (종속절의 동사구 내의 동사 looked가 취할 수 없는 요소인 명사구 an angel이 이 동사 뒤에 와서 동사구가 아니어서 비문. 동사 look은 '~해 보이다'는 의미를 전할 때 명사구를 직접 취할수 없으므로 명사구 앞에 전치사 like를 두어 명사구 an angel이 이 전치사의 목적어가 되게 하면 동사구)

(중복문에서)

a. *The patient bought a rose and he [gave them to the nurse] because he wanted to confess his love for her. (두 개의 주절 중 두 번째 주절의 동사구에서 동사 gave의 목적어인 명사구가 이미 나온 단수형 명사구 a rose를 복수형 them으로 받아 비문)

b. *The patient bought a rose and he gave it to the nurse because he [wanted confessing his love for her]. (종속절의 동사구에서 동사 wanted의 목적어로 to-부정사 to confess가 아닌 동명사 confessing이 와서 비문)

C. 형용사구 위반

(단문에서)

a. *The patient got [very healthier]. (형용사구에서 형용사의 비교급 healthier는 very로 수식할 수 없어서 비문. very가 아닌 much는 가능)

b. *The patient made the nurse [very happy and very diligently]. (동사 make는 '~을 ~하게 하다'는 의미를 전할 때 목적어인 명사구 the nurse 뒤에 목적보어인 형용사구를 요구하는 동사. very happy and very diligent는 두 형용사구가 등위접속사로 연결되어 전체가 형용사구이지만 very diligently는 부사구여서 앞의 형용사구와 연결될 수 없어 전체가 형용사구가 아니므로 비문)

(중문에서)

a. *A patient was [thankfully] to a nurse for her care and he fell in love with her. (첫 번째 주절의 be동사 뒤에 보어인 형용사구 thankful이 아닌 부사구가 와서 비문)

b. *A patient was thankful to a nurse for her care and he thought her [extremely beautifully]. (두 번째 주절의 동사 think는 '~을 ~하다고 생각하다'는 의미를 뒤에 목적어와 목적보어인 형용사구 extremely beautiful로 전하는데 형용사구가 아닌 부사구가 와서 비문)

(복문에서)

a. *The patient found the nurse [reliably] because she looked like an angel. (주절 동사 find는 '~가 ~하다는 것을 알다'는 의미를 뒤에 목적어인 명사구와 목적보어인 형용사구 reliable을 두어 전한다. 형용사구 대신 부사구가 와서 비문)

b. *The patient found the nurse reliable because she looked after him [tender]. (종속절에서 동사의 행위가 이루어지는 모양을 나타내는 양태부사 tenderly가 아닌 형용사구가 와서 비문)

(중복문에서)

a. *The patient bought some roses and they looked [fairly freshly] because he just bought them. (두 번째 주절의 동사 look은 '~해 보이다'는 의미를 뒤에 형용사구인 보어를 두어 전한다. 형용사구 fairly fresh가 아닌 부사구가 와서 비문)

b. *The patient bought some roses and they smelled very good because they were left [freshly] in the refrigerator. (종속절의 동사 leave는 '~을 ~한 상태로 두다'는 의미를 뒤에 목적어인 명사구와 목적보어인 형용사구를 두어 전한다. 형용사구 fresh가 아닌 부사구 freshly가 와서 비문)

D. 부사구 위반

(단문에서)

a. *The patient read a newspaper [hardly]. ('열심히'를 뜻하는 부사는 hard. hardly는 '거의 ~않다'는 의미의 부사)

b. *The patient loved the nurse [enough earnestly] to move her. (부사구에서 부사 enough는 수식할 부사 뒤에 온다. earnestly enough가 된다)

(중문에서)

a. *The patient met a nurse [unexpected] and he fell in love with her. (첫 번째

주절에서 동사 met의 목적어 뒤는 동사의 행위가 일어나는 모양을 나타내는 양태부사구가 와야 한다. 부사구 unexpectedly가 아닌 형용사구가 와서 비문)

b. *Thc patient met a nurse and he fell in love with her [irresistible]. (두 번째 주절에서 동사 fell의 뒤에 동사의 행위가 일어나는 모양을 나타내는 양태부사 irresistibly가 아닌 형용사구가 와서 비문)

(복문에서)

a. *The patient loved [sincerely] the nurse because she looked like an angel. (주절동사 loved의 행위가 일어나는 모양을 나타내는 양태부사는 동사의 목적어 뒤나 일반동사 loved 앞에 온다. 동사 loved 앞이나 목적어 the nurse 뒤에 와야 정문)

b. *The patient loved the nurse because she looked after him [very kind]. (종속절에서 동사 looked의 행위가 일어나는 모양을 나타내기 위해서는 동사를 직접 수식하는 양태부사구 very kindly가 필요. 부사구가 아닌 형용사구가 와서 비문)

(중복문에서)

a. *The patient bought some roses and he carried them [immediate] to the nurse because he wanted to confess his love for her. (두 번째 주절의 동사 carried를 수식하려면 형용사구가 아닌 부사구 immediately가 필요)

b. *The patient bought some roses and he brought them to the nurse because he wanted to inform her of his love [direct]. (종속절에서 동사 inform을 수식하기 위해서는 형용사구가 아닌 부사구 directly가 필요)

E. 전치사구 위반

(단문에서)

a. *A patient met a nurse [in sickroom]. (전치사 뒤에 명사구가 와야 전치사구. 전치사 in 뒤에 명사구 a sickroom이 아닌 명사가 와서 전치사구가 아니어서 비문)

b. *The patient met the nurse [with his back against pillow]. (전치사 with 뒤에 전치사의 목적어 his back이 오고 목적보어로 전치사구가 올 때 목적보어인 전치사구의 전치사 against 뒤는 이 전치사의 목적어인 명사구 a pillow, the pillow, his pillow가 온다)

(중문에서)

a. *A patient looked out [of window] and he found lots of patients. (첫 번째 주절에서 전치사 of 뒤는 전치사의 목적어인 명사구 the window가 와야 하는데 명사가 와서 전치사구의 구조를 위반하여 비문)

b. *A patient met a nurse in a sickroom and he fell in love [her]. (두 번째 주절의 명사구 love가 명사구 her를 목적어로 취할 수 없어서 비문. her 앞에 전치사 with를 두면 전치사구 with her가 되어 her는 전치사의 목적어가 되어 정문)

(복문에서)

a. *The patient talked [about to remain] healthy because he didn't want to come to the hospital again. (주절의 전치사 about 뒤는 전치사의 목적어인 명사구가 와야 정문. to-부정사 to remain은 전치사의 목적어가 될 수 없어서 동명사 remaining으로 와야 정문)

b. *The patient talked about remaining healthy because he wanted to go back [to house]. (종속절의 전치사 to 뒤는 전치사의 목적어인 명사구 his house가 와야 하는데 명사 house가 와서 비문)

(중복문에서)

a. *The patient bought some roses and he gave them to [nurse] because he wanted to confess his love for her. (두 번째 주절의 전치사 to 뒤에 전치사의 목적어인 명사구 a nurse, the nurse 가 아닌 명사가 와서 비문)

b. *The patient bought some roses and he gave them to the nurse because he wanted to confess his love [toward she]. (종속절의 전치사 toward 뒤는 명사구가 주격이 아닌 목적격 her로 와야 정문)

(2) 문장 내의 절을 구성하는 구의 연결구조 위반

(단문에서)

a. [A doctor] [met a patient in his medical office]. (명사구 뒤에 동사구가 와서 절. 하나의 절로 된 문장) (한 의사가 진료실에서 한 환자를 만났다)
(명사구) (동사구)

b. *[Met a patient in his medical office] [a doctor]. (동사구가 앞에 오고 주어가 될 수 있는 명사구가 뒤에 와서 절이 아니다)
(동사구) (명사구)

c. *[In his medical office] [met a patient] [a doctor]. (전치사구가 앞에 오고 동사구가 오고 주어가 될 수 있는 명사구가 오면 절이 아니다)
(전치사구) (동사구) (명사구)

d. *[A doctor] [a patient] [met] [in his office]. (명사구 뒤에 명사구가 오고 동사구가 아닌 동사가 오고 전치사구가 와서 절이 아니다)
(명사구) (명사구) (동사) (전치사구)

(중문에서)

a. [A doctor] [met a patient in his medical office] and [he] [examined him].
(명사구) (동사구) (명사구) (동사구)
(두 주절 모두 주어인 명사구 뒤에 동사구가 와서 완전한 절로 이루어진 문장) (한 의사가 진료실에서 한 환자를 만났으며 그는 그를 진찰했다)

b. *[Met a patient in his medical office] [a doctor] and he examined the patient.
(동사구) (명사구)
(첫 번째 주절에서 주어인 명사구와 동사구의 순서가 영어가 요구하는 순서로 배열되지 않아 전체 문장이 비문)

c. *A doctor met a patient in his medical office and [examined the patient]
(동사구)
[he]. (두 번째 주절에서 주어인 명사구와 동사구의 순서가 영어가 요구하는 순서로 배열되지 않아
(명사구) 전체 문장이 비문)

(복문에서)

a. [A doctor] [met a patient in his medical office] because [he] [wanted to
(명사구) (동사구) (명사구) (동사구)
examine him]. (주절과 종속절 모두 주어인 명사구 뒤에 동사구가 와서 완전한 절로 이루어진 문장)

b. *[Met a patient in his medical office] [a doctor] because he wanted to examine
(동사구) (명사구) (주절의 주어인 명사구가 동사구 뒤에
him. 와서 절이 아니어서 비문)

c. *A doctor met a patient in his medical office because [wanted to examine him]
(동사구)
[he]. (종속절의 주어인 명사구가 동사구 뒤에 와서 완전한 절이 아니므로 전체 문장이 비문)
(명사구)

(중복문에서)

a. [A doctor] [met a patient in his medical office] and [he] [examined
(명사구) (동사구) (명사구) (동사구)
him] because [he] [had to treat him]. (첫 번째 주절과 두 번째 주절 모두
(명사구) (동사구) 주어인 명사구 뒤에 동사구가 오고 종속절도 주어인 명사구 뒤에 동사구가 와서 완전한 절이므로 전체 문장이 정문)

b. *[Met a patient in his medical office] [a doctor] and he examined him because
(동사구) (명사구)
he had to treat him. (첫 번째 주절의 주어인 명사구와 동사구의 순서가 바뀌어 완전한 절이 아니어서 전체 문장이 비문)

c. *A doctor met a patient in his medical office and he examined him because [had to treat him] [he]. (종속절의 주어인 명사구와 동사구의 순서가 영어의 구의
(동사구) (명사구) 배열규칙을 위반하여 완전한 절이 아니어서 전체 문장이 비문)

(3) 문장 내의 절과 절의 연결 구조 위반

(주절의 연결)

a. A doctor met a patient, he examined the patient(,) and he treated him. (셋 이상의 주절은 쉼표(,)와 등위접속사로 연결) (한 의사가 한 환자를 만났으며 그는 그 환자를 진찰했고 그는 그를 치료했다)

a.' *[A doctor met a patient], [he examined the patient], [he treated him]. (둘 이상의 주절이 등위접속사 없이 쉼표(,)로만 연결되어 비문)

b. Some doctors work hard to treat lots of patients; other doctors work hard to make lots of money. (두 절이 문법적으로는 독립적이지만 의미가 밀접하게 연결되어 있을 때 세미콜론(;)으로 연결가능) (어떤 의사들은 많은 환자를 치료하기 위해 열심히 노력하는데 반해 다른 의사들은 많은 돈을 벌기위해 열심히 노력한다)

b.' *[Some doctors work hard to treat patients], [other doctors work hard to make lots of money]. (두 절을 쉼표(,)로 연결하면 비문)

b." Some doctors work hard to treat lots of patients and other doctors work hard to make lots of money. (두 절을 등위접속사 and로 연결하여 정문) (어떤 의사들은 많은 환자를 치료하기 위해 열심히 노력하고 다른 의사들은 많은 돈을 벌기위해 열심히 노력한다)

c. My main arguments are as follows: First of all, nobody has the right to endanger the safety of our people. Secondly, anybody who endangers the safety of our country should be strongly criticized. (앞 절에서 언급한 내용의 구체적인 예가 뒷 절의 내용일 때 앞 절과 뒤의 구체적인 예가 되는 절을 콜론(:)으로 연결) (나의 주된 주장은 다음과 같다: 첫째, 누구도 우리 국민의 안전을 위태롭게 할 권리가 없다. 둘째, 우리나라의 안전을 위태롭게 하는 사람은 누구든 당연히 강한 비판을 받아야 한다)

c.' *[My main arguments are as follows], [First of all, nobody ...] (앞 절에서 언급한

내용의 구체적인 예가 뒷 절의 내용일 때 앞 절과 뒤의 구체적인 예가 되는 절을 쉼표(,)로 연결하면 비문)

(주절과 종속절의 연결)

a. Some nurses work hard though they are not well paid. (두 절 중 한 절의 내용이 또 다른 절의 내용에 의존할 때 종속접속사 though로 두 절을 연결. 뒷 절이 앞 절의 내용에 대한 양보) (어떤 간호사들은 보수를 많이 받지 않지만 열심히 일한다)

a.' *[Some nurses work hard], [they are not well paid]. (뒷 절이 앞 절에 대한 양보를 나타내는데 종속접속사 없이 쉼표(,)로만 연결되어 비문)

a.'' Some nurses work hard. However, they are not well paid. (두 절을 독립된 별개의 문장으로 만들면 정문) (어떤 간호사들은 열심히 일한다. 그렇지만 그들은 보수를 많이 받지는 않는다)

b. Some nurses look after their patients sincerely because they love their patients. (뒷 절이 앞 절의 이유이므로 이유를 나타내는 종속접속사 because로 두 절을 연결) (어떤 간호사들은 환자를 사랑하기 때문에 진심으로 돌본다)

b.' *[Some nurses look after their patients sincerely], [they love their patients]. (뒷 절이 앞 절의 이유일 때 종속접속사 없이 쉼표(,)로 두 절을 연결하면 비문)

b.'' Some nurses look after their patients sincerely. They love their patients. (두 절을 독립된 별개의 문장으로 만들면 정문) (어떤 간호사들은 환자를 진심으로 돌본다. 그들은 그들의 환자를 사랑한다)

II 기본연습

1. 정문에 관한 잘못된 설명을 고르시오.
   a. 여러 개의 절이 모여 하나의 문장이 될 수 있다.
   b. 반드시 둘 이상의 단어가 모일 때만 구가 될 수 있다.
   c. 구를 구성하는 단어들이 영어가 요구하는 순서로 배열되어야 한다.
   d. 절을 구성하는 구의 구조가 영어가 요구하는 순서로 배열되어야 한다.

2. 비문에 관한 잘못된 설명을 고르시오.

a. 문장 내의 구가 하나의 단어로만 구성될 때 발생한다.

b. 문장을 구성하는 구의 내부구조가 잘못될 때 발생한다.

c. 문장을 구성하는 개개의 구의 순서가 올바르지 않을 때 발생한다.

d. 문장을 구성하는 절과 절이 영어의 연결규칙을 위반할 때 발생한다.

3. 명사구 위반에 관한 잘못된 설명을 고르시오.

a. 셀 수 있는 명사의 복수형 앞에 한정사가 없어도 명사구이다.

b. 일반적으로 명사구가 오는 자리에 명사구가 아닌 표현이 오면 비문이다.

c. 일반적으로 주어 보어 목적어 그리고 명사구와 동격표현은 명사구로 온다.

d. 셀 수 없는 명사 앞에 한정사인 관사 소유격 지시사 양화사가 없으면 명사구가 아니다.

4. 동사구 위반에 관한 잘못된 설명을 고르시오.

a. 홀로 완전한 의미를 전하는 동사는 그 자체가 동사구이다.

b. 목적보어를 취하는 동사의 목적어는 생략해도 동사구가 된다.

c. 목적어만으로는 완전한 의미를 전하지 못하는 동사는 목적보어까지 와야 동사구가 된다.

d. 홀로 완전한 의미를 전하지 못하는 동사는 보어나 목적어가 와야 동사구가 된다.

5. 부사구 위반에 관한 잘못된 설명을 고르시오.

a. 모든 양태부사는 문장 끝 위치에만 온다.

b. 양태부사가 와야 할 자리에 형용사구가 오면 비문이 된다.

c. 부사 enough는 자신이 수식할 형용사나 부사 앞에 오면 비문이다.

d. 부사구가 일반적으로 올 수 있는 자리에 오지 않으면 비문이 된다.

6. 형용사구 위반에 관한 잘못된 설명을 고르시오.

a. 명사를 한정하는 위치에만 오는 형용사를 보어위치에 쓰면 비문이다.

b. 보어위치에 쓰이는 형용사는 모두 명사를 한정하는 위치에 올 수 있다.

c. 명사를 한정하는 명사 앞 위치에 형용사가 여러 개 올 때 오는 순서를 위반하면 비문이다.
d. 동사의 행위가 일어나는 모양을 나타내는 요소가 와야 할 자리에 형용사구가 오면 비문이다.

7. 전치사구 위반에 관한 잘못된 설명을 고르시오.
a. 전치사의 목적어인 명사구가 목적격이 아니면 전치사구 위반이다.
b. 전치사의 목적어로 오는 동사는 동명사로 바뀌어 와야 전치사구이다.
c. 전치사의 목적어와 동격인 명사구는 목적격이 아니어도 전치사구이다.
d. 전치사의 목적어인 명사구가 전치사 뒤에 없고 앞으로 이동해 있지도 않으면 전치사구 위반으로 인한 비문이다.

8. 주절과 주절의 연결구조 위반에 관한 잘못된 설명을 고르시오.
a. 둘 이상의 주절이 쉼표로만 연결되어 있으면 비문이다.
b. 둘 이상의 주절이 등위접속사로 연결되지 않으면 비문이다.
c. 셋 이상의 주절은 쉼표로 연결하고 마지막 주절은 등위접속사로 연결한다.
d. 주절이 세 개일 때 앞 둘은 등위접속사로 연결하고 마지막 것은 쉼표로 연결한다.

9. 주절과 종속절의 연결구조 위반에 관한 잘못된 설명을 고르시오.
a. 둘 이상의 종속절을 등위접속사로 연결하면 비문이 된다.
b. 보어로 종속절을 취하는 형용사 뒤에 보어인 종속절이 온다.
c. 목적어로 종속절을 취하는 동사 뒤에 목적어인 종속절이 온다.
d. 둘 이상의 주절과 하나 이상의 종속절의 연결은 등위접속사와 종속접속사로 한다.

10. 둘 이상의 주절과 종속절의 연결에 관한 올바른 설명을 고르시오.
a. 주절과 주절을 쉼표로만 연결할 수 있다.
b. 종속절과 종속절을 등위접속사로 연결하면 비문이 된다.
c. 주절과 주절 사이에는 등위접속사가 반드시 필요한 것은 아니다.
d. 주절과 종속절 사이에는 종속접속사나 관계사와 같은 연결어가 필요하다.

III 심화연습

1. 전치사구 위반인 것을 고르시오.
   a. She was afraid of dog near her.
   b. A girl was walking beside the dog.
   c. She was carrying a bag on her back.
   d. A dog was walking with its tail down.

2. 부사구로 인한 비문을 고르시오.
   a. Her professor answered her email very quickly.
   b. She was wise enough to ask her professor politely.
   c. She was too lately to sign up for the professor's lecture.
   d. A university student sent an email to her professor hurriedly.

3. 명사구 위반이 아닌 것을 고르시오.
   a. Pretty girl is studying hard.
   b. She seems to be reading the book hard.
   c. Examination she is preparing may not be easy.
   d. Thick book she is reading looks difficult to understand.

4. 동사구 위반이 아닌 것을 고르시오.
   a. This was third trip abroad.
   b. Their second son led them Vietnam.
   c. His parents left for Vietnam this morning.
   d. They came Seoul from their hometown yesterday.

5. 형용사구 위반이 아닌 것을 고르시오.
   a. A girl sang so beautiful.

b. A boy danced very attractive.

c. They sang and danced very good.

d. They were so popular that they were going to make a singing group.

6. 구의 배열규칙을 위반한 것을 고르시오.

a. He put these books on his desk.

b. Left the library he to have a cup of coffee.

c. He took out some books from his schoolbag.

d. A student got to the library early in the morning.

7. 절의 배열규칙을 위반한 것을 고르시오.

a. It got colder because it snowed and the wind got stronger.

b. It snowed heavily and the wind blew harder after the snow.

c. It got cold after it snowed, so the temperature dropped sharply.

d. It snowed heavily and the wind blew harder, the temperature dropped.

8. 주절과 주절의 연결 구조를 위반한 것을 고르시오.

a. The sun lit up the man's window, therefore he hesitatingly got up.

b. The sun lit up the man's window, but it was difficult for him to get up.

c. The sun rose, it lit up the man's window, and he hesitatingly got up.

d. The sun rose and lit up the man's window, so he hesitatingly got up.

9. 주절과 종속절의 연결 구조를 위반한 것을 고르시오.

a. I don't wear a mask even when I have a cold.

b. I wear a mask if it is very cold if I feel very sick.

c. Since she is wearing a mask, she may have a cold.

d. She sometimes wears a mask when she goes out because it is cold.

10. 절을 구성하는 구의 연결구조가 잘못된 것을 고르시오.

a. A young man climbed up to the rooftop.

b. He rolled large snowballs and made a snowman.

c. His girlfriend also climbed up to the rooftop later.

d. Beside the snowman did they take pictures by turns.

IV 기본영작

※ 다음을 영어로 옮길 때 □ 안에 들어갈 영어표현을 쓰시오.

1. 가을은 단풍의 계절이다.

a. Fall is [ ][ ] of colorful leaves. (단문 내의 구의 연결구조: be 동사의 보어인 명사구)

b. Fall is a season [ ][ ] leaves turn yellow and red. (복문 내의 구의 연결구조: 때의 명사구를 수식하는 형용사절을 이끄는 전치사와 관계대명사)

2. 가을에는 단풍이 들고 다양한 과일이 익는다.

a. In fall, leaves turn yellow and red [ ] various fruits become ripe. (중문의 등위접속사: 두 주절을 대등하게 연결하는 접속사)

b. We see leaves turn yellow and red [ ] various fruits become ripe in fall. (단문 내의 구의 연결구조: 동사의 목적어와 원형부정사인 목적보어 두 개를 대등하게 연결하는 접속사)

3. 가을 단풍은 사람들의 마음을 아름답게 물들인다.

a. Colorful fall leaves warm [ ][ ]. (단문 내의 구의 연결구조: 동사의 목적어인 명사구)

b. People's hearts [ ][ ] at the sight of colorful fall leaves. (단문 내의 구의 연결구조: 동사의 목적어가 주어 자리로 이동한 후의 동사구의 구조)

4. 단풍을 구경하기 위해 많은 행락객이 산을 찾는다.

a. Lots of weekenders visit mountains so [ ] they can see the colorful fall leaves. (복문의 종속접속사)

b. Lots of weekenders want to see the colorful fall leaves [ ] so they visit mountains. (중문의 등위접속사)

5. 많은 사람들이 아름다운 단풍을 배경으로 사진을 찍는다.

a. A lot of people [ ][ ][ ][ ] with beautiful colorful fall leaves in the background. (단문 내의 구의 연결구조: 동사구)

b. [ ] the beautiful fall leaves, a lot of people have their picture taken. (단문 내의 전치사구의 전치사)

6. 날씨가 추워지면 단풍은 낙엽이 되고 과일은 나무에서 떨어진다.

a. When it gets cold, the colorful fall leaves turn brown [ ] the fruit falls off trees. (중복문의 등위접속사)

b. Colorful fall leaves turn brown and the fruit falls out of trees [ ] the beginning of winter. (중문 내의 전치사구의 전치사)

7. 어떤 사람은 너무나 많은 사람이 산에 오르고 있는 것을 보고 놀란다.

a. Some person is surprised that [ ][ ][ ] are going up a mountain. (복문의 종속절의 주어인 명사구)

b. There are too many people [ ] up a mountain and this surprises some person. (중문에서 주어를 수식하는 현재분사)

8. 가을비가 몇 번 내리고 나면 단풍은 시들고 산을 찾는 사람 수는 준다.

a. [ ] it rains a few times in fall, the colorful fall leaves wither and the number of people visiting the mountains decrease. (중복문의 종속접속사)

b. The colorful fall leaves wither [ ] people visiting the mountains decrease after fall rains. (중문의 등위접속사)

9. 단풍이 지기 전에는 많은 사람이 산을 찾고 산에서 즐거운 시간을 가진다.

a. Before the fall leaves wither, lots of people visit mountains and they spend [ ] merrily. (중복문 내의 구의 연결구조: 동사의 목적어인 명사구)

b. Lots of people visit mountains [ ] have a good time as long as they can see the fall leaves before their color fades away. (복문에서 동사구와 동사구를 연결하는 접속사)

10. 어떤 사람들은 바위 위에서 김밥을 먹고 다른 사람들은 나무 아래에서 막걸리를 마신다.

a. Some people eat *gimbab* on rocks and other people drink *makkolli* [ ][ ]. (중문 내의 구의 연결구조: 전치사구)

b. Some people eat *gimbab* on rocks [ ] other people drink *makkolli* under trees. (복문 내의 연결구조: 주절과의 대조를 나타내는 종속절을 이끄는 접속사)

V 심화영작

※ 주어진 표현으로 시작하여 영작하시오.

1. 한국에는 노래방이 많이 있다.
   a. Korea ______________________________.
   b. You ______________________________.
   c. There ______________________________.
   d. Lots of singing rooms ______________________________.

2. 노래는 보통 여러 사람이 번갈아 부른다.
   a. Most people ______________________________.
   b. It ______________________________.
   c. Songs ______________________________.
   d. Taking ______________________________.

3. 노래방은 여러 사람이 즐기기 좋은 곳이다.
   a. Many people ______________________________.
   b. A singing room ______________________________.
   c. You ______________________________.
   d. When ______________________________.

4. 남녀노소가 모임이 끝날 무렵 노래방을 찾는다.
   a. Just before ending their meetings ______________________________.
   b. Visiting singing rooms ______________________________.
   c. A singing room ______________________________.
   d. People of all ages and both sexes ______________________________.

5. 누구나 자기가 좋아하는 노래를 잘 부르기 마련이다.

a. Everybody ____.

b. One ____.

c. One's favorite songs ____.

d. It ____.

6. 노래방에서 노래를 많이 불러보면 누구나 노래를 잘 할 수 있다.

a. There's ____.

b. Anyone ____.

c. Frequently practicing singing ____.

d. If ____.

7. 혼자서 너무 많은 노래를 계속해서 부르면 다른 사람들이 싫어한다.

a. To sing too many songs ____.

b. It ____.

c. If ____.

d. When ____.

8. 많은 한국인이 노래방에서 노래를 자주 부르며 그래서 노래를 잘 한다.

a. Lots of Koreans ____.

b. There ____.

c. Due to frequently practicing ____.

d. Since ____.

9. 누가 노래를 부르면 다른 사람들은 흥을 돋우는 것이 노래방 예절이다.

a. Others ____.

b. According to ____.

c. If ____.

d. When ____.

10. 대부분의 사람들은 노래방에 오면 노래 부르는 것을 두려워하지 않는다.

a. Most of the people ____.

b. Most people ____.

c. It ____.

d. Few people ____.

동사의 행위자 표현법

동사가 나타내는 행위를 누가 하는지를 나타낼 필요가 있을 때 보통 그 동사 앞에 그 행위자를 밝혀준다. 이러한 사실은 대개 동사의 형태와는 관계없이 적용된다. 이 때문에 동사가 완전한 시제를 가진 형태로 문장에 나타날 때처럼 완전한 시제를 가지고 있지 않은 형태인 부정사 동명사 현재분사로 나타날 때도 이들의 바로 앞에 행위자가 올 수 있다.

I 핵심연구

1. 동사의 행위자

a. [A baby] ate. (동사 eat 앞의 주어 A baby가 동사가 나타내는 먹는 행위의 행위자) (한 아기가 식사했다)

b. [A baby] drank milk. (동사 drink 앞의 주어 A baby가 동사가 나타내는 마시는 행위의 행위자) (한 아기가 우유를 마셨다)

2. 시제가 있는 절의 행위자

a. [A baby] eats. (단순현재시제) (아기는 식사한다)

b. [A baby] drinks milk. (단순현재시제: 능동태) (아기는 우유를 마신다)

b.' Milk is drunk by [a baby]. (단순현재시제: 수동태) (우유를 아기가 마신다)

c. [A baby] is drinking milk. (현재진행시제: 능동태) (한 아기가 우유를 마시고 있다)

c.' Milk is being drunk by [a baby]. (현재진행시제: 수동태) (우유를 한 아기가 마시고 있다)

d. [A baby] has drunk milk. (현재완료시제: 능동태) (한 아기가 우유를 마셨다)

d.' Milk has been drunk by [a baby]. (현재완료시제: 수동태) (우유를 한 아기가 마셨다)

e. [A baby] has been drinking milk for two years. (현재완료진행시제: 능동태) (한 아기가 2년 동안 우유를 마시고 있다)

f. [A baby] drank milk. (단순과거시제: 능동태) (한 아기가 우유를 마셨다)

f.' Milk was drunk by [a baby]. (단순과거시제: 수동태) (한 아기가 우유를 마셨다)

g. [A baby] was drinking milk then. (과거진행시제: 능동태) (한 아기가 그때 우유를 마시고 있었다)

g.' Milk was being drunk by [a baby] then. (과거진행시제: 수동태) (우유를 한 아기가 그때 마시고 있었다)

h. [A baby] had drunk milk when his mother arrived. (과거완료시제: 능동태) (한 아기가 어머니가 도착했을 때 이미 우유를 마신 상태였다)

h.' Milk had been drunk by [a baby] when his mother arrived. (과거완료시제: 수동태) (우유를 한 아기는 어머니가 도착했을 때 이미 마신 상태였다)

i. [A baby] had been drinking milk for half an hour when his mother arrived. (과거완료진행시제: 능동태) (한 아기가 어머니가 도착했을 때 반시간 동안 우유를 마셔오고 있었다)

j. [A baby] will drink milk. (단순미래시제: 능동태) (아기는 우유를 마실 것이다)

j.' Milk will be drunk by [a baby]. (단순미래시제: 수동태) (우유를 한 아기가 마실 것이다)

k. [A baby] will be drinking milk here at 10:00 a.m. tomorrow. (미래진행시제: 능동태) (한 아기가 내일 오전 10시에 여기서 우유를 마시고 있을 것이다)

l. [The baby] will have drunk a bottle of milk when his mother comes back. (미래완료시제: 능동태) (그 아기는 어머니가 돌아오면 우유 한 병을 다 마신 상태일 것이다)

l.' A bottle of milk will have been drunk by [the baby] when his mother comes back. (미래완료시제: 수동태) (그 아기의 어머니가 돌아오면 우유 한 병을 그 아기는 다 마신 상태일 것이다)

m. [The baby] will have been drinking milk for an hour when his mother comes back. (미래완료진행시제) (그 아기는 어머니가 돌아오면 한 시간 동안 우유를 마시고 있는 셈이 될 것이다)

3. 시제가 완전하지 않은 절의 행위자

(1) 행위자가 동사 앞에 있는 경우

A. 부정사의 행위자

a. [Tom] wants [to love] Mary. (Tom이 전체 문장의 동사 want의 행위자이면서 동시에 to-부정사 to love의 행위자) (탐은 메리를 사랑하기를 원한다)

b. Tom wants [his friend] [to love] Mary. (Tom은 want의 행위자, his friend는 to love의 행위자) (탐은 그의 친구가 메리를 사랑하기를 원한다)

c. It is not easy [to love] others. (to love의 행위자는 일반인인 one, you, us. to love 앞에 for one, for you, for us가 생략) (남을 사랑하는 것은 쉽지 않다)

d. It is not easy for [a baby] [to love] others. (to love의 행위자는 a baby) (아기가 남을 사랑하는 것은 쉽지 않다)

e. [Tom] wants [to be reading] a novel now. (Tom이 전체 문장의 동사 want의 행위자이

면서 진행부정사 to be reading의 행위자) (탐은 지금 소설을 읽고 있는 중이길 원한다)

f. Tom wants [Mary] [to be reading] a novel now. (Tom은 전체 문장의 동사 want의 행위사. Mary는 진행부정사 to be reading의 행위자) (탐은 메리가 지금 소설을 읽고 있는 중이길 원한다)

g. [Tom] wants [to have read] a novel. (Tom이 전체 문장의 동사 want의 행위자이면서 완료부정사 to have read의 행위자) (탐은 자신이 소설을 읽었기를 원한다)

h. Tom wants [Mary] [to have read] a novel. (Tom이 전체 문장의 동사 want의 행위자. Mary는 완료부정사 to have read의 행위자) (탐은 메리가 소설을 읽었기를 원한다)

i. [Tom] wants [to have been reading] a novel for an hour. (Tom이 전체 문장의 동사 want의 행위자이면서 완료진행부정사 to have been reading의 행위자) (탐은 자신이 한 시간 동안 소설을 읽고 있는 중이기를 바란다)

j. Tom wants [Mary] [to have been reading] a novel for an hour. (Tom이 전체 문장의 동사 want의 행위자. Mary는 완료진행부정사 to have been reading의 행위자) (탐은 메리가 한 시간 동안 소설을 읽고 있는 중이기를 원한다)

B. 동명사의 행위자

a. [Tom's] [studying] Korean pleases Mary. (동명사 studying의 행위자는 Tom. 동명사의 주어는 명사나 대명사의 소유격(Tom's)을 쓰는 것이 원칙) (탐이 한국어를 공부하는 것이 메리를 기쁘게 한다)

b. [His] [studying] Korean pleases Mary. (동명사 studying의 행위자는 대명사 He) (그가 한국어를 공부하는 것이 메리를 기쁘게 한다)

c. Michael objects to [his/him] [studying] Korean. (동명사 studying의 행위자는 he. 동명사가 전치사(to)나 타동사의 목적어일 때는 동명사의 주어는 소유격(his) 뿐 아니라 목적격(him)도 가능) (마이클은 그가 한국어를 공부하는 것에 반대한다)

d. [Studying] Korean is not an easy matter. (동명사(studying)의 행위자가 일반인 one, you, we일 때는 보통 생략. 동명사 앞에 동명사의 주어 one's, your, our가 생략) (한국어를 공부하는 것은 쉬운 일이 아니다)

C. 현재분사의 행위자

a. Mary saw [Tom] [studying] Korean. (Tom이 현재분사 studying의 행위자. saw의 목적어로 목적격을 가진 Tom이 현재분사의 주어) (메리는 탐이 한국어를 공부하고 있는 것을 보았다)

b. She saw [him] [studying] Korean. (he가 현재분사 studying의 행위자. saw의 목적어인 대명사 he의 목적격 him이 현재분사의 주어) (그녀는 그가 한국어를 공부하고 있는 것을 보았다)

c. Tom is [a young man] [studying] Korean. (a young man이 현재분사 studying의 행위자. 전체 문장의 주어 Tom과 같은 대상을 가리키는 주격보어가 현재분사의 주어) (탐은 한국어를 공부하는 젊은이이다)

(2) 행위자가 동사 뒤로 이동해 있는 경우

A. 부정사의 행위자

a. Tom wants [to be loved] by [Mary]. (Mary가 수동부정사의 행위자. Tom은 전체 문장의 동사 want의 행위자) (탐은 메리의 사랑을 받기를 원한다)

b. Tom wants his friend [to be loved] by [Mary]. (Mary가 수동부정사의 행위자. Tom은 전체 문장의 동사 want의 행위자) (탐은 그의 친구가 메리의 사랑을 받기를 원한다)

c. It is not easy [to be loved] by [others]. (others가 수동부정사의 행위자) (남의 사랑을 받는 것은 쉽지 않다)

d. It is easy for a baby [to be loved] by [others]. (others가 수동부정사의 행위자. a baby는 to-부정사의 행위를 받는 대상) (아기가 남의 사랑을 받기는 쉽다)

e. Tom wants a novel [to have been read] by [himself]. (himself가 완료수동부정사의 행위자. Tom은 전체 문장의 동사 want의 행위자) (탐은 소설을 자신이 읽었기를 원한다)

f. Tom wants a novel [to have been read] by [Mary]. (Mary가 완료수동부정사의 행위자. Tom은 전체 문장의 동사 want의 행위자) (탐은 소설을 메리가 읽었기를 원한다)

B. 동명사의 행위자

a. Tom enjoys [being taught] Korean by [a Korean]. (a Korean이 수동동명사의 행위자. Tom은 전체 문장의 동사 enjoy의 행위자) (탐은 한 한국인에게 한국어 배우는 것을 즐긴다)

b. Tom recalls [having been taught] Korean by [another Korean]. (another Korean이 완료수동동명사의 행위자. Tom은 전체 문장의 동사 recall의 행위자) (탐은 또 다른 한국인에게 한국어를 배운 것이 생각난다)

C. 분사의 행위자

(현재분사)

a. Korean is the language [being studied] by [Tom]. (Tom이 수동분사의 행위자. the language가 수동분사의 행위를 받는 대상) (한국어는 탐이 공부하고 있는 언어이다)

b. Mary listened to Korean [being spoken] by [Tom]. (Tom이 수동분사의 행위자. Korean이 수동분사의 행위를 받는 대상) (메리는 탐이 하는 한국어를 들었다)

c. [Having been studied] by [Tom], Korean is popular among foreigners. (Tom이 완료수동분사의 행위자. Korean이 완료수동분사의 행위를 받는 대상) (탐이 공부해온 한국어는 외국인 사이에서 인기가 있다)

(과거분사)

a. Tom has a book [written] by [a Korean]. (a Korean이 과거분사의 행위자. a book이 과거분사의 행위를 받는 대상) (탐은 한 한국인이 쓴 책을 한 권 가지고 있다)

b. [Written] in Korean, the book is popular among foreigners. (in Korean 뒤에 생략되어 있는 by somebody에서 somebody가 과거분사의 행위자. the book이 과거분사의 행위를 받는 대상) (한국어로 쓰인 그 책은 외국인 사이에 인기가 있다)

c. He has to sit for a [written] exam for Korean. (과거분사가 자신이 수식할 명사 exam 앞에 위치) (그는 한국어를 위한 필기시험을 쳐야 한다)

d. He sometimes gets his car [washed]. (과거분사의 행위자는 과거분사 뒤에 생략되어 있는 by somebody에서 somebody. 과거분사의 행위를 받는 대상은 his car) (그는 때때로 그의 자동차를 세차시킨다)

4. 동사의 행위자와 관련된 비문

(1) 시제가 있는 절의 경우

a. *A baby [is eaten]. (명사구 a baby는 보통 먹는 행위를 하는 행위자는 될 수 있지만 행위를 받는 대상이 될 수 없어 비문)

b. *Milk is drunk by [baby]. (마시는 행위의 행위자는 명사구(a baby)가 되어야 정문)

c. *Milk is being [drinking] by a baby. (마시는 행위의 행위를 받는 대상인 milk가 동사 앞에

있으면 동사는 수동태가 되어야 정문. 현재분사가 아닌 과거분사 drunk가 되어야 정문)

d. *A baby has been [drunk] milk for two years. (마시는 행위의 행위자인 a baby가 동사 앞에 있으면 동사는 수동형 'be+과거분사'가 아닌 능동형이 되어야 정문. 과거분사가 아닌 현재분사 drinking이 되어야 정문)

e. *Milk was [drinking] by a baby. (마시는 행위를 받는 대상인 milk가 동사 뒤에서 앞으로 이동해 있으므로 동사는 능동형이 아닌 수동형이 되어야 정문. 현재분사가 아닌 과거분사 drunk가 되어야 정문)

f. *A baby had been [drunk] milk for half an hour when his mother arrived. (마시는 행위의 행위자가 동사 앞에 있어서 동사는 수동형이 아닌 능동형이 되어야 정문. 과거분사가 아닌 현재분사 drinking이 되어야 정문)

g. *Milk will be [drinking] by a baby. (마시는 행위의 행위자인 a baby가 동사 뒤에 있고 행위를 받는 대상인 milk가 동사 앞에 있으므로 동사는 능동형이 아닌 수동형 drunk가 되어야 정문)

h. *A baby will be [drunk] milk here at 10:00 a.m. tomorrow. (마시는 행위의 행위자가 동사 앞에 있고 행위를 받는 대상이 동사 뒤에 있어서 동사는 수동형인 'be+과거분사'가 아닌 능동형 drinking이 되어야 정문)

i. *A bottle of milk will have been [drinking] by the baby when his mother comes back. (마시는 행위의 행위자인 the baby가 동사 뒤에 있고 행위를 받는 대상인 a bottle of milk가 동사 앞에 있어서 동사는 능동형이 아닌 수동형인 'be+과거분사'가 되어야 정문. 현재분사는 과거분사 drunk가 되어야 정문)

(2) 시제가 완전하지 않은 절의 경우

A. 부정사

a. *Tom wants [for his friend] to love Mary. (동사 want는 목적어와 to-부정사를 함께 취할 때 목적어가 to-부정사의 행위자이므로 목적어 앞에 전치사 for를 두면 비문)

b. *It is not easy [for baby] to love others. (to-부정사의 행위자는 명사(baby)가 아닌 명사구(a baby)가 되어야 정문)

c. *It is not easy [for he] to love others. (to-부정사의 행위자가 전치사 for와 함께 올 때 전치사의 목적어이므로 주격 he가 아닌 목적격 him으로 와야 정문)

d. *Tom wants [to have been read] a novel. (to-부정사로 표현된 동사 read의 행위를 받는 대상인 a novel이 동사 뒤에 있어서 완료수동부정사가 아닌 완료능동부정사 to have read가 되어야 정문)

e. *Tom wants [to be reading] a novel for an hour. (소설을 읽고 있는 행위가 한 시간 전인 과거에서 현재까지이므로 과거와 현재가 연관성을 가지고 있으므로 진행부정사가 아닌 완료진행부정사 to have been reading이 되어야 정문)

f. *Tom wants a novel [to be reading] by himself now. (to-부정사로 나타난 동사 read의 행위를 받는 대상인 a novel이 동사 뒤에서 앞으로 이동해 있어서 능동진행부정사가 아닌 수동진행부정사 to be being read가 되어야 정문)

g. *Tom wants a novel [to have read] by [Mary]. (to-부정사로 나타난 동사 read의 행위를 받는 대상인 a novel이 동사 뒤에서 앞으로 이동해 있고 행위자인 Mary가 동사 앞에서 뒤로 이동해 있어서 부정사는 능동완료부정사가 아닌 수동완료부정사 to have been read가 되어야 정문)

B. 동명사

a. *Tom's [being studied] Korean pleases Mary. (동명사로 나타난 동사 study의 행위자인 Tom이 동사 앞에 있고 행위를 받는 대상인 Korean이 동사 뒤에 있으므로 동명사는 수동동명사가 아닌 능동동명사 studying가 되어야 정문)

b. *[Him studying] Korean pleases Mary. (동명사로 표현된 동사의 행위자는 일반적으로 명사나 대명사의 소유격(His)으로 표현해야 정문. 예외적으로 동명사가 타동사나 전치사의 목적어일 때는 구어체에서 소유격뿐만 아니라 목적격도 가능)

c. *Michael objects to [he studying] Korean. (동명사가 전치사(to)의 목적어일 때는 동명사의 행위자는 명사나 대명사의 소유격(his)과 목적격(him) 모두 가능하지만 주격은 불가능)

d. *Tom enjoys [teaching] Korean by [a Korean]. (동명사의 행위자인 a Korean이 동명사 앞에서 뒤로 이동해 있어서 동명사는 능동동명사가 아닌 수동동명사 being taught가 되어야 정문)

e. *Tom recalls [having taught] Korean by [another Korean]. (완료동명사의 행위자가 동명사 앞에서 뒤로 이동해 있으므로 동명사는 능동완료동명사가 아닌 수동완료동명사 having been taught가 되어야 정문)

C. 분사

(현재분사)

a. *Mary saw [Tom's studying] Korean. (동사 see는 목적어인 명사구 뒤에 목적보어인 현재분사가 온다. 따라서 예문에서 현재분사 studying의 행위자는 동사 saw의 목적어이므로 Tom은 소유격이 아닌 목적격 Tom으로 와야 정문)

b. *She saw [his studying] Korean. (동사 see는 목적어인 명사구 뒤에 목적 보어인 현재

분사가 온다. 따라서 예문에서 현재분사 studying의 행위자는 동사 saw의 목적어이므로 대명사 he는 소유격이 아닌 목적격 him으로 와야 정문)

c. *Tom is [a young man being studied] Korean. (현재분사로 표현된 동사 study의 행위자가 동사 앞에 있고 행위를 받는 대상인 Korean이 동사 뒤에 있으므로 현재분사는 수동현재분사 being studied가 아닌 능동현재분사 studying이 되어야 정문)

d. *Korean is the language [studying] by Tom. (현재분사로 표현된 동사 study의 행위자인 Tom이 동사 뒤에 있고 행위를 받는 대상인 the language가 동사 앞에 있으므로 동사는 능동현재분사가 아닌 수동현재분사 being studied가 되어야 정문)

e. *[Having studied] by Tom, Korean is popular among foreigners. (완료분사로 표현된 동사 study의 행위자인 Tom이 동사 뒤에 있고 논리적으로 보아 행위를 받는 대상인 Korean이 동사 앞에 있으므로 동사는 능동완료분사가 아닌 수동완료분사 Having been studied가 되어야 정문)

(과거분사)

a. *Tom has a book [writing] by [a Korean]. (현재분사로 표현된 동사 write의 행위자인 a Korean이 동사의 뒤에 있고 행위를 받는 대상인 a book이 동사 앞에 있으므로 동사는 수동의 의미를 가진 과거분사 written이 되어야 정문)

b. *[Writing] in Korean, the book is popular among foreigners. (분사로 표현된 동사 write의 논리적인 행위자는 문장 내에 나타나 있지 않고 동사의 행위를 받는 대상 the book이 논리적으로 동사의 행위자 자리에 있으므로 동사는 현재분사가 아닌 수동의 의미를 가진 과거분사 Written이 되어야 정문)

c. *He sometimes gets his car [washing]. (분사로 표현된 동사 wash의 행위를 받는 대상인 his car가 동사의 뒤가 아닌 앞에 있으므로 분사는 능동의 의미를 가진 현재분사가 아닌 수동의 의미를 가진 과거분사 washed가 되어야 정문)

II 기본연습

1. 수동동명사에 관한 잘못된 설명을 고르시오.
   a. 수동동명사는 동사의 목적어가 될 수 없다.
   b. 자동사가 동명사로 바뀔 때는 수동동명사가 만들어지지 않는다.
   c. 동명사의 행위를 받는 대상이 동명사 앞에 오면 수동동명사가 된다.
   d. 동명사의 행위자가 동명사 앞에 오면 수동동명사가 만들어지지 않는다.

2. 동명사의 행위자에 관한 잘못된 설명을 고르시오.
   a. 동명사의 행위자가 동명사 뒤에 오면 동명사는 수동형이 된다.
   b. 동명사의 행위자가 동명사 앞에 오면 동명사는 능동형이 된다.
   c. 자동사가 동명사로 바뀐 때는 동명사 앞에 동명사의 행위자가 올 수 없다.
   d. 동명사의 행위를 받는 대상이 동명사 앞에 있을 때만 동명사가 수동동명사가 된다.

3. 분사구문의 동사에 관한 잘못된 설명을 고르시오.
   a. 분사로 표현된 동사의 행위를 받는 대상이 논리적으로 분사 앞에 있으면 분사는 수동형분사가 된다.
   b. 완료분사의 행위를 받는 대상이 논리적으로 이 분사 앞에 있으면 능동형완료분사가 된다.
   c. 분사로 표현된 동사의 행위자가 논리적으로 분사 앞에 있으면 분사는 능동형분사가 된다.
   d. 분사로 표현되어 있는 동사가 나타내는 때가 주절동사가 나타내는 때보다 먼저 일어난 것이라는 것을 분명히 하기 위해 완료분사를 사용한다.

4. 현재분사의 행위자에 관한 잘못된 설명을 고르시오.
   a. 자동사가 현재분사가 된 때는 현재분사는 능동형현재분사이다.
   b. 타동사가 현재분사가 된 때는 현재분사는 수동형현재분사이다.

c. 현재분사의 행위자가 이 분사 앞에 있으면 능동형현재분사가 된다.
d. 현재분사의 행위를 받는 대상이 이 분사 앞에 있으면 수동현재분사가 된다.

5. 과거분사의 행위자에 관한 잘못된 설명을 고르시오.
a. 타동사의 과거분사는 보통 수동의 의미를 가진다.
b. 타동사의 과거분사의 행위자는 보통 과거분사 뒤에 온다.
c. 타동사의 과거분사의 행위를 받는 대상은 보통 과거분사 앞에 온다.
d. have와 함께 완료시제로 쓰인 타동사의 과거분사는 모두 수동의 의미이다.

6. 현재분사의 수동형에 관한 올바른 설명을 고르시오.
a. 자동사가 현재분사로 바뀌면 수동형현재분사가 된다.
b. 타동사가 현재분사로 바뀌면 수동형현재분사가 된다.
c. 현재분사의 행위자가 분사 앞에 있을 때 만들어진다.
d. 현재분사의 행위를 받는 대상이 분사 앞에 있을 때 만들어진다.

7. to-부정사의 행위자에 관한 잘못된 설명을 고르시오.
a. 자동사인 to-부정사의 행위자는 이 부정사 앞에 온다.
b. 타동사인 to-부정사의 행위자는 이 부정사 앞과 뒤에 모두 올 수 있다.
c. 타동사인 to-부정사의 행위자가 이 부정사 뒤에 오면 수동부정사가 된다.
d. 타동사인 to-부정사의 행위를 받는 대상이 이 부정사 앞에 오면 능동부정사가 된다.

8. 진행부정사의 행위자와 관련된 잘못된 설명을 고르시오.
a. 자동사의 진행부정사의 행위자는 보통 이 부정사 뒤에 온다.
b. 타동사의 진행부정사의 행위자는 이 부정사 앞과 뒤에 모두 올 수 있다.
c. 타동사의 진행부정사의 행위자가 이 부정사 앞에 오면 능동진행부정사가 된다.
d. 타동사의 진행부정사의 행위를 받는 대상이 이 부정사 앞에 오면 수동진행부정사가 된다.

9. 동사의 행위자에 관한 설명이 사실이 아닌 것을 고르시오.

a. 자동사의 행위자는 자동사 앞에 온다.

b. 일반적으로 동사의 행위자는 동사 앞에 온다.

c. 타동사의 행위자는 타동사 앞과 뒤에 모두 올 수 있다.

d. 타동사의 행위자가 타동사 앞에 있으면 수동문이 된다.

10. 시제가 완전한 문장의 동사의 행위자에 관한 잘못된 설명을 고르시오.

a. 자동사의 행위자는 동사 앞에 온다.

b. 타동사의 행위자가 동사 앞에 있으면 능동문이 된다.

c. 타동사의 행위를 받는 대상이 동사 뒤에 오면 수동문이 된다.

d. 자동사이든 타동사이든 일반적으로 동사의 행위자는 동사 앞에 온다.

III 심화연습

1. 동명사의 행위자가 잘못된 것을 고르시오.

a. Sun-Ah enjoys reading novels written in English.

b. She is satisfied with her daughter's painting pictures.

c. She sometimes talks about her daughter becoming a famous artist.

d. She never gives up she giving her daughter lots of new information.

2. 현재분사의 행위자가 잘못된 것을 고르시오.

a. I saw a couple of students eating lunch.

b. They were having lunch from their lunchboxes.

c. Some students watched their eating their box lunches.

d. Both of them were talking and eating their box lunches.

3. 과거분사의 행위자가 잘못된 것을 고르시오.

a. The scholar has written not a few papers on painting.

b. A picture painted by a famous artist is very expensive.

c. A graduate student is reading a paper written by a scholar.

d. A paper written by famous artist is not as expensive as his picture.

4. to-부정사의 행위자가 잘못된 것을 고르시오.

a. I want you to accept my advice.

b. I believe for you to be a wise person.

c. It is easy for you to follow my advice.

d. It is very silly of you not to have followed my advice.

5. 동사의 행위자가 동사 앞에 있는 문장을 고르시오.

a. The child's mother is being followed by a pet dog.

b. A little child is watching a balloon on the playground.

c. She has been followed by her pet dog for a long time.

d. A balloon is being watched by a little child on the playground.

6. 동사의 행위자가 동사 뒤에 있는 문장을 고르시오.

a. The girls are surprised by the fruit price.

b. A few girls are showing interest in his fruit.

c. His friends are chatting with him beside him.

d. A fruit vendor is selling fruit on the sidewalk.

7. 동사의 행위를 받는 대상이 동사 앞으로 이동한 문장을 고르시오.

a. A few schoolboys hit a schoolboy in their school.

b. The schoolboy's friends kept silence before their teacher.

c. The schoolboy was hit by a few schoolboys in his school.

d. The teacher was trying to punish some schoolboys for this.

8. 동명사의 행위를 받는 대상이 동명사 앞에 있는 문장을 고르시오.

a. Writing a book requires patience.

b. Your writing a book will pay you well later.

c. The writer's being known to lots of readers is due to his previous books.

d. The writer's being honest will ensure him his success in the future.

9. to-부정사의 행위를 받는 대상이 부정사 앞에 있는 문장을 고르시오.

a. I don't want you to beat others.

b. To beat others is not a good thing.

c. For you to beat others is not desirable.

d. It is also undesirable for you to be beaten by others.

10. 현재분사의 행위를 받는 대상이 현재분사 앞에 있는 문장을 고르시오.

a. A crowd of people are flying balloons into the sky.

b. I can see the people flying the balloons into the sky.

c. The balloons are soaring higher and higher into the sky.

d. A little child is pointing his finger to a balloon being flown into the sky.

IV 기본영작

※ 다음을 영어로 옮길 때 □ 안에 들어갈 영어표현을 쓰시오.

1. 개가 눈 위에서 이리저리 뛰어다니고 있다.

a. [|] is running here and there on the snow. (현재진행시제로 표현된 동사 run의 행위자)

b. There's [|] running here and there on the snow. (현재분사로 표현된

동사의 행위자)

2. 여기저기 개가 남긴 발자국이 눈에 보인다.

a. You can see footprints here and there left by [|]. (과거분사로 표현된 동사의 행위자)

b. There are footprints seen here and there that [|] has left. (관계절의 현재완료시제로 표현된 동사의 행위자)

3. 그 개는 다른 개의 위협을 받는 것을 두려워한다.

a. The dog is afraid of being intimidated by [|]. (수동동명사의 행위자)

b. The dog is afraid of [|] intimidating it. (능동동명사의 행위자)

4. 그 주인은 그 개가 눈 위에서 걷는 것을 싫어한다.

a. The owner hates [|] walking on the snow. (능동동명사의 행위자)

b. The owner does not like [|] to walk on the snow. (부정사의 행위자)

5. 개의 마음을 완전히 이해하는 것은 거의 불가능하다.

a. It is almost impossible [|] a dog's mind completely. (가주어의 진주어인 일반인을 행위자로 가진 부정사)

b. [ ] cannot completely understand a dog's mind. (동사의 일반인을 가리키는 행위자)

6. 그 흰 개는 더 많은 발자국을 눈 위에 남기기를 원한다.

a. [| |] wants to leave more footprints on the snow. (부정사의 행위자와 동일한 주절동사의 행위자)

b. [ ] more footprints on the snow is the thing the white dog wants to do. (종속절 주어 the white dog을 행위자로 가진 동명사)

7. 그 개는 주인이 자기가 눈 위에서 걷는 것을 보기를 원한다.

a. The dog wants [|] to watch it walking on the snow. (주절동사의 행위자와 다른 부정사의 행위자)

b. The dog is walking on the snow and [ ] wants to be watched by its owner. (앞 절에서 이미 언급된 행위자의 반복)

8. 이 작은 개는 30분 이상 눈 위에서 걷고 있는 중인 것 같다.

a. [| |] seems to have been walking on the snow for more than half an hour. (주절동사와 완료진행부정사의 공통의 행위자)

b. [ ] seems that this little dog has been walking on the snow for more than half an hour. (that-절을 진주어로 가진 가주어)

9. 그 개는 몇 마리의 개가 자기를 뒤따르고 있는 것을 발견한다.

a. The dog finds [| |] following it. (주절동사의 행위자와 다른 능동형 현재분사의 행위자)

b. The dog finds [ ] being followed by several dogs. (주절동사의 행위자를 가리키는 현재분사의 행위를 받는 대상)

10. 개 주인이 개의 마음을 완전히 이해하는 것은 전적으로 불가능하다.

a. It is almost impossible for [| |] to understand a dog's mind. (전치사 for와 함께 오는 부정사의 행위자)

b. A dog's mind is almost impossible [| |] by a dog owner. (a dog owner가 행위자인 수동부정사)

V 심화영작

※ 주어진 표현으로 시작하여 영작하시오.

1. 대도시에서는 지하철이 중요한 대중교통수단이다.
   a. A subway ______________________________.
   b. An important means ______________________________.
   c. As a means ______________________________.
   d. Big cities ______________________________.

2. 어떤 사람들은 지하철에서 물건을 파는데 열중한다.
   a. Some people ______________________________.
   b. There ______________________________.
   c. You ______________________________.
   d. A subway ______________________________.

3. 지하철을 이용하면 약속시간에 늦는 일이 거의 없다.
   a. The subway ______________________________.
   b. You ______________________________.
   c. Rarely ______________________________.
   d. When ______________________________.

4. 지하철은 많은 서민의 기쁨과 슬픔이 교차하는 곳이다.
   a. Lots of ordinary people ______________________________.
   b. A subway ______________________________.
   c. There ______________________________.
   d. Both joy and sorrow ______________________________.

5. 출퇴근시간에 지하철을 타면 마음의 여유를 가지기 어렵다.

a. Getting ______________________________.

b. You ______________________________.

c. When ______________________________.

d. If ______________________________.

6. 지하철을 타면 다양한 직업과 인종의 사람들을 쉽게 볼 수 있다.

a. The subway ______________________________.

b. If ______________________________.

c. You ______________________________.

d. It ______________________________.

7. 지하철을 타는 사람들은 주위 사람들의 행동을 유심히 관찰한다.

a. People ______________________________.

b. Subway passengers ______________________________.

c. When ______________________________.

d. Other passengers' behavior ______________________________.

8. 어떤 노인들은 젊은 사람들이 그들에게 자리를 양보하길 바란다.

a. Some old people ______________________________.

b. Some old people hope ______________________________.

c. There ______________________________.

d. You ______________________________.

9. 많은 젊은이들이 지하철에서 스마트폰으로 뭔가를 검색하느라 바쁘다.

a. Lots of young people ______________________________.

b. Lots of young people are found ______________________________.

c. You ______________________________.

d. Lots of young people with ______________________________.

10. 지하철에서는 커다란 여행 가방을 가지고 다니는 사람들을 볼 수 있다.

a. On the subway, people ____.

b. People carrying ____.

c. There ____.

d. You ____.

제14장 동사가 나타내는 때로 의미 바꾸기

동사는 그 자체의 형태를 변화시켜 문장이 나타내는 행위나 사건이 일어나는 때를 나타내기도 하고 그 앞에 조동사를 두어 나타내기도 하며 조동사와 동사의 형태를 모두 바꾸어서 나타내기도 한다. 이 점에서 문장의 동사는 그 형태를 다양하게 변화시킴으로써 문장의 의미를 다양하게 바꾼다. 이 때문에 영작을 할 때 동사의 형태에 따른 의미의 변화에 세심한 주의를 기울일 필요가 있다.

I 핵심연구

1. 동사의 형태에 의한 의미변화

(1) 현재를 나타내는 법

현재의 일반적인 사실은 단순현재시제로 나타낸다.

a. I [study] English linguistics. (나는 영어학을 공부한다)
b. You [study] English literature. (너는 영문학을 공부한다)
c. She [studies] English poetry. (그녀는 영시를 공부한다)

(2) 과거를 나타내는 법

단순한 과거의 사실은 단순과거시제로 나타낸다.

a. I [studied] English linguistics last year. (나는 작년에 영어학을 공부했다)
b. You [studied] English literature last year. (너는 작년에 영문학을 공부했다)
c. She [studied] English poetry last year. (그녀는 작년에 영시를 공부했다)

(3) 미래를 나타내는 법

현재시제로 미래를 나타낼 수 있다.

a. I [am to study] English linguistics in America next year. (be동사의 현재형 + to-부정사: 예정) (나는 내년에 미국에서 영어학을 공부할 예정이다)
b. I [am studying] English linguistics with my friend tomorrow. (be동사의 현재형 + 동사의 -ing형: 예정된 미래) (나는 내일 친구와 영어학을 공부하려고 한다)
c. I [am going to study] English linguistics with my friend tomorrow. (be going + to-부정사: 이미 결정을 내려서 하려고 하는 경우) (나는 내일 친구와 영어학을 공부하려고 한다)
d. My plane for Los Angeles [leaves] at 10:30 a.m. tomorrow. (이미 시간표 계획표

일정표에 의해 하기로 되어있는 미래의 일) (나의 로스앤젤레스행 비행기는 내일 오전 10시 30분에 떠난다)

2. 조동사와 동사에 의한 의미변화

(1) 현재를 나타내는 법

a. I [may meet] a pretty girl. (추측) (나는 예쁜 소녀를 만날지도 모른다)

b. I [can meet] a pretty girl. (가능) (나는 예쁜 소녀를 만날 수 있다)

c. I [must meet] a pretty girl. (필요) (나는 예쁜 소녀를 만나야만 한다)

(2) 과거를 나타내는 법

a. I [could study] English linguistics last year. (과거의 능력) (나는 작년에 영어학을 공부할 수 있었다)

b. You [could study] English literature last year. (너는 작년에 영문학을 공부할 수 있었다)

c. She [could study] English poetry last year. (그녀는 작년에 영시를 공부할 수 있었다)

(3) 미래를 나타내는 법

a. I [will study] English linguistics next year. (단순미래: 미래에 대한 예언이나 예측 또는 정보제공) (나는 내년에 영어학을 공부할 것이다)

b. You [will study] English literature next year. (너는 내년에 영문학을 공부할 것이다)

c. She [will study] English poetry next year. (그녀는 내년에 영시를 공부할 것이다)

3. 조동사와 동사의 형태변화에 의한 의미변화

(1) 현재를 나타내는 법

a. I [am studying] English linguistics now. (현재진행: am은 진행형을 만드는 조동사, studying은 본동사): 현재의 일시적으로 진행 중인 행위) (나는 지금 영어학을 공부하고 있는 중이다)

a.' She [may be studying] English poetry now. (may는 추측을 나타내는 조동사. be는 진행형을 만드는 조동사. studying은 본동사) (현재의 일시적으로 진행 중인 행위에 대한 추측) (그녀는 지금 영시를 공부하고 있는 중일 지도 모른다)

b. I [have studied] English linguistics for ten years. (현재완료: have는 완료시제를 만드는 조동사. studied는 본동사. 과거와 현재의 연관성) (나는 10년 동안 영어학을 공부해왔다)

b.' I [have been studying] English linguistics for ten years. (현재완료진행: have는 완료시제를 만드는 조동사. been은 진행형을 만드는 조동사. studying은 본동사. 과거와 현재의 연관성 및 행위의 진행) (나는 10년 동안 영어학을 공부해오고 있는 중이다)

(2) 과거를 나타내는 법

a. You [were studying] English literature last year. (과거진행: were는 과거진행형을 만드는 조동사. studying은 본동사: 과거의 일시적으로 진행 중이었던 행위) (너는 작년에 영문학을 공부하고 있었다)

b. You [had studied] English literature before you got married. (과거완료: had는 과거완료시제를 만드는 조동사. studied는 본동사. 과거의 행위보다 먼저 일어난 행위) (너는 결혼하기 전 영문학을 공부해 왔다)

c. You [had been studying] English literature before you got married. (과거완료진행: had는 과거완료형을 만드는 조동사. been은 진행형을 만드는 조동사. studying은 본동사. 과거의 기준시점 이전부터 그기준시점이나 그 기준시점 직전까지 계속되어온 행위나 상황) (너는 결혼하기 전 영문학을 공부해오고 있었다)

(3) 미래를 나타내는 법

a. She [will be studying] English poetry at ten tonight. (미래진행: will은 미래조동사. be는 진행형을 만드는 조동사. studying은 본동사. 미래에 일시적으로 진행 중에 있을 행위) (그녀는 오늘밤 10시에 영시를 공부하고 있는 중일 것이다)

b. She [will have studied] English poetry for nine years by this time next year. (미래완료: will은 미래조동사. have는 완료형을 만드는 조동사. studied는 본동사. 미래의 기준시점까지의 행위의 완료나 경험) (그녀는 내년 이맘때까지는 9년 동안 영시를 공부해온 셈이 될 것이다)

c. This time next year she [will have been studying] English poetry for nine years. (미래완료진행: will은 미래조동사. have는 완료형을 만드는 조동사. been은 진행형을 만드는

조동사. studying은 본동사. 미래의 성취의 계속성을 강조) (내년 이맘때까지는 그녀는 9년 동안 영시를 공부해 오고 있는 셈이 될 것이다)

II 기본연습

1. 단순한 과거의 사실을 나타내는 동사의 형태를 고르시오.
   a. 현재완료형
   b. 과거완료형
   c. 과거진행형
   d. 단순과거형

2. 미래진행과 미래완료진행에 관한 올바른 설명을 고르시오.
   a. 전자는 현재부터 미래까지의 행위의 진행을 나타내고 후자는 미래까지의 행위의 완료를 나타낸다.
   b. 전자는 미래의 일시적인 행위를 나타내고 후자는 영속적인 행위를 나타낸다.
   c. 전자는 미래의 기준시점에서의 행위의 진행을 나타내고 후자는 미래의 기준시점까지의 경험을 나타낸다.
   d. 전자는 미래의 기준시점 이전부터 그 때까지의 행위의 진행을 나타내고 후자는 미래의 진행 중에 있을 행위를 나타낸다.

3. 현재의 일시적인 행위를 나타내는 동사의 형태를 고르시오.
   a. 단순현재형
   b. 현재진행형
   c. 현재완료형
   d. 현재완료진행형

4. 미래를 나타낼 수 있는 동사의 형태가 아닌 것을 고르시오.
   a. be동사의 현재형과 동사의 -ing형
   b. have나 has와 과거분사
   c. be동사의 현재형과 going to-부정사
   d. be동사의 현재형과 to-부정사

5. 현재와 과거의 연관성을 나타내는 동사의 형태를 고르시오.

a. 단순과거형 b. 현재진행형

c. 과거완료형 d. 현재완료형

6. 과거의 일시적인 행위를 나타내는 동사의 형태를 고르시오.

a. 단순과거형 b. 과거진행형

c. 과거완료형 d. 과거완료진행형

7. 과거와 과거이전과의 연관성을 나타내는 동사의 형태를 고르시오.

a. 단순과거형 b. 과거진행형

c. 과거완료형 d. 현재완료형

8. 미래와 미래이전과의 연관성을 나타내는 동사의 형태를 고르시오.

a. 단순미래형 b. 미래진행형

c. 미래완료형 d. 현재완료형

9. 현재완료단순형과 현재완료진행형에 관한 잘못된 설명을 고르시오.

a. 전자나 후자 모두 과거와 현재의 연관성을 나타낸다.

b. 전자와 후자 모두 행위를 판단하는 기준시점이 현재이다.

c. 전자와 후자 모두 현재를 나타내며 과거와는 아무런 관련이 없다.

d. 전자는 행위의 결과에 초점이 놓이고 후자는 진행 중에 있는 행위 자체에 초점이 놓인다.

10. 현재의 일반적인 사실을 나타내는 동사의 올바른 형태를 고르시오.

a. 단순현재형 b. 현새진행형

c. 현재완료형 d. 현재완료진행형

III 심화연습

1. 미래를 나타내지 않는 동사의 형태를 고르시오.

   a. am studying another language

   b. am going to buy a smartphone

   c. leaves for L.A. at 11:00 a.m. tomorrow

   d. have read the novel

2. 동사가 과거의 일시적 행위를 나타내는 것을 고르시오.

   a. studied English writing
   b. was studying English writing
   c. have studied English writing
   d. had studied English writing

3. 동사가 현재의 일시적 행위를 나타내는 것을 고르시오.

   a. is playing tennis
   b. plays tennis
   c. has played tennis
   d. has been playing tennis

4. 동사가 미래의 일시적 행위를 나타내는 것을 고르시오.

   a. will sing a song

   b. will be singing a song

   c. will have sung a song

   d. will have been singing a song

5. 동사가 현재와 과거의 연관성을 나타내는 것을 고르시오.

   a. was dancing
   b. is dancing
   c. has danced
   d. danced

6. 과거의 행위에 대한 현재의 결과를 나타내는 것을 고르시오.

a. paints the ceiling
b. is painting the ceiling
c. painted the ceiling
d. has painted the ceiling

7. 미래의 어떤 기준시점까지의 경험을 나타내는 것을 고르시오.

a. lectures
b. is lecturing
c. will lecture
d. will have been lecturing

8. 동사가 미래와 미래이전과의 관계를 나타내는 것을 고르시오.

a. will read a newspaper
b. will be reading a newspaper
c. will have read a newspaper
d. read a newspaper

9. 동사가 과거와 과거이전과의 연관성을 나타내는 것을 고르시오.

a. write an email
b. wrote an email
c. have been writing an email
d. had been writing an email

10. 현재의 일반적인 사실을 기술할 때 쓰이는 동사의 형태를 고르시오.

a. go to a movie
b. is going to a movie
c. has gone to a movie
d. has been going to a movie

IV 기본영작

※ 다음을 영어로 옮길 때 □ 안에 들어갈 영어표현을 쓰시오.

1. 겨울은 춥고 길다.

a. Winter [ ] cold and long. (현재의 일반적 사실을 나타내는 be동사)

b. We [ ] a long cold winter. (현재의 일반적 사실을 나타내는 have동사)

2. 작년 겨울은 춥고 길었다.

a. Last winter [ ] cold and long. (단순한 과거의 사실을 나타내는 be동사)

b. We [ ] a long cold winter last year. (단순한 과거의 사실을 나타내는 have동사)

3. 밖에는 지금 강한 바람이 불지 모른다.

a. A strong wind [ ][ ][ ] outside now. (현재의 일시적 행위에 대한 추측)

b. There [ ] a possibility that a strong wind is blowing outside now. ('존재의 there 문'에서 현재의 사실을 나타내는 동사)

4. 어제 이맘때도 바람이 세게 불고 있었다.

a. The wind [ ][ ] hard even at this time yesterday. (과거의 일시적 행위)

b. We also [ ] strong winds at this time yesterday. (과거의 사실)

5. 이 추위는 3개월 후에는 끝나기로 되어있다.

a. This cold weather [ ][ ][ ][ ] in three months. (현재시제로 미래를 나타내는 법: be + to 부정사)

b. This cold weather [ ][ ][ ] in three months. (미래에 대한 예언이나 예측 또는 정보제공)

6. 작년 이맘때도 바람이 강하게 불었을지 모른다.

a. The wind [ ][ ][ ] hard even at this time last year. (과거에 대한 비단정적 추측)

b. We [ ][ ][ ] a strong wind even at this time last year. (과거에 대한 비단정적 추측)

7. 내일 이맘때까지는 이 강한 바람이 끝나 있을 것이다.

a. This strong wind [ ][ ][ ] by this time tomorrow. (미래의 기준시점까지의 완료나 경험)

b. This strong wind [ ][ ] by this time tomorrow. (미래에 대한 예언이나 예측)

8. 창밖의 나무가 두 시간 동안 쓰러질듯이 흔들리고 있다.

a. Trees outside the window [ ][ ][ ] for two hours as if they were going to fall down. (과거와 현재의 연관성)

b. Trees outside the window [ ] to sway two hours ago and [ ] still swaying as if they were falling down. (과거의 사실과 현재의 사실)

9. 밖에는 지금 강한 바람으로 먼지가 날리고 있을지 모른다.

a. A strong wind [ ][ ][ ] dust outside now. (현재의 일시적 행위에 대한 비단정적 추측)

b. Dust [ ][ ][ ] around in the strong wind outside now. (현재의 일시적 행위에 대한 비단정적 추측)

10. 내 친구가 나의 집에 왔을 때는 그 바람은 이미 끝나 있었다.

a. When my friend stopped by my house, the wind [ ][ ][ ]. (과거의 행위보다 먼저 일어난 일)

b. My friend dropped by my house after the wind already [ ]. (과거의 사실)

V 심화영작

※ 주어진 표현으로 시작하여 영작하시오.

1. 몇 십 년 동안 고추잠자리를 보지 못한 것 같다.
   a. A few decades ______________________.
   b. I ______________________.
   c. It ______________________.
   d. Red dragonflies ______________________.

2. 고추잠자리는 예뻐서 한 대중가요 가사에도 나온다.
   a. The beauty of dragonflies ______________________.
   b. A dragonfly ______________________.
   c. Dragonflies are pretty enough ______________________.
   d. Since ______________________.

3. 어렸을 때 주위에서 고추잠자리를 쉽게 볼 수 있었다.
   a. Red dragonflies ______________________.
   b. When ______________________.
   c. It ______________________.
   d. As a child, I ______________________.

4. 고추잠자리가 지구상에서 멸종된 것이 아닌지 걱정된다.
   a. I ______________________.
   b. I am worried ______________________.
   c. It ______________________.
   d. My concern ______________________.

5. 고추잠자리는 몸통이 너무나 붉은 색이어서 보기에 예뻤다.

a. A red dragonfly ______________________________.

b. Since ______________________________.

c. I ______________________________.

d. The body of a red dragonfly ______________________________.

6. 고추잠자리는 다른 보통의 잠자리보다 잡기가 더 어려웠다.

a. As for ______________________________.

b. A red dragonfly ______________________________.

c. It ______________________________.

d. I ______________________________.

7. 고추잠자리를 볼 수 없게 된 것은 환경의 변화 때문이라고 한다.

a. They ______________________________.

b. It ______________________________.

c. People ______________________________.

d. We ______________________________.

8. 나의 동심속의 고추잠자리는 성인이 된 지금도 잊혀지지 않는다.

a. The image of dragonflies ______________________________.

b. I ______________________________.

c. Never ______________________________.

d. A dragonfly ______________________________.

9. 지금의 어린아이들이 옛날의 고추잠자리를 볼 수 없게 되어 유감이다.

a. I ______________________________.

b. Children of today ______________________________.

c. A regrettable thing ______________________________.

d. It ______________________________.

10. 어렸을 때 봤던 고추잠자리에 대한 인상은 평생 잊을 수 없을 것 같다.

a. It ____.

b. I think ____.

c. I saw ____.

d. The impression of the red dragonflies _______________________.

명사구의 위치와 형태의 제약

명사구는 보통 문장 내의 위치에 따라 가능한 형태에 제약이 따른다. 동사 앞에서는 동사의 주어라는 것을 나타내기 위해 주격으로 온다. 한 명사구가 또 다른 명사구를 포함하고 있을 때는 이 두 명사구 사이에 소유관계가 성립하여 이것을 소유격으로 표시한다. 그러나 타동사나 전치사의 뒷자리에서는 그것이 타동사나 전치사의 목적어라는 것을 나타내기 위해 목적격으로 온다.

I 핵심연구

1. 명사구의 문장 내 위치

(1) 동사의 주어 위치

a. [A bird] came down from a tree branch. (명사구 A bird가 동사 came의 주어) (새 한 마리가 나뭇가지에서 내려왔다)

b. [The bird] had blue feathers. (명사구 The bird가 동사 had의 주어) (그 새는 푸른 털을 가지고 있었다)

c. [It] sang beautifully. (명사구 It가 동사 sang의 주어) (그것은 아름답게 노래했다)

(2) 동사의 주어와 동격위치

a. A bird, [a blue one], came down from a tree branch. (동사 came의 주어인 명사구 A bird와 동격인 명사구. one은 앞에 나온 명사구 내의 명사 bird를 가리키는 대명사) (새 한 마리, 즉 파랑새 한 마리가 나뭇가지에서 내려왔다)

b. The bird, [the one on the right], came down from a tree branch. (동사 came의 주어인 명사구 The bird와 동격인 명사구. one은 앞의 명사구 내의 명사 bird를 가리키는 대명사. on the right는 앞의 one을 수식하는 형용사적인 기능의 전치사구) (그 새, 즉 오른 쪽의 그 새는 나뭇가지에서 내려왔다)

c. It, [the blue bird], sang beautifully. (동사 sang의 주어인 명사구 It와 동격인 명사구) (그것, 즉 그 파랑새는 아름답게 노래했다)

(3) 동사의 주격보어 위치

a. The blue bird was [a leader]. (명사구 a leader가 be동사 was의 주격보어) (그 파랑새는 지도적인 새였다)

b. The blue bird was [the chief of the birds]. (명사구 the chief of the birds가 동사 was의 주격보어. of the birds는 명사구 내의 명사 chief를 수식하는 형용사적 기능의 전치사구) (그 파랑새는 그 새들의 우두머리였다)

c. The rest of the birds were [its followers]. (명사구 its followers가 동사 were의 주격보어)

(그 새들 중 나머지는 그것을 따르는 새들이었다)

(4) 동사의 주격보어와 동격위치

a. The blue bird was a leader, [the chief of the birds]. (동사 was의 주격보어인 명사구 a leader와 동격인 명사구) (그 파랑새는 선도하는 새, 즉 그 새들의 우두머리였다)

b. The blue bird was the chief of the birds, [a leader]. (동사 was의 주격보어인 명사구 the chief of the birds와 동격인 명사구) (그 파랑새는 그 새들의 우두머리, 즉 선도하는 새였다)

c. The rest of the birds were its followers, [birds following it]. (동사 were의 주격보어인 명사구 its followers와 동격인 명사구) (그 새들 중 나머지는 그것을 따르는 새들, 즉 그것을 지지하는 새들이었다)

(5) 동사의 목적어 위치

a. I saw [a blue bird]. (명사구 a blue bird가 동사 saw의 목적어) (나는 파랑새 한 마리를 보았다)

b. I liked [the blue bird]. (명사구 the blue bird가 동사 liked의 목적어) (나는 그 파랑새를 좋아했다)

c. I liked [its plumage]. (명사구 its plumage가 동사 liked의 목적어) (나는 그 털을 좋아했다)

(6) 동사의 목적어와 동격위치

a. I saw a blue bird, [a bird with blue feathers]. (명사구 a bird with blue feathers가 동사 saw의 목적어인 명사구 a blue bird와 동격관계. with blue plumage는 명사 bird를 수식하는 형용사적인 기능의 전치사구) (나는 파랑새 한 마리, 즉 푸른 털을 가진 새 한 마리를 보았다)

b. I liked the blue bird, [the chief of the birds]. (명사구 the chief of the birds가 동사 liked의 목적어인 명사구 the blue bird와 동격관계. of the birds는 명사 chief를 수식하는 형용사적 기능의 전치사구) (나는 그 파랑새, 즉 그 새들의 우두머리를 좋아했다)

c. I liked its plumage, [the blue plumage]. (명사구 the blue plumage가 동사 liked의 목적어인 명사구 its plumage와 동격관계) (나는 그 털, 즉 그 푸른 털을 좋아했다)

(7) 전치사의 목적어 위치

a. I talked about [a blue bird]. (명사구 a blue bird가 전치사 about의 목적어) (나는 한 파랑새에 관해 이야기했다)

b. I dreamed of [the blue bird]. (명사구 the blue bird가 전치사 of의 목적어) (나는 그 파랑새 꿈을 꾸었다)

c. I was interested in [the blue plumage]. (명사구 the blue plumage가 전치사 in의 목적어) (나는 그 푸른 털에 흥미가 있었다)

(8) 전치사의 목적어와 동격위치

a. I talked about a blue bird, [a bird with blue plumage]. (명사구 a bird with blue plumage가 전치사 about의 목적어인 명사구 a blue bird와 동격관계. with blue plumage는 명사 bird를 수식하는 형용사적인 기능의 전치사구) (나는 파랑새, 즉 푸른 털을 가진 새에 관해 이야기 했다)

b. I dreamed of the blue bird, [the chief of the birds]. (명사구 the chief of the birds가 전치사 of의 목적어인 명사구 the blue bird와 동격관계. of the birds는 명사 chief를 수식하는 형용사적인 기능의 전치사구) (나는 그 파랑새, 즉 그 새들의 우두머리 꿈을 꿨다)

c. I was interested in its plumage, [the blue plumage]. (명사구 the blue plumage가 전치사 in의 목적어인 명사구 its plumage와 동격관계) (나는 그 털, 즉 그 푸른 털에 흥미가 있었다)

2. 명사구의 위치에 따른 제약

(1) 동사 앞 위치

a. [A gentleman] met a lady. (동사 met의 주어자리에는 주격인 명사구(A gentleman)만이 가능) (한 신사가 한 숙녀를 만났다)

b. [He] met the lady by a lake. (동사 met의 주어자리에는 대명사의 주격 He는 가능) (그는 한 호숫가에서 그 숙녀를 만났다)

c *[His/Him] walked around the lake. (동사 walked의 주어자리에는 대명사의 소유격 His나 목적격 Him은 불가능)

d. *[The gentleman and her] took a rest for a while. (동사 took의 주어자리에는 명사구의 주격 The gentleman은 가능하지만 대명사의 소유격이나 목적격 her는 불가능)

e. [Tom, a teacher at a high school], enjoys teaching students. (동사 enjoys의 주어인 명사구 Tom과 동격인 명사구 a teacher at a high school도 주격. at a high school은 명사 teacher를 수식하는 형용사적인 기능의 전치사구) (고등학교 교사인 탐은 학생 가르치는 것을 즐긴다)

f. *[Tom, teacher at a high school], enjoys teaching students. (동사 enjoys의 주어인 명사구 Tom의 동격은 같은 명사구가 되어야 가능. teacher at a high school은 명사구가 아니어서 비문)

(2) 다른 명사구의 앞 위치

a. [The gentleman's car] was blue. (한 명사구 a car가 또 다른 명사구 the gentleman에 속해 있을 때 두 명사구 사이에 소유격이 주어진다) (그 신사의 자동차는 푸른색이었다)

b. *[The gentleman car] was blue. (명사구 a car가 또 다른 명사구 the gentleman에 속해 있는데 이 둘 사이에 소유격이 주어지지 않아 비문)

c. He admired [the lady's blue dress]. (한 명사구 a blue dress가 또 다른 명사구 the lady에 속해 있어 이 둘 사이에 소유격이 주어져 있으므로 정문) (그는 그 숙녀의 푸른 드레스를 칭찬했다)

d. *He admired [the lady blue dress]. (한 명사구 a blue dress가 또 다른 명사구 the lady에 속해 있는데 이 둘 사이에 소유격이 주어지지 않아 비문)

(3) 타동사의 뒤 위치

a. The gentleman loved [the lady]. (타동사 loved 뒤는 명사구가 목적격으로 오는 자리. the lady는 목적격을 가지고 있다) (그 신사는 그 숙녀를 사랑했다)

b. He loved [her/*she]. (타동사 loved 뒤의 명사구의 목적격 her는 문법적이지만 주격 she는 비문법적) (그는 그녀를 사랑했다)

c. He loved [her, a beautiful lady]. (타동사 loved의 목적어 her와 목적어의 동격 a beautiful lady 모두 목적격을 가지고 있다) (그는 한 아름다운 숙녀인 그녀를 사랑했다)

d. *He loved [she, a beautiful lady]. (타동사 loved의 목적어는 물론 목적어와 동격인 명사구도 목적격으로 와야 정문. 목적어가 목적격 her가 아닌 주격 she로 와서 비문)

(4) **전치사의 뒤 위치**

a. The gentleman thought of [the young lady]. (전치사 of 뒤는 명사구가 목적격으로 오는 자리. the young lady는 목적격을 가진 명사구) (그 신사는 그 젊은 숙녀를 생각했다)

b. He thought about [marrying] her. (전치사 about 뒤는 명사구가 오는 자리로 동사는 동명사형태로 오는 자리) (그는 그녀와 결혼하는 것에 관해 생각했다)

c. He thought about [her/*she]. (전치사 about 뒤는 명사구가 목적격 her로 오는 자리. 주격 she가 오면 비문) (그는 그녀에 관해 생각했다)

d. He thought about [her, the young lady]. (전치사 about의 목적어 her는 물론 목적어와 동격인 명사구 the young lady도 목적격이어야 정문. the young lady는 목적격의 형태) (그는 그녀, 즉 그 젊은 숙녀에 관해 생각했다)

e. *He thought about [she, the young lady]. (전치사 about의 목적어는 주격 she가 아닌 목적격 her가 되어야 정문. 목적어와 동격인 명사구 the young lady는 목적격을 가지고 있는데 목적어가 목적격이 아니어서 비문)

II 기본연습

1. 동격인 명사구에 관한 올바른 설명을 고르시오.
   a. 동사의 목적어와 동격인 명사구는 주격이 될 수 없다.
   b. 주어인 명사구와 동격인 명사구는 소유격이 될 수도 있다.
   c. 명사구와 그 동격인 명사구는 서로 다른 격을 가질 수 있다.
   d. 전치사의 목적어인 명사구와 동격인 명사구는 소유격이 될 수 있다.

2. 동사의 목적어인 명사구에 관한 잘못된 설명을 고르시오.
   a. 목적격을 가지고 있다.
   b. 동사에 따라 목적어인 명사구가 두 개 올 수도 있다.
   c. 주격이나 소유격은 동사의 목적어인 명사구가 될 수 없다.

d. 동사의 목적어와 동격관계인 명사구는 목적격이 아니어도 무방하다.

3. 전치사의 목적어인 명사구에 관한 잘못된 설명을 고르시오.
a. 동사의 목적어처럼 목적격을 가지고 있다.
b. to-부정사는 전치사의 목적어가 될 수 없다.
c. 동사는 전치사의 목적어가 되기 위해 동명사로 바뀐다.
d. 전치사의 목적어가 여러 개 올 때 첫 번째 것만 목적격이 된다.

4. 주격보어와 동격인 명사구에 관한 잘못된 설명을 고르시오.
a. 주격보어와 동격인 명사구가 여러 개 나올 수도 있다.
b. 주어와 달리 주격보어는 일반적으로 목적격을 가지고 있다.
c. 주격보어가 명사구이면 이것과 동격인 명사구도 주격을 가진다.
d. 주격보어가 형용사구일 때는 주격보어와 동격인 명사구는 존재하지 않는다.

5. 목적어가 될 수 있는 요소에 관한 잘못된 설명을 고르시오.
a. to-부정사는 전치사의 목적어로 쓰이지 않는다.
b. 보통 명사구나 명사절이 동사의 목적어가 될 수 있다.
c. that-절은 일반적으로 전치사의 목적어로 쓰일 수 있다.
d. 일반적으로 동명사는 동사나 전치사의 목적어로 쓰인다.

6. 명사구가 주격으로 오는 자리에 관한 올바른 설명을 고르시오.
a. 동사의 주격보어와 동격인 명사구는 주격으로 와야 한다.
b. 모든 명사구는 문장의 어느 위치든지 주격으로 올 수 있다.
c. 동사의 주격보어가 와야 하는 자리는 명사구가 목적격으로 온다.
d. 동사의 주어가 와야 하는 자리는 명사구가 목적격으로 올 수 있다.

7. 동사의 목적어와 동격인 명사구에 관한 올바른 설명을 고르시오.
a. 동사의 목적어처럼 목적격을 가진 형태로 와야 한다.
b. 동사의 목적어는 목적격을 가지고 있지만 이것과 동격인 명사구는 목적격이 될

필요는 없다.

c. 동사의 목적어는 목적격이 되지 않아도 되지만 동격인 명사구는 목적격이 되어야 한다.

d. 동사의 목적어든 목적어와 동격관계인 명사구이든 모두 격으로부터 자유롭다.

8. 전치사의 목적어와 동격인 명사구에 관한 올바른 설명을 고르시오.

a. 전치사의 목적어인 명사구와 동격인 명사구 모두 격으로부터 자유롭다.

b. 전치사의 목적어는 목적격을 가지지만 이와 동격인 명사구는 목적격을 가질 필요가 없다.

c. 전치사의 목적어가 목적격을 가진 명사구이듯이 이와 동격인 명사구도 목적격을 가진다.

d. 전치사의 목적어는 격으로부터 자유롭지만 동격인 명사구는 자유롭지 않다.

9. 명사구가 소유격으로 와야 하는 자리에 관한 올바른 설명을 고르시오.

a. 동사의 주어자리에 오는 명사구는 소유격으로 와야 한다.

b. 동사의 목적어자리에 오는 명사구는 소유격으로 와야 한다.

c. 전치사의 목적어자리에 오는 명사구는 소유격으로 와야 한다.

d. 한 명사구가 또 다른 명사구에 속해 있을 때 이들 사이에 소유격이 주어진다.

10. 명사구가 목적격으로 와야 하는 자리에 관한 올바른 설명을 고르시오.

a. 동사의 주어자리에도 명사구가 목적격으로 올 수 있다.

b. 동사나 전치사의 목적어인 명사구만이 목적격을 가진다.

c. 일반적으로 동사의 주격보어자리에도 명사구가 목적격으로 온다.

d. 동사나 전치사의 목적어인 명사구 뿐 아니라 이 목적어와 동격인 명사구가 목적격을 가진다.

III 심화연습

1. 명사구의 격이 잘못된 것을 고르시오.

a. love Jenny
b. talk about she
c. between us
d. talk about succeeding in life

2. 명사구가 목적격을 가진 것을 고르시오.

a. speak English
b. Tom sings
c. They sing and dance
d. His English is good.

3. 주어와 그 동격관계가 잘못된 것을 고르시오.

a. These teachers, i.e., Tom and Mary, are from Canada.
b. Some singers, i.e., Hyori, Dambi and Yunah, are attractive.
c. Those players, i.e., Jisung, Chungyong and him, play very well.
d. A few actors, i.e., Donggun, Byunghun and Minsik, are wellknown in Korea.

4. 동사의 주어위치에 올 수 없는 것을 고르시오.

a. A girl
b. Young girl
c. Young girls
d. My girl

5. 동사의 목적어 위치에 올 수 없는 것을 고르시오.

a. a Vietnamese woman
b. Vietnamese women
c. they
d. young Vietnamese women

6. 동사의 보어와 그 동격관계가 잘못된 것을 고르시오.

a. became teachers, people who teach students
b. were the three young foreigners, Tom, Mary and his
c. will be astronomers, people studying the stars in space

d. are foreign languages, Russian, Japanese, Spanish, and French

7. 진치사와 그 목적어의 관계가 잘못된 것을 고르시오.

a. on the desk   b. in a car

c. between you and I   d. at noon

8. 동사의 목적어와 그 동격관계가 잘못된 것을 고르시오.

a. wrote books, books on English writing

b. met a nice girl, Russian woman in Korea

c. read some books, books written in English

d. painted lots of pictures, those about trees and mountains

9. 동사의 목적보어와 그 동격관계가 잘못된 것을 고르시오.

a. made her a singer, a pop singer

b. elected him their leader, a person who led them

c. thought him her teacher, a person who taught her

d. considered him hero, a person who did something brave

10. 전치사의 목적어와 그 동격관계가 잘못된 것을 고르시오.

a. in a BMW, a German-made car

b. on a horse, white one

c. in Seoul, a place where I was born

d. with these three men, Tom, Dave and Mike

IV 기본영작

※ 다음을 영어로 옮길 때 □ 안에 들어갈 영어표현을 쓰시오.

1. 봄이 멀리 있지 않다.

a. [   ] is not far from now. (명사구: 동사 앞 위치)

b. [   ] will not be long before spring comes. (명사구: 동사 앞 위치: 시간이나 시일을 나타내는 명사구)

2. 그 처녀는 시골 출신의 대학생이다.

a. The girl is a student, [   ][   ][   ] from the country. (명사구: 주격보어와 동격위치)

b. The girl from the country goes to [   ]. (명사구: 전치사의 뒤 위치)

3. 이번 봄에 그 처녀는 직장인이 될 것이다.

a. The girl will be [   ][   ][   ] this spring. (명사구: 주격보어 위치)

b. The girl will get [   ][   ] this spring. (명사구: 타동사의 뒤 위치)

4. 그 처녀는 언제나 봄에 많은 친구를 만난다.

a. The girl always meets [   ][   ][   ][   ] in spring. (명사구: 타동사의 뒤 위치)

b. Spring is the season [   ] the girl always meets a lot of friends. (주격보어를 수식하는 형용사절을 이끄는 관계부사)

5. 그 처녀의 봄은 이미 그녀 가까이 다가와 있다.

a. [   ] has almost sprung with the girl. (명사구: 동사의 주어위치)

b. Spring is already in [ ][ ][ ]. (명사구: 전치사의 뒤 위치)

6. 대학생인 그 처녀는 봄이 빨리 오기를 기다린다.

a. The girl, [ ][ ][ ], is hoping that spring will come soon. (명사구: 주어와 동격위치)

b. The girl, [ ] goes to university, is hoping that spring will come soon. (명사구: 주어인 명사구를 가리키는 관계대명사)

7. 그 처녀는 친구와 한 카페에서 커피를 마시고 있다.

a. The girl is drinking coffee with her friend in [ ][ ]. (명사구: 전치사의 뒤 위치)

b. The girl is in a cafe, [ ] she is drinking coffee with her friend. (앞서 나온 명사구를 가리키는 관계부사)

8. 그 처녀는 집 근처의 한 호숫가에서 걷는 것을 좋아한다.

a. The girl likes to walk by a lake, [ ][ ] near her house. (명사구: 전치사의 목적어와 동격위치)

b. The girl enjoys [ ] by a lake near her house. (명사구: 타동사의 목적어)

9. 그 처녀는 언젠가 세계적으로 유명한 실업가가 될 것이다.

a. Someday the girl will make herself a businesswoman, [ ][ ][ ] [ ]. (명사구: 타동사의 목적보어와 동격위치)

b. Someday the girl will be [ ][ ][ ][ ]. (명사구: 동사의 주격보어위치)

10. 그 처녀는 이미 한 유명 회사인 전자제품회사 고용주인 사장과 면담한 적이 있다.

a. The girl has already been interviewed by an employer, [ ][ ] of a wellknown electronics company. (명사구: 전치사의 목적어와 동격위치)

b. The girl has already met the president of an electronics company, [ ] [ ] [ ]. (명사구: 전치사의 목적어와 동격위치)

V 심화영작

※ 주어진 표현으로 시작하여 영작하시오.

1. 막걸리는 한국의 대표적인 술이다.
   a. *Makkolli* ______________________________.
   b. A typical wine ______________________________.
   c. A wine ______________________________.
   d. Korea's representative wine ______________________________.

2. 그 청년이 가장 좋아하는 음식은 고추전이다.
   a. The young man's favorite food ______________________________.
   b. *Gochujeon* ______________________________.
   c. The young man ______________________________.
   d. The food ______________________________.

3. 풋고추는 특히 여름에 한국인들이 많이 먹는 채소이다.
   a. Koreans ______________________________.
   b. In Korea, people ______________________________.
   c. Unripe hot peppers ______________________________.
   d. A vegetable ______________________________.

4. 고추와 막걸리 모두 건강에 좋은 음식이라고 생각된다.

a. I regard ______________________________.

b. I think ______________________________.

c. Both ______________________________.

d. Not only hot peppers ______________________________.

5. 고추전은 너무 맵거나 맵지 않은 고추로 만들면 맛이 없다.

a. You ______________________________.

b. If ______________________________.

c. Either ______________________________.

d. *Gochujeon* ______________________________.

6. 고추전과 가장 잘 어울리는 술은 맥주도 위스키도 아닌 막걸리이다.

a. *Gochujeon* ______________________________.

b. *Makkolli* ______________________________.

c. The liquor ______________________________.

d. It ______________________________.

7. 비오는 날 따뜻한 고추전과 함께 마시는 한잔의 막걸리는 맛이 일품이다.

a. A bowl of *makkolli* ______________________________.

b. If ______________________________.

c. A warm *gochujeon* ______________________________.

d. You ______________________________.

8. 그는 고추전을 보면 어렸을 때 그의 어머니가 부쳐주던 고추전이 생각난다.

a. When ______________________________.

b. He ______________________________.

c. Seeing ______________________________.

d. His mother ______________________________.

9. 고추전의 따뜻하고 약간 매운 고추 맛이 막걸리 특유의 맛과 잘 어울리는 것 같다.

a. I ____.

b. It ____.

c. Since ____.

d. The warm and slightly spicy taste ______________________.

10. 비오는 날은 기온이 좀 내려가는데 매운 고추전이 몸을 따뜻하게 하는 것 같다.

a. The temperature ______________________________________.

b. As ____.

c. When ____.

d. It ____.

제16장

반복요소의 표현법

영어에서는 일반적으로 앞서 나온 표현이 반복될 때 반복을 피하기 위해 이것을 가리키는 대명사나 관계대명사 또는 부사와 같은 것으로 대치한다. 이 경우 앞서 나온 표현은 명사구나 부사구일 때도 있고 하나의 절일 때도 있다. 영작을 할 때 이와 같은 원칙을 지키지 않으면 매우 부자연스러운 느낌을 주거나 의미전달에 혼란을 야기하는 문장을 만들게 된다.

I 핵심연구

1. 반복표현의 유형

(1) 명사구의 반복

a. [An archer] shot an arrow. [An archer] won a gold medal. (앞서 나온 명사구 An archer가 뒤에 나오는 명사구 An archer와 동일한 대상일 때는 뒤 명사구를 다른 표현으로 대치하지 않으면 어색한 표현) (한 궁수가 활을 쏘았다. 한 궁수가 금메달을 땄다)

b. [An arrow] flew toward the target. [An arrow] hit the target. (앞에 나온 명사구 An arrow와 뒤의 명사구 An arrow가 같은 대상일 때 뒤 명사구를 다른 표현으로 대치하지 않으면 어색한 표현) (화살이 과녁을 향해 날았다. 화살이 그 과녁에 맞았다)

c. [The archer] - [the archer] was wearing a nice hat - won two gold medals. (앞 절의 주어와 삽입된 절의 주어가 동일한 대상일 때 뒷 절의 주어인 명사구를 다른 표현으로 대치하지 않으면 어색한 표현) (그 궁수 - 그 궁수는 멋진 모자를 쓰고 있었다 - 는 두 개의 금메달을 땄다)

d. [The archer] - [the archer's] boyfriend was also an archer - won two gold medals. (주절의 주어인 명사구 The archer와 삽입절의 주어자리에 있는 소유격이 동일한 대상일 때 뒤의 표현을 다른 것으로 대치하지 않으면 어색한 표현) (그 궁수 - 그 궁수의 남자친구도 궁수였다 - 는 두 개의 금메달을 땄다)

e. [The archer] - another archer loved [the archer] - won two gold medals. (주절의 주어인 명사구 The archer와 삽입절의 동사의 목적어인 명사구 the archer가 동일한 대상일 때 뒤의 표현을 다른 것으로 대치하지 않으면 어색한 표현) (그 궁수 - 또 다른 궁수는 그 궁수를 사랑했다 - 는 두 개의 금메달을 땄다)

f. The archer was wearing [a hat]. [A hat] was very nice. (앞 절의 명사구 a hat이 뒷 절의 동사의 주어일 때 뒤의 표현을 다른 것으로 대치하지 않으면 어색한 표현) (그 궁수는 모자를 쓰고 있었다. 모자는 매우 멋졌다)

g. The archer was wearing [a hat]. [A hat's] color was white. (앞 절의 명사구 a hat이 뒷 절의 주어자리에 있는 소유격과 동일한 대상일 때 뒤의 표현을 다른 것으로 대치하지 않으면 어색한 표현) (그 궁수는 모자를 쓰고 있었다. 모자의 색은 흰색이었다)

h. The archer was wearing [a white hat]. I liked [a white hat]. (앞 절의 명사구 a white hat과 동일한 대상을 가리키는 명사구 a white hat이 뒷 절의 동사의 목적어일 때 뒤의 표현을 다른 것으로 대치하지 않으면 어색한 표현) (그 궁수는 흰 모자를 쓰고 있었다. 나는 흰 모자를 좋아했다)

(2) 부사구의 반복

a. A foreign student came to Korea [last year]. She began to study Korean Studies [last year]. (앞서 나온 부사구 last year가 뒤에서 다시 반복될 때 뒤의 표현을 다른 것으로 대치하지 않으면 어색한 표현) (한 외국학생이 작년에 한국에 왔다. 그녀는 작년에 한국학을 공부하기 시작했다)

b. The foreign student studied [in Korea]. She studied Korean Studies [in Korea]. (앞서 나온 부사구 in Korea가 뒤에서 다시 반복될 때 뒤의 표현을 다른 것으로 대치하지 않으면 어색한 표현. in Korea는 형태상으로는 전치사 in과 명사구 Korea로 되어 있으므로 전치사구라 하고 기능상으로는 동사 studied를 수식하므로 부사구라 한다) (그 외국학생은 한국에서 공부했다. 그녀는 한국에서 한국학을 공부했다)

c. The foreign student was born [in 1990]. Her mother was 25 years old [in 1990]. (앞서 나온 때를 나타내는 부사구 in 1990가 뒤에서 반복될 때 뒤의 표현을 다른 것으로 대치하지 않으면 어색한 표현) (그 외국학생은 1990년에 태어났다. 그녀의 어머니는 1990년에 25세 였다)

d. The foreign student was born [in a small town]. She grew up [in a small town]. (앞서 나온 장소를 나타내는 부사구 in a small town이 뒤에서 반복될 때 뒤의 표현을 다른 것으로 대치하지 않으면 어색한 표현) (그 외국학생은 한 조그만 읍에서 태어났다. 그녀는 한 조그만 읍에서 자랐다)

e. The foreign student came to Korea [for the reason]. This is [the reason]. (앞서 나온 이유를 나타내는 부사구 for the reason이 뒤에서 반복될 때 뒤의 표현을 다른 것으로 대치하지 않으면 어색한 표현) (그 외국학생은 그 이유로 한국에 왔다. 이것이 그 이유이다)

f. The foreign student came to Korea [in the way]. This is [the way]. (앞서 나온 방법을 나타내는 부사구 in the way가 뒤에서 반복될 때 뒤의 표현을 다른 것으로 대치하지 않으면 어색한 표현) (그 외국학생은 그 방법으로 한국에 왔다. 이것이 그 방법이다)

(3) 명사절의 반복

a. [A girl enjoys walking around the playground]. [That a girl enjoys walking around the playground] pleases her parents. (앞서 나온 명사절이 뒤에서 다시 반복될 때 뒤의 표현을 다른 것으로 대치하지 않으면 어색한 표현) (한 소녀가 운동장을 도는 것을 즐긴다. 한 소녀가 운동장을 도는 것을 즐기는 것이 그녀 양친을 기쁘게 한다)

b. [A girl enjoys walking around the playground]. Her parents think [that a girl enjoys walking around the playground]. (앞서 나온 명사절이 뒤에서 다시 반복될 때 뒤의 표현을 다른 것으로 대치하지 않으면 어색한 표현) (한 소녀가 운동장을 도는 것을 즐긴다. 그녀의 양친은 한 소녀가 운동장을 도는 것을 즐긴다고 생각한다)

c. A: I think [that the girl walks around the playground to keep fit].
B: I think [that the girl walks around the playground to keep fit], too.
(앞서 나온 명사절이 뒤에서 다시 반복될 때 뒤의 표현을 다른 것으로 대치하지 않으면 어색한 표현) (A: 나는 그 소녀가 건강을 유지하기 위해 운동장을 돈다고 생각한다. B: 나도 또한 그 소녀가 건강을 유지하기 위해 운동장을 돈다고 생각한다)

2. 반복표현의 대치

(1) 선행표현이 명사구일 때

a. [An archer] shot an arrow. [An archer] won a gold medal. (한 궁수가 활을 쏘았다. 한 궁수가 금메달을 땄다)

a.' [An archer] shot an arrow. [She/The archer] won a gold medal. (앞서 나온 명사구 An archer가 반복될 때 보통 대명사 She나 '정관사+명사' The archer로 대치) (한 궁수가 활을 쏘았다. 그녀/그 궁수는 금메달을 땄다)

b. [An arrow] flew toward the target. [An arrow] hit the target. (화살이 과녁을 향해 날았다. 화살이 그 과녁에 맞았다)

b.' [An arrow] flew toward the target. [It/The arrow] hit the target. (앞서 나온 명사구 An arrow가 반복될 때 대명사 It나 '정관사+명사' The arrow로 대치) (한 화살이 과녁을 향해 날았다. 그것/그 화살이 그 과녁에 맞았다)

c. [The archer] - [the archer] was wearing a nice hat - won two gold medals. (그 궁수 - 그 궁수는 멋진 모자를 쓰고 있었다 - 는 두 개의 금메달을 땄다)

c.' [The archer] [who/that] was wearing a nice hat won two gold medals. (앞서 나온 명사구 The archer가 사람이고 이것이 뒷 절의 주어일 때 이것을 사람을 가리키는 관계대명사의 주격 who/that으로 대치) (멋진 모자를 쓰고 있는 그 궁수는 두 개의 금메달을 땄다)

d. [The archer] - [the archer's] boyfriend was also an archer - won two gold medals. (그 궁수 - 그 궁수의 남자친구도 궁수였다 - 는 두 개의 금메달을 땄다)

d.' [The archer] [whose] boyfriend was also an archer won two gold medals. (앞서 나온 사람을 가리키는 명사구가 또 다른 절에서 소유를 나타낼 때 이것을 관계대명사의 소유격 whose로 대치) (남자친구도 궁수인 그 궁수는 두 개의 금메달을 땄다)

e. [The archer] - another archer loved [the archer] - won two gold medals. (그 궁수 - 또 다른 궁수는 그 궁수를 사랑했다 - 는 두 개의 금메달을 땄다)

e.' [The archer] [whom/who/that/∅] another archer loved won two gold medals. (앞서 나온 사람을 가리키는 명사구 The archer가 뒷 절의 동사 loved의 목적어일 때 이것을 사람을 가리키는 관계대명사의 목적격 whom/who/that으로 대치하거나 관계대명사를 생략) (또 다른 궁수가 사랑한 그 궁수는 두 개의 금메달을 땄다)

f. The archer was wearing [a hat]. [A hat] was very nice. (그 궁수는 모자를 쓰고 있었다. 모자는 매우 멋졌다)

f.' The archer was wearing [a hat] [which/that] was very nice. (앞서 나온 사물인 명사구 a hat이 뒷 절의 주어일 때 이것을 가리키는 관계대명사의 주격 which/that으로 대치) (그 궁수는 매우 멋진 모자를 쓰고 있었다)

g. The archer was wearing [a hat]. [A hat's] color was white. (그 궁수는 모자를 쓰고 있었다. 모자의 색은 흰색이었다)

g.' The archer was wearing [a hat] [whose] color was white. (앞서 나온 사물을 가리키는 명사구 a hat이 뒷 절에서 소유를 나타낼 때 이것을 관계대명사의 소유격 whose로 대치) (그 궁수는 색이 하얀 모자를 쓰고 있었다)

h. The archer was wearing [a white hat]. I liked [a white hat]. (그 궁수는 흰 모자를 쓰고 있었다. 나는 흰 모자를 좋아했다)

h.' The archer was wearing [a white hat] [which/that/∅] I liked. (앞서 나온 사물인 명사구 a white hat이 뒷 절의 동사 liked의 목적어일 때 이것을 목적격관계대명사 which/that으로 대치하거나 관계대명사를 생략) (그 궁수는 내가 좋아하는 하얀 모자를 쓰고 있었다)

(2) 선행표현이 부사(구)일 때

a. A foreign student came to Korea [last year]. She began to study Korean Studies [last year]. (한 외국학생이 작년에 한국에 왔다. 그녀는 작년에 한국학을 공부하기 시작했다)

a.' A foreign student came to Korea [last year]. She began to study Korean Studies [then]. (앞서 나온 시간을 나타내는 부사구 last year가 반복될 때 이것을 또 다른 시간을 나타내는 부사구 then으로 대치) (한 외국학생이 작년에 한국에 왔다. 그녀는 그때 한국학을 공부하기 시작했다)

b. The foreign student studied [in Korea]. She studied Korean Studies [in Korea]. (그 외국학생은 한국에서 공부했다. 그녀는 한국에서 한국학을 공부했다)

b.' The foreign student studied [in Korea]. She studied Korean Studies [there]. (앞서 나온 장소를 나타내는 부사구 in Korea가 뒤에서 반복될 때 이것을 또 다른 장소부사구 there로 대치) (그 외국 학생은 한국에서 공부했다. 그녀는 거기서 한국학을 공부했다)

c. The foreign student was born [in 1990]. Her mother was 25 years old [in 1990]. (그 외국학생은 1990년에 태어났다. 그녀의 어머니는 1990년에 25세였다)

c.' The foreign student was born [in 1990] [when] her mother was 25 years old. (앞서 나온 시간을 나타내는 부사구가 뒤에서 반복될 때 이것을 시간을 나타내는 관계부사 when으로 대치) (그 외국학생은 그녀 어머니가 25세인 1990년에 태어났다)

d. The foreign student was born [in a small town]. She grew up [in a small town]. (그 외국학생은 한 조그만 읍에서 태어났다. 그녀는 한 조그만 읍에서 자랐다)

d.' The foreign student was born [in a small town] [where] she grew up. (앞서 나온 장소를 나타내는 부사구 in a small town이 뒤에서 반복될 때 이것을 장소를 나타내는 관계부사 where로 대치) (그 외국학생은 그녀가 자란 한 조그만 읍에서 태어났다)

e. The foreign student came to Korea [for the reason]. This is [the reason]. (그 외국학생은 그 이유로 한국에 왔다. 이것이 그 이유이다)

e.' This is [the reason] [why/that/∅] the foreign student came to Korea. (이유를 나타내는 부사구 for the reason이 뒤에서 반복될 때 이것을 이유를 나타내는 관계부사 why나 that으로 대치하거나 이 둘을 생략) (이것이 그 외국학생이 한국에 온 이유이다)

f. The foreign student came to Korea [in the way]. This is [the way]. (그 외국학생은 그 방법으로 한국에 왔다. 이것이 그 방법이다)

f.' This is [the way] ([how]) the foreign student came to Korea. (앞서 나온 방법을 나타내는 부사구 in the way가 뒤에서 반복될 때 이것을 방법을 나타내는 관계부사 how로 대치할 수 있지만, 이 경우 how와 the way 중 하나를 생략) (이것이 그 외국학생이 한국에 온 방법이다)

(3) 선행표현이 명사절일 때

a. [A girl enjoys walking around the playground]. [That a girl enjoys walking around the playground] pleases her parents. (한 소녀가 운동장을 도는 것을 즐긴다. 한 소녀가 운동장을 도는 것을 즐기는 것이 그녀 양친을 기쁘게 한다)

a.' [It] pleases her parents [that a girl enjoys walking around the playground]. (앞서 나온 명사절은 가주어인 대명사 It로 대치) (한 소녀가 운동장을 도는 것을 즐기는 것이 그녀의 양친을 기쁘게 한다)

b. [A girl enjoys walking around the playground]. [That a girl enjoys walking around the playground] pleases her parents. (한 소녀가 운동장을 도는 것을 즐긴다. 한 소녀가 운동장을 도는 것을 즐기는 것이 그녀 양친을 기쁘게 한다)

b.' [A girl enjoys walking around the playground]. [It/This/That] pleases her parents. (앞서 나온 명사절을 대명사 It/This/That으로 대치) (한 소녀가 운동장을 도는 것을 즐긴다. 그것/이것/저것이 그녀의 양친을 기쁘게 한다)

c. [A girl enjoys walking around the playground]. [That a girl enjoys walking around the playground] pleases her parents. (한 소녀가 운동장을 도는 것을 즐긴다. 한 소녀가 운동장을 도는 것을 즐기는 것이 그녀 양친을 기쁘게 한다)

c.' [A girl enjoys walking around the playground], [which] pleases her parents. (앞서 나온 절이 뒷 절의 동사 pleases의 주어일 때 이것을 쉼표(,)와 함께 주격관계대명사 which로 대치) (한 소녀가 운동장을 도는 것을 즐기며, 이것이 그녀의 양친을 기쁘게 한다)

c." [A girl enjoys walking around the playground], [which] her parents like. (앞서 나온 절이 뒷 절의 동사 like의 목적어일 때 쉼표(,)와 함께 목적격관계대명사 which로 대치) (한 소녀가 운동장을 도는 것을 즐기며, 이것을 그녀의 양친은 좋아한다)

d. A: I think [that the girl walks around the playground to keep fit].
B: I think [that the girl walks around the playground to keep fit], too. (A: 나는 그 소녀가 건강을 유지하기 위해 운동장을 돈다고 생각한다. B: 나도 또한 그 소녀가 건강을 유지하기 위해 운동장을 돈다고 생각한다)

d.' A: I think [that the girl walks around the playground to keep fit].

B: I think [so], too. (앞서 나온 명사절인 that-절이 뒤에서 반복될 때 이것을 대명사적인 부사 so로 대치) (A: 나는 그 소녀가 건강을 유지하기 위해 운동장을 돈다고 생각한다. B: 나도 또한 그렇게 생각한다)

II 기본연습

1. 명사구의 반복에 관한 설명 중 잘못된 것을 고르시오.
   a. 앞서 나온 명사구가 '한정사+사람인 복수명사'일 때 이것을 this로 대치한다.
   b. 앞서 나온 명사구가 셀 수 없는 명사일 때 이것을 '정관사+명사'로 대치한다.
   c. 앞서 나온 명사구가 셀 수 없는 명사일 때 이것을 대명사 it으로 대치한다.
   d. 앞서 나온 명사구가 '한정사+사람인 단수명사'일 때 이것을 대명사 he 또는 she로 대치한다.

2. 부사구의 반복에 관한 설명 중 잘못된 것을 고르시오.
   a. 시간을 나타내는 부사구는 then으로 대치한다.
   b. 장소를 나타내는 부사구를 관계부사 when으로 대치한다.
   c. 장소를 나타내는 부사구가 반복될 때 here나 there로 대치한다.
   d. 시간을 나타내는 부사구를 at this time이나 at that time으로 대치한다.

3. 명사절의 반복에 관한 설명 중 잘못된 것을 고르시오.
   a. 앞서 나온 절을 대명사적인 부사 so로 대치한다.
   b. 앞서 나온 절을 it이나 this 또는 that으로 대치한다.
   c. 앞서 나온 절을 쉼표와 관계부사 where로 대치한다.
   d. 앞서 나온 절을 쉼표와 관계대명사 which로 대치한다.

4. 반복표현에 대한 대치에 관해 잘못 설명한 것을 고르시오.
   a. 대명사 it은 셀 수 없는 명사 대신 쓰일 수 있다.
   b. 셀 수 없는 명사 대신 they나 these 또는 those를 쓸 수 없다.
   c. 대명사 it은 사물인 셀 수 있는 명사의 단수형 대신 쓰일 수 없다.
   d. 셀 수 있는 명사의 복수형 대신 they나 these 또는 those를 쓸 수 있다.

5. 대명사 it에 의한 대치에 관해 잘못 설명한 것을 고르시오.
   a. to-부정사나 that-절 대신에 쓰일 수 있다.
   b. 앞서 나온 완전한 문장 대신 쓰일 수 있다.
   c. 앞서 나온 셀 수 없는 명사 대신 쓰이지는 않는다.
   d. 앞서 나온 사물인 단수로 된 명사구 대신 쓰일 수 있다.

6. 쉼표와 관계대명사에 의한 대치를 잘못 설명한 것을 고르시오.
   a. 쉼표와 관계대명사가 앞서 나온 명사구 대신 쓰일 수 있다.
   b. 쉼표와 관계대명사는 앞서 나온 절을 뒷 절의 주어로 쓸 수 있게 한다.
   c. 쉼표와 관계대명사는 앞서 나온 명사구 대신 뒷 절의 목적어로 쓰일 수 없다.
   d. 쉼표와 관계대명사는 앞서 나온 절을 뒷 절의 동사의 목적어로 쓸 수 있게 한다.

7. 반복표현에 대한 so에 의한 대치를 바르게 설명한 것을 고르시오.
   a. 앞서 나온 셀 수 없는 명사를 so로 대치할 수 있다.
   b. 앞서 나온 셀 수 있는 명사의 단수형을 so로 대치할 수 있다.
   c. 특정 동사 뒤의 that-절은 이것이 반복될 때 so로 받을 수 있다.
   d. that-절을 목적어로 가진 모든 동사가 이 목적어가 반복될 때 so로 대치할 수 있다.

8. 반복표현에 대한 대명사에 의한 대치를 잘못 설명한 것을 고르시오.
   a. 앞서 나온 사물인 단수명사는 대명사 it으로 대치할 수 있다.
   b. 앞서 나온 사물인 복수명사는 대명사 they로 대치할 수 있다.
   c. 앞서 나온 사물인 복수명사는 대명사 these로 대치할 수 있다.
   d. 앞서 나온 사람인 복수명사는 대명사 these로 대치할 수 없다.

9. 반복표현에 대한 관계부사에 의한 대치를 잘못 설명한 것을 고르시오.

a. 반복표현을 대신하는 관계부사 where는 쉼표와 함께 쓰이지 않는다.

b. 앞서 나온 명사구가 이유를 나타내는 것일 때 이것을 관계부사 why로 대치할 수 있다.

c. 앞서 나온 명사구가 때를 나타내는 것일 때 이것을 관계부사 when으로 대치할 수 있다.

d. 앞서 나온 명사구가 장소를 나타내는 것일 때 이것을 관계부사 where로 대치할 수 있다.

10. 반복표현에 대한 관계대명사에 의한 대치를 잘못 설명한 것을 고르시오.

a. 앞서 나온 명사구를 이것을 가리키는 관계대명사로 대치하여 뒷 절의 주어로 만들 수 있다.

b. 앞서 나온 명사구를 이것을 가리키는 관계대명사로 대치하여 뒷 절의 동사의 목적어로 만들 수 있다.

c. 앞서 나온 명사구를 이것을 가리키는 관계대명사로 대치하여 또 다른 명사구의 소유자로 만들 수 있다.

d. 앞서 나온 명사구를 이것을 가리키는 관계대명사로 대치하면 뒷 절의 구조는 관계부사를 사용할 때와 같게 된다.

III 심화연습

1. 명사구의 반복과 대치가 잘못된 것을 고르시오.

a. A dog was walking near a girl and it neared her.

b. The dog that she saw was nearing her with its tail down.

c. A boy was walking near a dog and he saw it nearing her.

d. She saw the dog near the grounds which some people were playing soccer.

2. 명사절의 반복과 대치가 잘못된 것을 고르시오.

a. The girl is honest, which I know very well.

b. The girl is honest, and this makes her boyfriend happy.

c. A: Do you think that the girl is honest? B: Yes, I think so.

d. The girl has a couple ring, that is proof that she has a boyfriend.

3. 부사구의 반복과 대치가 잘못된 것을 고르시오.

a. The man taught at a university and met his wife there.

b. The woman went to school in 2012 and met her husband then.

c. She became pregnant near the school and gave birth to a daughter there.

d. The daughter was born in a hospital, which she consulted a doctor.

4. 대명사 it에 의한 대치가 잘못된 것을 고르시오.

a. I have a few degrees and it is from prestigious universities.

b. I think it difficult to get a doctorate at a prestigious university.

c. I have a doctor's degree and it is from a prestigious university.

d. It is not easy to get a doctor's degree at a prestigious university.

5. 대명사 this에 의한 대치가 잘못된 것을 고르시오.

a. She likes all kinds of sports, and this makes me happy.

b. She likes playing table tennis, and this is why I like her.

c. I have two table tennis paddles; this is more expensive than that.

d. I have bought her shoes as a present, and she enjoys wearing this.

6. 절의 반복과 so에 의한 대치가 잘못된 것을 고르시오.

a. I think that he will succeed in life, and my friend also thinks so.

b. Many scientists believe that humans will conquer AIDS soon, and I believe so.

c. I know that he married his classmate, and my friend also knows so.

d. I suppose that she will have a baby sooner or later, and my friend also supposes so.

7. 명사구의 반복과 관계부사에 의한 대치가 잘못된 것을 고르시오.

a. This is the place where the politician was born.
b. It is the main reason why she entered the political world.
c. This is the politician's house in where she spent her childhood.
d. She was young in 1970 when she decided to be a political leader.

8. 명사절의 반복과 관계대명사에 의한 대치가 잘못된 것을 고르시오.

a. The girl likes dancing, which does not please her father.
b. He runs a company, which her daughter is satisfied with.
c. She works for a company, which her daughter doesn't like.
d. Her brother is a university student, for which is very helpful for her.

9. 명사구의 반복과 관계대명사에 의한 대치가 잘못된 것을 고르시오.

a. The man has written a novel, which is very popular among young people.
b. He has two sons who became lawmakers.
c. He has two pet dogs that he sometimes walks.
d. I sometimes see the man and his dogs which walk together on the grounds.

10. 관계대명사 which에 의한 선행표현의 대치가 잘못된 것을 고르시오.

a. There was a book the cover of which was red.
b. I met a blind man and his dog which were walking before me.
c. The dog was leading the blind man, which was not easy to see.
d. They were walking together, which lots of people were watching.

IV 기본영작

※ 다음을 영어로 옮길 때 □ 안에 들어갈 영어표현을 쓰시오.

1. 창밖에 작년에도 내렸던 봄비가 내리고 있다.

   a. A spring rain fell last year and [ ] is also falling outside the window now. (명사구: 대명사에 의한 대치)

   b. A spring rain is falling outside the window and [ ] [ ] [ ] also fell last year. (명사구: 정관사와 명사에 의한 대치)

2. 가는 빗줄기의 봄비가 소리 없이 내리고 있다.

   a. A spring rain [ ] has fine streaks of rain is falling softly. (명사구: 주격관계대명사에 의한 대치)

   b. A spring rain is falling softly and [ ] has fine streaks of rain. (명사구: 대명사에 의한 대치)

3. 그 소년은 사랑방에서 태어났으며 거기서 자랐다.

   a. The boy was born in a guest room and grew up [ ]. (부사구: 장소부사구의 대치)

   b. The boy was born in a guest room, [ ] he grew up. (명사구: 장소 관계부사에 의한 대치)

4. 선명한 녹색을 띤 나뭇잎들이 빗방울을 머금고 있다.

   a. Leaves [ ] color is vivid green have raindrops on them. (명사구: 소유격관계대명사에 의한 대치)

   b. Leaves have a vivid green color and [ ] have raindrops on them. (명사구: 대명사에 의한 대치)

5. 감나무 옆 사랑방에서 한 어린 소년이 낮잠을 자고 있다.

a. There's a persimmon tree by a guest room, [ ] a young boy is taking a nap. (명사구: 장소 관계부사에 의한 대치)

b. There's a persimmon tree by a guest room, [ ][ ] a young boy is taking a nap. (명사구: 전치사와 관계대명사에 의한 대치)

6. 그 소년은 봄비 오는 오후에 낮잠을 자고 그때가 행복하다.

a. The boy takes a nap on a rainy afternoon in spring and feels happy [ ]. (부사구: 시간부사구의 대치)

b. The boy takes a nap on a rainy afternoon in spring and feels happy [ ][ ][ ]. (부사구: 시간부사구의 대치)

7. 그의 어머니는 그가 낮잠 자는 오후 4시쯤 맛있는 부침개를 부친다.

a. His mother makes delicious Korean pancakes at about 4 o'clock [ ] he takes a nap. (명사구의 대치: 때의 관계부사에 의한 대치)

b. His mother makes delicious Korean pancakes and [ ] is done at about 4 o'clock when he takes a nap. (명사절: 대명사에 의한 대치)

8. 그의 어머니가 작년에 많은 감을 딴 그 감나무는 봄비로 흠뻑 젖어있다.

a. The persimmon tree from [ ] his mother took lots of persimmons last year is soaked with spring rain. (명사구: 목적격관계대명사에 의한 대치)

b. Last year his mother took lots of persimmons from the persimmon tree, [ ] is now soaked with spring rain. (명사구: 주격관계대명사에 의한 대치)

9. 그 소년은 봄비가 사람들을 편히 쉬게 한다고 생각하며, 많은 사람들이 그렇게 생각한다.

a. The boy thinks that the spring rain makes people take a rest, and a lot of people think [ ] too. (명사절: 앞의 절을 받는 대명사적인 부사)

b. The young boy thinks that the spring rain helps people to take a rest, and a lot of people agree with [ ]. (명사구: 대명사에 의한 대치)

10. 그 소년은 잠이 깨면 엄마가 부친 맛있는 부침개를 먹으며, 이 때문에 그는 봄비를 더욱 좋아한다.

a. When the boy wakes up, he eats the delicious Korean pancakes that his mother has made, and this is the reason [ ] he likes a spring rain ever more. (명사구: 이유의 관계부사에 의한 대치)

b. When the boy wakes up, he eats delicious Korean pancakes that his mother has made, and he likes a spring rain ever more [ ][ ][ ]. (앞서 나온 문장을 가리키는 부사구)

V 심화영작

※ 주어진 표현으로 시작하여 영작하시오.

1. 그 남자는 길가에서 여러 종류의 과일을 판다.

a. The man ______________________________.

b. The man's job ______________________________.

c. You ______________________________.

d. Selling ______________________________.

2. 그 과일장수는 순박한 마음씨를 가진 젊은 사람이다.

a. The fruit vendor ______________________________.

b. The man ______________________________.

c. The fruit vendor, ____________________.

d. The man who ____________________.

3. 겉으로 보기에 그는 공부를 많이 하지 못한 것처럼 보인다.

a. Seemingly, he ____________________.

b. It ____________________.

c. His appearance ____________________.

d. He ____________________.

4. 그가 파는 과일은 사과 배 참외 복숭아 포도 딸기와 같은 것들이다.

a. His fruits ____________________.

b. The fruits that ____________________.

c. The following ____________________.

d. He ____________________.

5. 그는 결혼한 것처럼 보이지만 나는 그의 아내나 자식들을 본 적은 없다.

a. It ____________________.

b. I ____________________.

c. He ____________________.

d. Though ____________________.

6. 그는 야위고 피부가 좀 검은데 이것은 그의 가난과 관련이 있어 보인다.

a. His thin body ____________________.

b. He ____________________.

c. It ____________________.

d. He is thin ____________________.

7. 나는 그가 중병에 걸렸을 것이라 생각하는데 내 후배도 그렇게 생각한다.

a. My younger friend ____________________.

b. I ____________________.

c. My assumption ______________________________.

d. He ______________________________.

8. 추운 겨울날 그가 과일을 팔 때 그의 두 볼은 추위로 빨갛게 얼어있었다.

a You ______________________________.

b. When ______________________________.

c. He ______________________________.

d. On cold winter days, his cheeks ______________________________.

9. 어느 날부터 그가 언제나 과일을 팔던 장소에 그의 모습이 보이지 않는다.

a. Nobody ______________________________.

b. Ever since ______________________________.

c. He ______________________________.

d. I ______________________________.

10. 그는 영어를 할 수 없지만 한국어를 모르는 외국인들과 한국어와 몸짓으로 그들에 대한 호감을 표현하려고 애쓴다.

a. Even though ______________________________.

b. English ______________________________.

c. Ignorant ______________________________.

d. He ______________________________.

제17장 앞 요소의 뒤 요소 선택

영어에서 보통 앞에 나온 요소에 의해 뒤에 나올 요소가 제약을 받는다. 이 제약은 구의 안에서 일어나기도 하고 절의 안에서 일어나기도 한다. 구의 안에서 일어날 때는 구에서 앞 요소가 뒤 요소를 선택하며 절의 안에서 일어날 때는 절 안의 앞에 나온 구가 뒤에 나올 구를 선택한다. 이와 같은 선택조건을 지키면 문장이 되고 위반하면 비문이 된다.

I 핵심연구

1. 앞 요소의 뒤 요소 선택

영어에서 앞 요소는 뒤 요소를 선택하는 기능을 한다. 따라서 앞 요소를 보고 뒤에 나올 요소에 대한 예측을 할 수 있다.

2. 구의 내에서의 선택

(1) 명사구 내에서의 선택

명사구 내에 오는 요소들은 일반적으로 가장 앞에 한정사인 관사, 소유격, 지시사, 양화사가 오고 부사, 형용사, 명사의 순서로 온다.

한정사	부 사	형용사	명사
a/the	very	young	girl
*an/the	extremely	beautiful	ladies
*a/the	too	hot	water
my	very	pretty	daughter
your	too	tall	sons
her	too	hot	water
this/*these	very	kind	boy
*this/these	extremely	fast	planes
this/*these	too	hot	water
some/*a little	very	kind	teachers
a lot of/*much	too	hot	potatoes
a little/*many	too	hot	water

A. 한정사의 명사 선택

a. [A] very young [girl] met [a] very young [boy]. (부정관사 a/an은 셀 수 있는 명사의 단수형만 선택: a가 각각 단수명사 girl과 단수명사 boy를 선택) (한 매우 어린 소녀가 한 매우 어린 소년을 만났다)

b. [The] young [girl] liked [the] tall [boys]/[the] clear [water]. (정관사 the는 셀 수 있는 명사의 단수 및 복수형은 물론 셀 수 없는 명사도 선택) (그 어린 소녀는 그 키가 큰 소년들을/그 맑은 물을 좋아했다)

c. [My] very pretty [daughter] liked/[his] very tall [son/sons]/[his] clear [water] in the pond. (소유격은 셀 수 있는 명사의 단수 및 복수형은 물론 셀 수 없는 명사도 선택) (나의 매우 예쁜 딸이 그의 매우 키가 큰 아들/아들들/그의 연못의 맑은 물을 좋아했다)

d. [This] very kind [boy/*boys] liked [that] pretty [girl]/[that/*those] clear [water]. (지시사의 단수형 this/that은 셀 수 있는 명사의 단수형 및 셀 수 없는 명사를 선택) (이 매우 친절한 소년이 저 예쁜 소녀를/저 맑은 물을 좋아했다)

d.' I liked [these] very good [*boy/boys/*water]. (지시사의 복수형 these/those는 셀 수 있는 명사의 복수형만 선택) (나는 이 매우 착한 소년들을 좋아했다)

e. [Many] young [*boy/boys] saw [a few] good [*girl/girls/ *water]. (수를 나타내는 양화사 many, few, a few, every, each, another, ...는 셀 수 있는 명사의 단수형이나 복수형을 선택) (많은 어린 소년들이 몇 명의 착한 소녀를 보았다)

e.' We need [much] [information/*weapon/*weapons] to beat our enemies. (양을 나타내는 양화사 much, little, a little, a great deal of, ...는 셀 수 없는 명사를 선택) (우리는 우리의 적들을 물리치기 위해서 많은 정보가 필요하다)

e." We need [a lot of] [*soldier/soldiers/*dollar/dollars/money/ information] to beat our enemies. (수와 양을 모두 나타내는 양화사 a lot of, lots of, plenty of, some, all, no, any, ...는 셀 수 있는 명사의 단수형이나 복수형을 선택하거나 셀 수 없는 명사를 선택) (우리는 우리의 적들을 물리치기 위해서 많은 병사/달러/돈/정보가 필요하다)

B. 부사의 형용사 선택

a. A [very] [young] girl saw [extremely] [tall] boys. (부사 very와 extremely가 형용사 young과 tall을 선택) (한 매우 어린 소녀가 극히 키가 큰 소년들을 보았다)

a.' *A [young] [very] girl saw [tall] [extremely] boys. (형용사 young의 부사 very선택과 형용사 tall의 부사 extremely 선택)

b. The [extremely] [busy] businessman wanted an [exceptionally] [fast] plane. (부사 extremely와 exceptionally가 형용사 busy와 fast를 선택) (그 극히 바쁜 실업가는 특별히

빠른 비행기를 원했다)

b.' *The [busy] [extremely] businessman wanted a [fast] [exceptionally] plane. (형용사 busy, fast는 부사 extremely, exceptionally선택이 불가능)

(2) 동사구 내에서의 선택

동사는 자신이 가지고 있는 고유한 의미에 따라 이것을 전하는데 필요한 요소를 선택한다.

A. 동사의 주격보어 선택

a. Yang [was] [a young man]. (be동사 was는 주격보어인 명사구 a young man을 선택) (양은 청년이었다)

b. Yang's belief [was] [that he would win a gold medal]. (be동사 was가 주격보어로 명사절인 that-절을 선택. 명사절은 명사구의 일종) (양의 믿음은 그가 금메달을 딸 것이라는 것이었다)

c. He [was] [young]. (be동사 was는 주격보어로 형용사구 young을 선택) (그는 젊었다)

d. He [became] [a gymnast]. (동사 become은 주격보어로 명사구 a gymnast를 선택) (그는 체조선수가 되었다)

d.' *He [became] [gymnast]. (gymnast는 셀 수 있는 명사의 단수형으로 명사이지만 앞에 한정사가 붙지 않아 명사구가 아니므로 동사 became의 주격보어가 되지 못해 비문)

e. He [looked] [handsome]. (동사 look은 '~해 보이다'는 의미를 전할 때 주격보어로 형용사구 handsome을 선택) (그는 잘생겨 보였다)

B. 동사의 목적어 선택

a. He [won] [a gold medal]. (동사 win은 '~을 획득하다'는 의미를 전하기 위해 뒤에 목적어인 명사구 a gold medal을 선택) (그는 금메달을 하나 땄다)

b. They [gave] [him] [a gold medal]. (동사 give는 '~에게 ~을 주다'는 의미를 전하기 위해 뒤에 간접목적어인 명사구 him과 직접목적어인 명사구 a gold medal을 선택) (그들은 그에게 금메달을 하나 주었다)

C. 동사의 목적보어 선택

a. He [painted] his house [blue]. (동사 paint는 '~을 ~하게 칠하다'는 의미를 전하기 위해 뒤에 목적어인 명사구 his house와 목적보어인 형용사구 blue를 선택) (그는 그의 집을 푸른색으로 칠했다)

b. He [made] his parents [famous people]. (동사 make는 '~을 ~로 만들다'는 의미를 전하기 위해 뒤에 목적어인 명사구 his parents와 목적보어인 명사구 famous people을 선택) (그는 그의 부모를 유명인이 되게 했다)

D. 동사의 부사(구) 선택

a. He [practiced] gymnastics [very hard]. (동사 practice는 '~을 연습하다'는 의미를 전하기 위해 뒤에 목적어인 명사구 gymnastics를 선택할 뿐만 아니라 동사가 나타내는 행위, 즉 연습하는 행위가 일어나는 모양을 기술하기 위해 양태부사 very hard도 선택 가능. 동사 뒤의 목적어의 선택은 필수적인데 반해 양태부사의 선택은 선택적) (그는 체조를 매우 열심히 연습했다)

b. He [watered] flowers [regularly]. (동사 water는 '~에 물을 주다'는 의미를 전하기 위해 뒤에 목적어인 명사구 flowers를 선택할 뿐만 아니라 부사도 선택가능. 여기서 목적어의 선택은 의무적인데 비해 부사의 선택은 선택적) (그는 규칙적으로 꽃에 물을 주었다)

c. He [put] the gold medal [on the desk]. (동사 put은 '~을 ~에 두다'는 의미를 전하기 위해 뒤에 명사구 the gold medal과 부사구 on the desk를 선택. 예문의 부사구는 선택적이 아니라 의무적) (그는 그 금메달을 책상위에 올려놓았다)

d. He [read] novels [at night]. (동사 read는 '~을 읽다'는 의미를 전하기 위해 뒤에 목적어인 명사구 novels를 선택. 부사구 at night의 선택은 필수적이 아닌 선택적) (그는 밤에 소설을 읽었다)

(3) 형용사구 내에서의 선택

a. He looked [so] [childlike]. (부사의 형용사 선택: 형용사구 so childlike 내에서 부사 so가 형용사 childlike를 선택) (그는 매우 어린 아이처럼 보였다)

a.' *He looked [childlike] [so]. (동사 look이 '~해 보이다'는 의미를 뒤에 형용사구를 선택하여 전하는데 형용사 childlike가 부사 so 앞에 와서 형용사구가 아니므로 비문)

b. He made his people [very] [glad]. (동사 make는 '~을 ~하게 하다'는 의미를 전하기 위해 뒤에 목적어인 명사구 his people과 목적보어인 형용사구 very glad를 선택) (그는 그의 국민을 매우 기쁘게 했다)

b.' *He made his people [glad] [very]. (동사 make는 목적보어로 형용사구 very glad를 선택하는데 형용사 glad가 부사 very 앞에 와서 형용사구가 아니어서 비문)

(4) 부사구 내에서의 선택

a. He performed gymnastics [very] [well]. (부사의 부사 선택: 부사구 very well 내에서 강조부사 very가 다른 부사 well을 선택) (그는 체조를 매우 잘해냈다)

a.' *He performed gymnastics [well] [very]. (부사구 내에서 강조부사 very가 다른 부사 well 뒤에 와서 비문)

b. He performed gymnastics [extremely] [well]. (부사구 extremely well 내에서 강조부사 extremely가 다른 부사 well을 선택) (그는 체조를 극히 잘해냈다)

b.' *He performed gymnastics [well] [extremely]. (부사구 내에서 강조부사 extremely가 다른 부사 well 뒤에 와서 비문)

(5) 전치사구 내에서의 선택

A. 전치사의 명사구 선택

a. He talked [about] [his own house]. (전치사 about은 명사구 his own house를 목적어로 선택) (그는 자기의 집에 관해 이야기했다)

a.' *He talked [about] [own house]. (전치사 about은 명사구가 아닌 요소를 목적어로 선택불가능. own house는 앞에 한정사가 붙지 않아 명사구가 아니다)

b. He talked [about] [*they/*their/them]. (전치사 about은 목적어로 목적격 them을 선택) (그는 그들에 관해 이야기했다)

c. He spoke of [*build/*to build/building] a nice house for his parents. (전치사 of는 목적어로 동사 build를 취할 경우 그 동사의 동명사 building 형태를 선택) (그는 그의 양친을 위한 멋진 집을 짓는 이야기를 했다)

B. 전치사의 명사구와 형용사구 선택

a. He raised his hands [with] [his mouth] [open]. (전치사 with는 목적어인 명사구 his mouth와 목적보어인 형용사구 open을 선택) (그는 입을 벌린 채 그의 양손을 들어올렸다)

a.' *He raised his hands [with] [mouth] [open]. (전치사 with의 목적어로 명사구가 아닌 명사 mouth가 와서 목적보어로 형용사구 open이 와 있지만 비문)

b. He never spoke [with] [his mouth] [full]. (전치사 with는 목적어인 명사구 his mouth와 목적보어인 형용사구 full을 선택) (그는 결코 입에 음식물을 가득 넣은 채 이야기하지 않았다)

b.' *He never spoke [with] [his mouth] [fully]. (전치사 with 뒤에 목적보어로 형용사구 full이 아닌 부사구 fully가 와서 비문)

C. 전치사의 명사구와 부사구 선택

a. He ran forward [with] [his hands] [up]. (전치사 with는 목적어인 명사구 his hands와 목적보어인 부사구 up을 선택) (그는 그의 두 손을 위로 올린 채 앞으로 뛰어나갔다)

a.' *He ran forward [with] [hand] [up] (전치사 with의 목적어로 명사구가 아닌 명사 hand가 와서 비문)

b. He ran forward [with] [his cap] [off]. (전치사 with는 목적어인 명사구 his cap과 목적보어인 부사구 off를 선택) (그는 그의 모자를 벗은 채 앞으로 뛰어나갔다)

b.' *He ran forward [with] [cap] [off]. (전치사 with의 목적어로 명사구가 아닌 명사 cap이 와서 비문)

D. 전치사의 명사구와 전치사구 선택

a. He performed gymnastics [with] [his wristbands] [on his wrists]. (전치사 with는 목적어인 명사구 his wristbands와 목적보어인 전치사구 on his wrists를 선택) (그는 양 손목에 손목밴드를 한 채 체조를 했다)

a.' *He performed gymnastics [with] [wristband] [on his wrists]. (전치사 with의 목적어인 명사구 자리에 명사구가 아닌 명사 wristband가 와서 비문)

b. He performed gymnastics [with] [the number 175] [on his back]. (전치사 with는 목적어인 명사구 the number 175와 목적보어인 전치사구 on his back을 선택) (그는 등에 175번을 단 채 체조를 했다)

b.' *He performed gymnastics [with] [the number 175] [on back]. (전치사 with의 목적보어인 전치사구 자리에서 전치사 on의 뒤에 목적어인 명사구가 아닌 명사 back이 와서 비문)

3. 절의 내에서의 선택

(1) 명사구의 동사구 선택

a. [A singer] [sang on the stage]. (명사구 A singer는 완전한 문장을 만들기 위해 뒤에 동사구 sang on the stage를 선택) (한 가수가 무대에서 노래했다)
(명사구) (동사구)

a.' *[Sang on the stage] [a singer]. (동사구가 명사구 뒤가 아닌 앞에 와서 비문)
(동사구) (명사구)

b. [A fan] [watched her singing on the stage]. (명사구 A fan이 동사구 watched her singing on the stage를 선택하여 정문) (한 팬이 무대에서 그녀가 노래하고 있는 것을 지켜보았다)
(명사구) (동사구)

b.' *[Watched her singing on the stage] [a fan]. (동사구가 명사구 앞에 와서 비문)
(동사구) (명사구)

(2) 동사의 형용사구 선택

a. The singer [was] [attractive]. (be동사 was는 형용사구 attractive를 보어로 선택. 이 보어는 필수보어) (그 가수는 매력적이었다)

a.' *The singer [was] [attractively]. (be동사의 보어자리에 형용사구가 아닌 부사구 attractively가 와서 비문)

b. She [became] [famous]. (동사 become은 보어로 형용사구 famous를 선택) (그녀는 유명해졌다)

b.' *She [became] [famously]. (동사 become의 보어자리에 보어인 형용사구가 아닌 부사구 famously가 와서 비문)

(3) 동사의 명사구 선택

a. She [was] [an attractive singer]. (be동사 was는 보어로 명사구 an attractive singer를 선택) (그녀는 매력적인 가수였다)

a.' *She [was] [attractive singer]. (be동사 was의 보어로 명사구가 아닌 '형용사+명사'가 와서 비문)

b. She [became] [a famous singer]. (동사 become은 보어로 명사구 a famous singer를 선택) (그녀는 유명한 가수가 되었다)

b.' *She [became] [famous singer]. (동사 become의 보어로 명사구가 아닌 '형용사+명사'가 와서 비문)

(4) 동사의 전치사구 선택

a. She [spoke] [of her fans]. (동사 speak은 전치사구 of her fans를 선택) (그녀는 그녀의 팬들에 관하여 이야기했다)

a.' *She [spoke] [her fans]. (동사 speak 뒤에 전치사구가 아닌 명사구가 와서 비문)

b. She [talked] [of her mother] in her hometown. (동사 talk은 전치사구 of her mother를 선택) (그녀는 그녀의 고향에 있는 그녀 어머니에 관해 이야기했다)

b.' *She [talked] [her mother] in her hometown. (동사 talk 뒤에 전치사구가 아닌 명사구 her mother가 와서 비문)

II 기본연습

1. 명사구 내의 선택이 잘못된 것을 고르시오.

   a. 부정관사의 가산명사 단수형 선택

   b. 정관사의 불가산명사 선택

   c. 무관사의 가산명사 복수형 선택

   d. 소유격의 부정관사 선택

2. 동사의 부사선택에 관한 잘못된 설명을 고르시오.

   a. 동작동사는 양태부사를 선택할 수 있다.

   b. 동작동사의 양태부사 선택은 의무적이다.

   c. 자동사인 동작동사는 양태부사를 선택할 수 있다.

   d. 타동사인 동작동사는 목적어와 양태부사를 선택할 수 있다.

3. 부사구 내의 선택에 관한 잘못된 설명을 고르시오.
   a. 부사 하나만으로 구성된 부사구도 있다.
   b. 상소부사는 또 다른 부사를 선택할 수 있다.
   c. 부사구 내에서 형용사가 부사를 선택할 수 있다.
   d. 부사구 내에서 부사가 형용사를 선택할 수 없다.

4. 동사의 목적어 선택에 관한 잘못된 설명을 고르시오.
   a. 타동사만이 목적어를 선택한다.
   b. 목적어는 명사구이거나 명사절이다.
   c. 모든 타동사는 명사절을 목적어로 선택한다.
   d. 동사의 목적어자리에 오는 동사는 동명사로 바뀌기도 한다.

5. 형용사구 내의 선택에 관한 잘못된 설명을 고르시오.
   a. 형용사구는 형용사절을 선택하지 않는다.
   b. 하나의 형용사로 구성된 형용사구도 있다.
   c. 형용사구 내에서 부사가 형용사를 선택한다.
   d. 형용사구 내에서 동사가 형용사를 선택한다.

6. 전치사구 내의 선택에 관한 잘못된 설명을 고르시오.
   a. 전치사가 명사구를 선택한다.
   b. 전치사구 내의 전치사는 to-부정사를 선택한다.
   c. 전치사구 내의 전치사는 동사를 동명사 형태로 선택한다.
   d. 전치사구 내의 전치사는 형용사구를 곧바로 선택하지는 않는다.

7. 절의 내에서의 선택에 관한 잘못된 설명을 고르시오.
   a. 동사가 명사구를 선택한다.
   b. 동사가 형용사구를 선택한다.
   c. 형용사구가 동사구를 선택한다.
   d. 주어인 명사구가 동사구를 선택한다.

8. 동사의 주격보어 선택에 관한 올바른 설명을 고르시오.

a. 모든 타동사만이 주격보어를 선택한다.

b. 모든 동사가 주격보어를 선택할 수 있다.

c. 모든 자동사가 주격보어를 선택할 수 있는 것은 아니다.

d. 목적보어를 선택할 수 있는 동사만이 주격보어를 선택할 수 있다.

9. 동사의 목적보어 선택에 관한 올바른 설명을 고르시오.

a. 모든 타동사가 목적보어를 선택한다.

b. 몇몇 자동사도 목적보어를 선택한다.

c. 주격보어를 선택할 수 있는 동사만이 목적보어를 선택할 수 있다.

d. 목적어를 선택하는 동사 중 일부만이 목적보어를 선택할 수 있다.

10. 동사의 형용사구 선택에 관한 올바른 설명을 고르시오.

a. 자동사만이 형용사구를 선택한다.

b. 타동사만이 형용사구를 선택한다.

c. 모든 동사가 형용사구를 선택한다.

d. 몇몇 자동사와 몇몇 타동사가 형용사구를 선택한다.

III 심화연습

1. 형용사구를 고르시오.

a. very diligent

b. an excellent student

c. ate an apple

d. in a room

2. 완전한 절을 고르시오.

a. Boy met a girl.

b. The teacher taught student English.

c. The boy met her in mountain.   d. He learned it from the teacher.

3. 명사구가 아닌 것을 고르시오.

a. Mary   b. pretty girl

c. pretty girls   d. a Mary

4. 전치사구가 아닌 것을 고르시오.

a. between them   b. on the desk

c. in Seoul   d. the weather outside

5. 동사가 부사를 잘못 선택한 것을 고르시오.

a. drive carelessly   b. study a foreign language hard

c. jog regularly   d. taste deliciously

6. 부사구의 내부구조가 잘못된 것을 고르시오.

a. extremely hard   b. enough diligently

c. too carefully   d. so fast

7. 동사의 목적어 선택이 잘못된 것을 고르시오.

a. give my girlfriend a present   b. sing song

c. discuss how to win a war   d. avoid becoming lazy

8. 동사와 그 주격보어의 관계가 아닌 것을 고르시오.

a. get angry   b. become a career soldier

c. win a game   d. grow old

9. 형용사구를 보어로 가질 수 없는 동사를 고르시오.

a. look   b. feel

c. sound   d. talk

10. 동사와 그 목적보어의 관계가 잘못된 것을 고르시오.

a. paint a ceiling blue
b. leave a door open
c. zip a purse shut
d. make a boyfriend happily

IV 기본영작

※ 다음을 영어로 옮길 때 □ 안에 들어갈 영어표현을 쓰시오.

1. 봄꽃이 한 송이 피어있다.

a. A spring □ is in bloom. (부정관사의 명사선택)

b. There's □ spring flower in bloom. (단수명사를 선택하는 관사)

2. 그 봄꽃은 작고 매우 예쁘다.

a. □ spring flower is small and very pretty. (관사의 명사선택)

b. □ flower that blooms in spring is small and very pretty. (관사의 명사선택)

3. 이 봄꽃은 작고 빨갛고 저 봄꽃들은 크고 노랗다.

a. This spring □ is small and red, and □ spring flowers are large and yellow. (지시사의 명사선택)

b. □ spring flower here is small and red, while □ spring flowers over there are large and yellow. (관사의 명사선택)

4. 봄꽃 중 개나리와 진달래가 비교적 잘 알려져 있다.

a. Of spring flowers, forsythias and azaleas are relatively □□. (형용사구

내에서의 선택: 부사의 형용사선택)

b. Forsythias and azaleas are comparatively wellknown flowers [ ] spring flowers. (전치사구 내의 선택: 명사구를 선택하는 전치사)

5. 몇 송이의 꽃이 많은 꽃보다 더 아름다울 때가 있다.

a. [ ][ ] flowers are sometimes more beautiful than lots of flowers. (명사구 내의 선택: 수를 나타내는 양화사의 명사선택)

b. At times, a couple of flowers look [ ][ ] than lots of flowers. (동사의 형용사구 선택: 동사의 보어)

6. 진달래를 보면 수줍어하는 새색시의 홍조가 떠오른다.

a. Azaleas remind me [ ][ ][ ][ ]. (동사의 전치사구 선택)

b. I usually think of a blushing bride when I [ ][ ]. (동사구: 동사와 목적어)

7. 잔디 위에도 길 위에도 여기저기 꽃잎이 떨어져 있다.

a. There are flower petals fallen here and there both on the grass and on [ ][ ]. (전치사구 내의 선택: 전치사의 명사구선택)

b. You can see flower petals fallen here and there not only on the grass [ ][ ] on the road. (앞과 뒤에 같은 구를 요구하는 상관접속사의 두 번째 요소: 두 전치사구를 연결)

8. 한복을 입은 한 여성은 머리에 개나리꽃 몇 송이를 꽂고 있다.

a. A woman in *hanbok* is wearing [ ][ ][ ] in her hair. (동사구 내의 선택: 동사의 목적어선택)

b. A woman with [ ][ ][ ][ ][ ][ ] is wearing *hanbok*. (전치사구 내의 선택: 전치사의 목적어와 목적보어인 전치사구)

9. 꽃이 피기 위해서는 약간의 물과 여러 가지 영양분이 필요하다.

a. Flowers need [ ] water and various nutrients to bloom. (명사구 내의 선택: 양의 양화사의 명사선택)

b. It is necessary [ ] flowers to get some water and various nutrients to bloom. (전치사구 내의 선택: 부정사의 주어를 요구하는 전치사)

10. 소나기가 내려 개나리와 진달래 꽃잎이 여기저기 흩뿌려져 있다.

a. After a shower, there [ ] forsythia and azalea petals strewn here and there. (주어에 의한 동사의 수의 선택)

b. It has showered, so you can see forsythia and azalea petals [ ] about here and there. (동사구 내의 선택: 동사의 목적보어 선택)

V 심화영작

※ 주어진 표현으로 시작하여 영작하시오.

1. 대부분의 한국인이 스마트폰을 가지고 있다.
   a. Most Koreans ______________________________.
   b. Nearly every Korean ______________________________.
   c. Smartphones ______________________________.
   d. There ______________________________.

2. 많은 한국 젊은이들이 스마트폰에 중독되어 있다.
   a. You ______________________________.
   b. The number of smartphone addicts ______________________________.

c. Lots of young Korean people ______________________________.

d. There ____.

3. 스마트폰사용으로 인한 장점도 많지만 단점도 적지 않다.

a. The use of smartphones ______________________________.

b. A smartphone user ________________________________.

c. There ____.

d. With the use of a smartphone, _________________________.

4. 한국에서 스마트폰은 많은 사람들에게 생활필수품이 되었다.

a. It ____.

b. Lots of Koreans __________________________________.

c. Smartphones _____________________________________.

d. Lots of people ___________________________________.

5. 스마트폰은 문명의 이기이므로 올바로 사용하는 것이 중요하다.

a. It ____.

b. A smartphone _____________________________________.

c. One ____.

d. Since ____.

6. 새로운 기능의 스마트폰이 연달아 나오면서 소비자의 과소비를 부추긴다.

a. A consumer ______________________________________.

b. Smartphones with new features _______________________.

c. New smartphones ___________________________________.

d. With the successive launches _________________________.

7. 시간이 지나면서 점점 더 다양한 기능을 가진 스마트폰이 출시되고 있다.

a. With time ____.

b. As time goes by, smartphones _________________________.

c. They ____.

d. New smartphones ____.

8. 스마트폰으로 전화를 하고 인터넷을 검색하고 음악을 듣고 사진을 찍는다.

a. You ____.

b. Smartphones ____.

c. We ____.

d. A smartphone ____.

9. 시간이 지나면서 더 많은 유익한 기능이 스마트폰에 추가될 것이 분명하다.

a. I ____.

b. More and more useful features ____.

c. With time it ____.

d. It is evident ____.

10. 스마트폰사용자가 사용예절을 지키지 않으면 주위의 사람들에게 피해를 준다.

a. People ____.

b. When ____.

c. A smartphone user ____.

d. A person ____.

제18장

진술 내용의 진위에 따른 표현법

영어에서는 화자가 사실을 진술할 때와 사실이 아닌 가상의 것을 진술할 때 그리고 명령을 할 때 각각 동사의 형태를 달리 사용한다. 사실을 진술할 때는 현재의 사실과 과거의 사실 그리고 미래의 사실을 진술할 때 동사의 형태가 각각 달라진다. 이 때문에 청자는 문장의 동사의 형태로 그 문장이 사실에 관해 이야기하는지 가상의 것에 관해 이야기하는지 아니면 명령을 하는지 알 수 있게 된다.

I 핵심연구

1. 사실의 진술

(1) 현재의 사실

a. The earth [moves] around the sun. (불변의 진리: 단순현재시제로 표현) (지구는 태양 주위를 돈다)

b. Water [boils] at 100 degrees Centigrade. (과학적 사실: 단순현재시제로 표현) (물은 섭씨 100도에서 끓는다)

c. The badminton player [gets] up at six every morning. (현재의 규칙적 반복적 행위: 단순현재시제로 표현) (그 배드민턴 선수는 매일 아침 여섯 시에 일어난다)

d. The handsome man [teaches] English at a university. (영속적 상황: 긴 시간에 걸쳐 이루어지는 행위는 단순현재시제로 표현. 과거에도 가르쳤고 현재도 가르치고 있으며 미래에도 가르칠 것이 틀림없는 상황) (그 잘 생긴 남자는 한 대학에서 영어를 가르친다)

e. The attractive woman [is learning] Korean at a university. (일시적 상황: 현재의 일시적 행위는 현재진행시제로 표현) (그 매력적인 여성은 한 대학에서 한국어를 배우고 있는 중이다)

f. The man [has taught] English for ten years. (과거와 관련된 현재: 현재완료시제로 표현) (그 남자는 10년 동안 영어를 가르쳐 왔다)

g. The woman [has been studying] Korean for two years. (과거와 관련된 현재에도 진행 중인 행위: 현재완료진행시제로 표현) (그 여성은 2년 동안 한국어를 공부해오고 있다)

(2) 과거의 사실

a. Tom [had] coffee with Mary yesterday. (과거에 끝난 행위: 단순과거시제로 표현) (탐은 어제 메리와 커피를 마셨다)

b. Tom [jogged] at six every morning last year. (과거의 규칙적 반복적 행위: 단순과거시제로 표현) (탐은 작년에 매일 아침 6시에 조깅했다)

c. Tom [was jogging] at six yesterday. (과거의 일시적 행위: 과거진행시제로 표현) (탐은

어제 6시에 조깅하고 있었다)

d. Tom [was jogging] when Mary [called] him this morning. (과거의 주된 사건과 배경이 되는 사건: 주된 사건은 보통 단순과거시제로 배경이 되는 사건은 과거진행시제로 표현) (메리가 오늘 아침 전화했을 때 탐은 조깅을 하고 있는 중이었다)

e. World War Ⅱ [broke] out in 1939. (과거의 역사적 사실: 단순과거시제로 표현) (제2차 세계대전은 1939년에 발발했다)

f. When Tom got to the party last night, Mary [had already left] it. (과거의 행위보다 먼저 일어난 행위: 과거완료시제로 표현) (탐이 어젯밤 그 파티에 도착했을 때 메리는 이미 떠나고 없었다)

g. At that time Tom [had been jogging] for about six months. (과거 이전과 관련된 과거행위: 과거완료진행시제로 표현)

h. Tom said that he [would continue] to jog. (과거에서의 미래: 미래조동사의 과거형과 동사원형으로 표현) (탐은 조깅을 계속할 것이라고 말했다)

(3) 미래의 사실

a. The student [will marry] his classmate after graduation. (미래에 대한 예언, 예측, 정보제공: 단순미래시제로 표현) (그 학생은 졸업 후 그의 급우와 결혼할 것이다)

b. I [will buy] you an ice cream cone after this class. (말을 하면서 약속이나 결정을 내리는 경우: 'will + 동사원형'으로 표현) (이 수업이 끝난 후 내가 너에게 아이스크림콘을 하나 사줄게)

c. I [am playing] table tennis with my friend this Saturday. (예정된 미래: 'be동사의 현재형 + 동사의 -ing형'으로 표현) (나는 이번 토요일 내 친구와 탁구를 치려고 한다)

d. I [am going to invite] some foreign friends to the party. (예정은 하지 않았지만 미래에 대해 막 결정을 내려서 하려는 경우: be동사의 현재형 + going to-부정사) (나는 그 파티에 몇몇 외국인 친구를 초대하려고 한다)

e. I [am to meet] the President of the United States of America tomorrow. (be + to-부정사: 예정을 표현) (나는 내일 미국대통령을 만나기로 되어있다)

f. My plane for Los Angeles [leaves] at 11:30 a.m. tomorrow. (시간표 계획표 일정표에 의해 정해져 있는 미래의 일: 단순현재시제로 미래를 표현) (나의 로스앤젤레스행 비행기는 내일 오전 11시 30분에 떠난다)

g. When you call Mary at seven in the morning tomorrow, she [will be putting] makeup on her face. (미래의 일시적으로 진행 중에 있을 행위: 미래진행시제로 표현) (네가 내일 아침 7시에 메리에게 전화하면 그녀는 화장을 하고 있는 중일 것이다)

h. The writer [will have finished] his manuscript by this Christmas. (미래의 기준시점까지의 행위의 완료나 경험: 미래완료시제로 표현) (그 작가는 이번 크리스마스까지는 그의 원고를 끝마쳐 있을 것이다)

i. The foreign student [will have been studying] Korean for three years this time next year. (미래의 기준시점까지의 행위의 계속성: 미래완료진행시제로 표현) (그 외국학생은 내년 이맘때까지는 3년 동안 한국어를 공부해오고 있는 셈이 될 것이다)

2. 사실이 아닌 가상의 것을 진술

(1) 현재의 사실이 아닌 진술

a. The commander ordered that his soldiers [fire] at the enemy. (가정법현재: 명령 요구 주장 제안 소망을 나타내는 동사 뒤의 that-절에 가정법현재(=동사원형) 사용) (그 지휘관은 그의 병사들이 적에게 발포하라고 명령했다)

b. If I [were] a bird, I [would fly] to my girlfriend. (가정법 과거: 현재의 사실이 아닌 것을 가정해 볼 때 사용) (내가 새라면 나의 여자친구에게 날아갈 텐데)

c. If I [had] lots of money, I [would travel] around the world. (가정법과거: 현재의 사실이 아닌 것을 가정) (내가 돈이 많다면 세계 일주여행을 할 텐데)

d. The foreigner speaks Korean as fluently as if he [were] a Korean. (as if 가정법 과거: 현재 사실이 아닌 것을 가정) (그 외국인은 마치 한국인이기라도 하듯이 유창하게 한국어를 한다)

e. I wish I [had] a nice girlfriend. (I wish 가정법 과거: 현재의 사실의 반대상황을 가정) (나에게 멋진 여자 친구가 있다면 좋을 텐데)

(2) 과거의 사실이 아닌 진술

a. If I [had had] lots of money in my school days, I [would have traveled] around the world. (가정법 과거완료: 과거사실에 반하는 상황을 가정) (학창시절 돈이 많았더라면 세계 일주여행을 했었을 텐데)

b. The foreigner spoke Korean as fluently as if he [had lived] in Korea for a long time. (as if 가정법 과거완료: 과거사실의 반대상황을 가정) (그 외국인은 마치 한국에서 오랫동안 살기라도 한 듯이 한국어를 유창하게 했다)

c. I wish I [had met] you before I got married. (I wish 가정법 과거완료: 과거사실의 반대상황을 가정) (내가 결혼하기 전에 너를 만났더라면 좋았을 텐데)

(3) 미래의 사실이 아닌 진술

a. If you [would succeed], you [would] have to do your best. (가정법미래) (만약 네가 성공하고 싶으면 최선을 다하지 않으면 안 될 거다)

b. If a young lady [should come] to my house this evening, I [would] marry her. (가정법미래) (만약 한 젊은 숙녀가 오늘 저녁 내 집에 온다면 나는 그녀와 결혼할 거야)

3. 명령을 할 때

(1) 긍정의 명령을 할 때

a. [Go] back to the room and [resume] your homework. (명령의 대상을 특별히 언급하지 않는 경우: 동사원형을 사용) (방으로 돌아가 숙제를 계속해라)

b. [Do forgive] him - He didn't mean to hurt your feelings. (강조의 명령: 'do + 동사원형'을 사용) (그를 용서해 주세요. 그가 당신의 기분을 상하게 할 생각은 없었어요)

c. [Be] quiet, [everybody]. (명령의 대상을 특별히 언급하는 경우) (모두 조용히 해주세요)

d. [Tom] [follow] me - [everybody else] [stay] where you are. (탐은 나를 따라와요. 그 밖의 사람은 그대로 있어요)

(2) 부정의 명령을 할 때

a. [Don't do] this again. (명령의 대상을 특별히 언급하지 않는 경우: 'Don't + 동사원형'을 사용) (이것을 다시는 하지 마라)

b. [Don't anybody speak] any other language but English. (명령의 대상을 특별히 언급하는 경우) (누구도 영어를 제외한 다른 언어를 사용하지 마라)

II 기본연습

1. 부정의 명령을 할 때 쓰는 동사의 형태를 고르시오.

a. 부정의 부사 not과 현재시제 b. don't와 동사원형

c. 동사원형과 not d. don't와 현재시제

2. 긍정의 명령을 강조할 때의 동사의 형태를 고르시오.

a. 동사원형 b. do와 동사원형

c. does와 동사원형 d. be와 동사원형

3. 과거에서의 미래를 나타내는 동사의 형태를 고르시오.

a. 단순현재 b. 단순과거

c. 단순미래 d. would와 동사원형

4. 일반적으로 진행시제로 쓰일 수 없는 동사를 고르시오.

a. 자동사 b. 타동사

c. 동작동사 d. 상태동사

5. 불변의 진리를 나타낼 때 쓰는 동사의 형태를 고르시오.

a. 단순현재 b. 현재진행

c. 현재완료 d. 동사원형

6. 과거의 일시적인 행위를 나타내는 동사의 형태를 고르시오.

a. 현재완료 b. 과거진행

c. 과거완료 d. 과거완료진행

7. 과거의 역사적 사실을 나타낼 때 쓰는 동사의 형태를 고르시오.

a. 현재완료 b. 단순과거

c. 과거진행 d. 과거완료

8. 긴 시간에 걸쳐 이루어지는 행위를 나타내는 동사의 형태를 고르시오.

a. 단순현재 b. 현재진행

c. 현재완료 d. 동사원형

9. 과거의 사실이 아닌 상황을 가정해 볼 때 쓰는 동사의 형태를 고르시오.

a. 직설법과거 b. 가정법과거

c. 가정법과거완료 d. 명령법

10. 시간표나 계획표에 의해 이미 결정되어 있는 미래를 나타내는 방법을 고르시오.

a. 단순현재 b. 현재완료

c. 현재진행 d. 현재완료진행

III 심화연습

1. 명령을 강조하는 동사를 고르시오.

a. come b. is coming

c. do come d. coming

2. 명령을 할 때 쓰는 동사를 고르시오.

a. go　　b. is going

c. has gone　　d. has been going

3. 미래를 나타내지 못하는 동사를 고르시오.

a. meet　　b. is meeting

c. is going to meet　　d. have met

4. 과거와 현재의 연관성을 나타내는 동사를 고르시오.

a. will study　　b. is studying

c. have studied　　d. studied

5. 현재의 일시적 행위를 나타내고 있는 동사를 고르시오.

a. eat　　b. am eating

c. have eaten　　d. have been eating

6. 과학적 사실을 나타낼 때 쓰이는 동사의 형태를 고르시오.

a. boils　　b. is boiling

c. has boiled　　d. has been boiling

7. 과거의 사실이 아닌 것을 가정해 볼 때 쓰는 동사를 고르시오.

a. calls　　b. have called

c. called　　d. had called

8. 미래의 일시적으로 진행 중에 있을 행위를 나타내는 동사를 고르시오.

a. watch　　b. will watch

c. will be watching　　d. will have watched

9. 현재의 사실이 아닌 것을 가정해 볼 때 쓰는 동사가 아닌 것을 고르시오.

a. were
b. ate
c. finished
d. had known

10. 미래의 특정 시점까지의 행위의 완료나 경험을 나타내는 동사를 고르시오.

a. build
b. built
c. will build
d. will have built

IV 기본영작

※ 다음을 영어로 옮길 때 □ 안에 들어갈 영어표현을 쓰시오.

1. 초등학생은 매년 봄 소풍을 간다.

a. Elementary school students □ on a picnic every spring. (현재의 규칙적 반복적 행위: 단순현재시제)

b. Every elementary school student □ on a picnic in spring. (현재의 규칙적 반복적 행위: 단순현재시제)

2. 그 소풍에 애완견을 데리고 오지 마라.

a. □ bring your pet dog to the picnic. (부정명령)

b. I want you □ to bring your pet dog to the picnic. (to부정사 부정어)

3. 그 초등학생은 며칠 전 봄 소풍 준비를 마쳤다.

a. The elementary school student □ preparing for a spring picnic a few days ago. (단순한 과거의 사실: 단순과거시제)

b. The elementary school student's preparation for a spring picnic ____ finished a few days ago. (단순한 과거사실: 단순과거시제)

4. 그 소풍에서 먹을 점심 도시락을 가지고 오너라.

a. ____ your lunch box to the picnic. (긍정의 명령: 동사의 명령법 사용)

b. I want ____ to bring your lunch box to the picnic. (현재의 사실: 동사의 목적어)

5. 그의 봄 소풍은 학교에서 멀지 않은 곳으로 간다.

a. He ____ on a spring picnic to a place not far from his school. (현재의 사실)

b. His spring picnic location ____ not far from his school. (현재의 사실)

6. 어느 누구도 그 소풍장소에서 맨발로 걸어 다니지 마라.

a. Don't ____ walk around barefoot in the picnic place. (부정명령: 주어를 명시하는 경우)

b. I want everybody ____ to walk around barefoot in the picnic place. (현재의 사실: 부정사 부정어)

7. 그 교장선생님은 모든 초등학생이 걸어서 가기를 요구했다.

a. The principal required that every schoolchild ____ on foot. (가상의 것에 대한 진술: 요구)

b. The principal required every schoolchild ____ ____ on foot. (과거의 사실: 동사의 목적보어)

8. 그 초등학생은 기차를 타고 소풍을 가지 않는 것이 유감이다.

a. The schoolchild wishes that he/she ____ to a picnic by train. (현재의 사실에 반하는 진술: 가정법 과거)

b. The schoolchild feels sorry that he/she ____ ____ ____ to a picnic by train. (미래의 사실: 직설법 미래)

9. 그 초등학생은 작년에 기차로 소풍을 가지 않은 것이 유감이다.

a. The schoolchild wishes that he/she [|] to a picnic by train last year. (과거의 사실에 반하는 진술: 가정법과거완료)

b. The schoolchild regrets that he/she [| |] to the picnic by train last year. (과거의 사실: 직설법 과거)

10. 만약 유명 영화배우가 그 소풍에 온다면 많은 초등학생들이 몰려들 텐데.

a. If a famous actor [|] to the picnic, lots of schoolchildren would flock there. (미래의 사실이 아닌 진술: 가정법 미래)

b. If a famous actor [ ] to the picnic, lots of schoolchildren will flock there; however, this will not happen. (미래의 조건)

V 심화영작

※ 주어진 표현으로 시작하여 영작하시오.

1. 수빈은 회사에서 일하는 직장여성이다.

a. Su-Bin, ______________________________.

b. As ______________________________.

c. Su-Bin ______________________________.

d. Su-Bin works ______________________________.

2. 그녀는 매일 출근하기 전 긴 머리를 감는다.

a. After ______________________________.

b. She ____.

c. Before ____.

d. Her long hair ____.

3. 그녀가 마음에 든다면 다가가 사랑을 고백해라.

a. Walk ____.

b. If ____.

c. In case ____.

d. How about ____.

4. 그녀의 아름다운 긴 젖은 머리를 훔쳐보지 마라.

a. Don't ____.

b. You ____.

c. I ____.

d. Would ____.

5. 그녀는 매일 젖은 머리를 흩날리며 바쁘게 출근한다.

a. With ____.

b. She ____.

c. Her departure ____.

d. As ____.

6. 그녀 어머니는 그녀에게 머리를 격일로 감으라고 한다.

a. Her mother ____.

b. Her mother suggests ____.

c. She ____.

d. Her mother's suggestion ____.

7. 그녀는 머리를 매일 감지 않는다면 좋을 텐데 하고 바란다.

a. She wishes ____.

b. She thinks it regrettable ______________________________.

c. Her hair ______________________________.

d. A regrettable thing ______________________________.

8. 그녀가 남자로 태어났더라면 머리를 매일 감지는 않을 텐데.

a. Since ______________________________.

b. As a woman it ______________________________.

c. She ______________________________.

d. If ______________________________.

9. 그녀가 직장에 다니지 않는다면 매일 머리를 감지는 않을 텐데.

a. She ______________________________.

b. Her daily hair washing ______________________________.

c. The reason why ______________________________.

d. If ______________________________.

10. 그녀가 남자로 태어났더라면 머리를 그렇게 길게 기르지는 않았을 텐데.

a. She ______________________________.

b. Growing ______________________________.

c. The reason ______________________________.

d. If ______________________________.

어순의 변화와 의미의 변화

영어는 비정상적인 어순으로 특정한 의미를 전할 때가 있다. 주어와 동사가 도치되거나 주어와 조동사가 도치되기도 한다. 형용사 앞에 오는 부정관사가 비정상적인 경우 뒤에 온다. 타동사의 목적어인 명사구가 타동사 뒤에서 문장 첫머리로 이동하기도 한다. 문장의 주어인 명사구나 동사의 목적어인 명사구를 문장 첫머리나 끝으로 이동하고 원래의 자리에 이것을 가리키는 대명사를 대치하기도 한다.

I 핵심연구

1. 주어와 동사의 도치

a. [A fighter plane] [stood] in the airplane shed. (위치부사(구)가 동사 뒤에 위치: 주어와 동사의 도치가 일어나지 않음) (전투기 한 대가 격납고에 서 있었다)

a.' [In the airplane shed] stood a fighter plane. (위치부사(구)가 문장 첫머리로 이동: 주어와 동사가 도치) (그 비행기 격납고에 전투기 한 대가 서 있었다)

a." [In the airplane shed] a fighter plane stood. (위치부사(구)가 문장 첫머리로 이동: 주어와 동사의 도치가 일어나지 않음)

b. [The fighter plane] [flew] into the sky. (방향부사(구)가 동사 뒤에 위치: 주어와 동사의 도치가 일어나지 않음) (그 전투기는 하늘로 날아올랐다)

b.' [Into the sky] flew the fighter plane. (방향부사(구)가 문장 첫머리로 이동: 주어와 동사가 도치) (하늘로 그 전투기는 날아올랐다)

b." [Into the sky] the fighter plane flew. (방향부사(구)가 문장 첫머리로 이동: 주어와 동사의 도치가 일어나지 않음)

2. 주어와 조동사의 도치

부정어가 문장 첫머리로 이동하여 문장 전체를 부정하면 정상적인 '주어+동사'나 '주어+조동사'의 어순이 모두 비정상적인 '조동사+주어'라는 도치된 어순으로 의무적으로 바뀐다. 이와 달리, 부정어가 문장 첫머리로 이동하더라도 이 부정어가 문장 전체를 부정하지 않고 부정어 뒤의 특정 단어나 구만을 부정하는 경우에는 주어와 조동사의 도치는 일어나지 않는다는데 주의해야 한다. 전자를 전체부정 또는 문장 부정이라 하고 후자를 국부부정이라 한다.

a. [The fighter pilot] never [flew] for a long time. (부정의 부사 never가 동사 flew 앞에 위치: 주어와 조동사의 도치가 일어나지 않음) (그 전투기 조종사는 결코 오랫동안 비행한 적이 없었다)

a.' [Never] [did] [the fighter pilot] fly for a long time. (부정의 부사 Never가 문장 첫머리로 이동: 주어와 조동사가 도치) (결코 그 전투기 조종사는 오랫동안 비행한 적이 없었다)

a.'' *[Never] the fighter pilot flew for a long time. (부정의 부사 Never가 문장 첫머리로 이동: 주어와 조동사의 도치가 일어나지 않아 비문)

b. [The fighter pilot] [has] never flown for a long time. (부정의 부사 never가 조동사 has 뒤에 위치: 주어와 조동사의 도치가 일어나지 않음) (그 전투기 조종사는 결코 오랫동안 비행해 본 적이 없다)

b.' [Never] [has] [the fighter pilot] flown for a long time. (부정의 부사 Never가 문장 첫머리로 이동: 주어와 조동사가 도치) (결코 그 전투기 조종사는 오랫동안 비행한 적이 없다)

b.'' *[Never] [the fighter pilot] has flown for a long time. (부정의 부사 Never가 문장 첫머리로 이동: 주어와 조동사의 도치가 일어나지 않아 비문)

c. [I] [found] nothing in the classroom yesterday. (부정의 명사구 nothing이 동사 found의 목적어자리에 위치: 주어와 조동사의 도치가 일어나지 않음) (나는 어제 그 교실에서 아무 것도 발견하지 못했다)

c.' [Nothing] [did] [I] find in the classroom yesterday. (부정의 명사구 Nothing이 문장 첫머리로 이동: 주어와 조동사가 도치) (아무것도 나는 어제 그 교실에서 발견하지 못했다)

c.'' *[Nothing] [I] [found] in the classroom yesterday. (부정의 명사구 Nothing이 문장 첫머리로 이동: 주어와 조동사의 도치가 일어나지 않아 비문)

d. [He] [can] speak fluently [only when he speaks in Korean]. (부정의 부사절이 주절 뒤에 위치: 주절의 주어와 조동사의 도치가 일어나지 않음) (그는 한국어로 말할 때만이 유창하게 말할 수 있다)

d.' [Only when he speaks in Korean] [can] [he] speak fluently. (부정의 부사절이 문장 첫머리로 이동: 주어와 조동사가 도치) (한국어로 말할 때만이 그는 유창하게 말할 수 있다)

d.'' *[Only when he speaks in Korean] [he] [can] speak fluently. (부정의 부사절이 문장 첫머리로 이동: 주어와 조동사의 도치가 일어나지 않아 비문)

e. [They] [should] leave for their destination in no time at all. (부정의 의미를 가진 표현 no가 문장 끝에 위치: 주어와 조동사의 도치가 일어나지 않음) (그들은 곧 목적지로 떠나야 한다)

e.' *[In no time at all] [should] [they] leave for their destination. (부정의 표현이 있는 부사구를 문장 첫머리로 이동: 주어와 조동사가 도치되어 비문)

e.'' [In no time at all] [they] [should] leave for their destination. (부정의 표현이 있는 부사구를 문장 첫머리로 이동: 주어와 조동사를 도치하지 않으면 정문. 부정어 no가 뒤의 명사 time만을 부정하는 국부부정)

3. 부정관사와 형용사의 도치

형용사는 보통 부정관사(a/an) 뒤에 오지만 as, how, so, too, so의 의미로 쓰인 this나 that 뒤에서는 앞에 온다.

a. He was [[a] very [brave] fighter pilot]. (정상적인 어순: 부정관사가 명사구 내에서 가장 앞에 위치할 뿐 아니라 형용사 brave 앞에 위치) (그는 매우 용감한 전투기 조종사였다)

b. He had [as [good] [a] voice] as a singer. (as 뒤에서 부정관사 a와 형용사 good이 도치) (그는 가수만큼 그 정도로 좋은 목소리를 가지고 있었다)

b.' *He had [[a] as [good] voice] as a singer. (부정관사와 형용사가 도치되지 않아 비문)

c. [How [brave] [a] fighter pilot] was he? (how 뒤에서 부정관사 a와 형용사 brave가 도치) (그는 얼마나 용감한 전투기 조종사였나?)

c.' *[[A] how [brave] fighter pilot] was he? (부정관사와 형용사가 도치되지 않아 비문)

d. He was [so [brave] [a] fighter pilot] that he was respected by many people. (so 뒤에서 부정관사 a와 형용사 brave가 도치) (그는 너무나 용감한 전투기 조종사여서 많은 사람들의 존경을 받았다)

d.' *He was [[a] so [brave] fighter pilot] that he was respected by many people. (부정관사와 형용사가 도치되지 않아 비문)

e. He was [too [good] [a] fighter pilot] to refuse his friend's offer. (too 뒤에서 부정관사 a와 형용사 good이 도치) (그는 너무나 좋은 전투기 조종사여서 그의 친구의 제의를 거절할 수 없었다)

e.' *He was [[a] too [good] fighter pilot] to refuse his friend's offer. (부정관사와 형용사가 도치되지 않아 비문)

f. He was not able to buy [this/that [expensive] [a] house]. (this/that 뒤에서 부정관사 a와 형용사 expensive가 도치) (그는 이 정도로/그 정도로 비싼 집을 살 수가 없었다)

f.' *He was not able to buy [[a] this/that [expensive] house]. (부정관사와 형용사가 도치되지 않아 비문)

4. 타동사와 전치사의 목적어의 도치

a. The fighter pilot [met] [a university student]. (타동사 met의 목적어 a university student가 이 타동사 뒤에 위치) (그 전투기 조종사는 한 대학생을 만났다)

a.' [A university student] the fighter pilot [met]. (타동사의 목적어를 문장 첫머리로 이동하여 이것을 화제로 삼은 문장. A university student는 여전히 met의 목적어) (한 대학생을 그 전투기 조종사는 만났다)

b. The fighter pilot fell in love [with] [a university student]. (전치사 with의 목적어인 a university student가 이 전치사 뒤에 위치) (그 전투기 조종사는 한 대학생에게 반했다)

b.' [A university student] the fighter pilot fell in love [with]. (전치사의 목적어를 문장 첫머리로 이동하여 이것을 화제로 삼은 문장. A university student는 여전히 with의 목적어) (한 대학생에게 그 전투기 조종사는 반했다)

5. 도치와 대치

a. [The fighter pilot] met the university student. (주어가 주어자리에 위치) (그 전투기 조종사는 그 대학생을 만났다)

a.' [The fighter pilot], [he] met the university student. (문장의 주어인 명사구 The fighter pilot을 화제로 삼기 위해 문장 첫머리로 이동시킨 후 쉼표로 분리하고 원래의 자리에 이것을 가리키는 대명사 he를 대치한 문장) (그 전투기 조종사 그는 그 대학생을 만났다)

a.'' [He] met the university student, [the fighter pilot]. (문장의 주어인 명사구 the fighter pilot을 문장의 오른 쪽으로 이동시킨 후 쉼표로 분리하고 원래의 자리에 대명사 He를 대치한 문장)

b. The fighter pilot met [the university student] (타동사의 목적어가 목적어자리에 위치) (그 전투기 조종사는 그 대학생을 만났다)

b.' [The university student], the fighter pilot met [her]. (타동사의 목적어 the university student를 문장의 첫머리로 이동시킨 후 쉼표로 분리하고 원래의 자리에 이것을 가리키는 대명사 her를 대치한 문장) (그 대학생을 그 전투기 조종사는 그녀를 만났다)

b." The fighter pilot met [her], [the university student]. (타동사의 목적어를 문장의 오른쪽으로 이동시킨 후 쉼표로 분리하고 원래의 자리에 이것을 가리키는 대명사 her를 대치한 문장) (그 전투기 조종사는 그녀 그 대학생을 만났다)

II 기본연습

1. 도치에 관한 잘못된 설명을 고르시오.
   a. 타동사의 목적어를 문두로 이동한다.
   b. 전치사의 목적어를 문두로 이동한다.
   c. 타동사의 목적어를 대명사로 대치하고 원래의 목적어를 쉼표와 함께 문미에 둔다.
   d. 타동사의 목적어를 대명사로 대치하고 원래의 목적어를 주어 앞으로 이동 한 후 쉼표로 분리하는 것은 불가능하다.

2. 도치에 관한 올바른 설명이 아닌 것을 고르시오.
   a. 명사구 내의 부정관사와 형용사의 도치는 의무적이다.
   b. 위치부사의 문두로의 이동에 의한 주어와 동사의 도치는 의무적이다.
   c. 방향부사의 문두로의 이동에 의한 주어와 동사의 도치는 선택적이다.
   d. 부정의 부사의 문두로의 이동에 의한 주어와 조동사의 도치는 의무적이다.

3. 주어와 동사의 도치와 관련이 있는 것을 고르시오.
   a. 위치부사의 문두로의 이동
   b. 타동사의 목적어의 문두로의 이동
   c. 명사구 내의 이동
   d. 전치사의 목적어의 문두로의 이동

4. 주어와 조동사의 도치와 관련이 없는 것을 고르시오.

a. 부정부사의 문두로의 이동

b. 부정의 대명사의 문두로의 이동

c. 평서문에서 의문문으로의 변형

d. 긍정문에서 부정문으로의 변형

5. 부정어 전치에 따른 도치에 관한 잘못된 설명을 고르시오.

a. 주어와 조동사의 도치가 일어난다.

b. 조동사가 있는 문장에서는 또 다른 조동사 do가 필요하다.

c. 일반동사가 과거시제일 때는 조동사 did가 새로이 삽입된다.

d. 주어가 3인칭 단수이고 일반동사가 현재시제일 때는 조동사 does가 새로이 삽입된다.

6. 부정관사와 형용사의 도치에 관한 잘못된 설명을 고르시오.

a. 명사구 내에서 일어난다.

b. 셀 수 있는 명사의 단수형과 일어난다.

c. 특정 부사가 존재해야 한다.

d. 셀 수 없는 명사와도 일어난다.

7. 타동사의 목적어를 문장의 첫머리로 이동시키는 이유를 고르시오.

a. 목적어를 화제로 삼기 위한 것이다.

b. 목적어 이동에는 특별한 이유가 없다.

c. 이동하지 않으면 비문법적이기 때문이다.

d. 이동한 문장이 그렇지 않은 문장보다 해석이 용이하기 때문이다.

8. 부정어 전치와 관련된 주어와 조동사 도치에 대한 잘못된 설명을 고르시오.

a. 부정어에는 only, never, not, rarely, hardly, nothing 등이 있다.

b. 전치된 부정어가 뒤의 절 전체를 부정하면 주어와 조동사가 도치된다.

c. 전치된 부정어가 특정 단어나 구만을 부정할 때는 주어와 조동사의 도치가 일어나지 않는다.

d. 조동사가 없는 문장에서 부정어가 전치되면 주어와 조동사의 도치가 아닌 주어와 동사의 도치가 일어난다.

9. 위치부사의 전치에 따른 주어와 동사의 도치에 관한 잘못된 설명을 고르시오.
   a. 주어와 조동사의 도치는 일어나지 않는다.
   b. 주어와 동사의 도치가 의무적이 아니라 선택적이다.
   c. 자동사 뒤의 위치부사를 문장의 주어 앞으로 이동한다.
   d. 타동사의 목적어 뒤의 위치부사를 주어 앞으로 이동한다.

10. 부정관사와 형용사의 도치를 유발하는 as, how, so, too, this, that의 품사는 무엇인가?
   a. 형용사　　b. 부사
   c. 명사　　d. 대명사

III 심화연습

1. 주어가 도치된 문장을 고르시오.
   a. She was so attractive a girl.
   b. The girl, she was very kind to me.
   c. I met her, the girl a few years ago.
   d. My friend fell in love with her, the girl.

2. 도치가 일어나지 않은 문장을 고르시오.
   a. Never have I met the stranger.
   b. Into the classroom ran a student.
   c. An actor she has fallen in love with.
   d. He has never been to foreign countries.

3. 구의 내부구조가 잘못된 것을 고르시오.

a. so honest a boy
b. too tall a girl
c. that wise a housewife
d. this a cute baby

4. 도치구문이 잘못 만들어진 것을 고르시오.

a. Never has the farmer eaten hamburgers.
b. The young man, he left his hometown for Seoul.
c. He was too honest a farmer to live in a big city.
d. In no time at all did the boy finish his homework.

5. 명사구 내의 도치가 잘못된 것을 고르시오.

a. too high a building
b. so strong a man
c. as wise a woman
d. very rich a man

6. 전치사의 목적어가 도치된 문장을 고르시오.

a. She met too tall a boy to marry.
b. Tom she fell in love with last year.
c. He met as beautiful a girl as an actress.
d. Tom, he fell in love with Mary last year.

7. 주어와 조동사의 도치가 잘못된 것을 고르시오.

a. Seldom do they meet each other.
b. Nothing special did they eat for lunch.
c. Not much later did the ship start for an island.
d. Only in English can they communicate with each other.

8. 주어와 동사의 도치를 유발할 수 있는 부사구가 아닌 것을 고르시오.

a. on the table
b. toward the wall
c. in the room
d. in the morning

9. 전치사구의 이동에 따른 주어와 동사의 도치가 일어날 수 없는 문장을 고르시오.

a. A student ran into the classroom.

b. He met his teacher in the classroom.

c. A teacher stood on the lecture platform.

d. A little girl stood beside a teaching desk.

10. 부정어 전치에 의한 주어와 조동사의 도치를 유발할 수 없는 문장을 고르시오.

a. She will leave in no time.

b. He hardly goes out when it rains.

c. They never quarrel with each other.

d. I respect you only when you are polite.

IV 기본영작

※ 다음을 영어로 옮길 때 □ 안에 들어갈 영어표현을 쓰시오.

1. 자동차 한 대가 시골길 위에서 달린다.

a. □□□□ drives a car. (주어와 동사의 도치: 위치부사 전치)

b. A car □ on a country road. (주어와 동사의 정상적인 어순: 위치부사가 문장 끝에 위치)

2. 그 자동차는 시골의 중심부로 달려 들어간다.

a. □□□ of the country goes the car. (주어와 동사의 도치: 방향부사 전치)

b. The car □ into the center of the country. (주어와 동사의 정상적인 어순: 방향부사가 문장 끝에 위치)

3. 그 농부에게는 너무나 예쁜 딸이 한 명 있다.

a. The farmer has [ ][ ][ ][ ]. (명사구 내의 도치: 부정관사와 형용사의 도치)

b. The farmer has [ ] very pretty daughter. (명사구 내의 정상적인 어순: 한정사가 가장 앞에 위치)

4. 진정한 농부를 그 자동차 주인은 시골에서 만난다.

a. [ ][ ][ ] the car owner meets in the country. (타동사의 목적어의 전치)

b. The car owner meets [ ][ ][ ] in the country. (타동사의 목적어의 정상적인 위치)

5. 그 자동차 주인인 그는 한 부지런한 농부를 만난다.

a. The car owner, [ ] meets a diligent farmer. (주어의 도치: 문장 첫머리로 전치)

b. He [ ] is a car owner meets a diligent farmer. (주어를 수식하는 관계절을 이끄는 관계대명사)

6. 한 지혜로운 노인을 그 자동차 주인은 시골에서 만난다.

a. [ ][ ][ ][ ] the car owner meets in the country. (동사의 목적어의 도치: 주어 앞으로 전치)

b. The car owner meets [ ][ ][ ] who is wise in the country. (정상적인 어순: 동사의 목적어)

7. 결코 그 자동차는 그렇게 외딴 마을로 들어간 적이 없다.

a. Never [ ][ ][ ] run in such a remote village. (주어와 조동사의 도치: 부정어 전치)

b. The car has [ ] run in such a remote village. (정상적인 어순: 부정어가 문장 가운데 위치)

8. 그 자동차 주인은 그 농부의 예쁜 딸에게 사랑에 빠진다.

a. [| | |] the car owner falls in love with. (전치사의 목적어의 도치: 주어 앞으로 전치)

b. The car owner falls in love with [| | |]. (정상적인 어순: 전치사의 목적어가 전치사 뒤에 위치)

9. 그 자동차 주인은 그를 한 지혜로운 노인을 시골에서 만난다.

a. The car owner meets [ ] in the country, a wise old man. (동사의 목적어의 도치: 문장 끝으로 후치)

b. The car owner meets him who is [| | |] in the country. (대명사가 가리키는 대상)

10. 그는 한 농부의 아내가 매우 순박하다는 것을 발견한다, 준수가 말이야.

a. He finds a farmer's wife very ingenuous, [ ]. (주어의 도치: 문장 끝으로 후치)

b. Joon-Soo, [ ] finds that the farmer's wife is very ingenuous. (주어의 도치: 문장 앞으로 전치)

V 심화영작

※ 주어진 표현으로 시작하여 영작하시오.

1. 한 청년이 체육관으로 서둘러 들어갔다.

a. A young man ________________________________.

b. Into ________________________________.

c. It ________________________________.

d. A man who ________________________________.

2. 그는 레그 프레스 머신을 자주 사용한다.

a. He ______________________________.

b. A leg press machine he ______________________________.

c. A leg press machine is ______________________________.

d. The machine ______________________________.

3. 그의 다리를 그는 마침내 강하게 만들었다.

a. His legs he ______________________________.

b. He ______________________________.

c. His legs ______________________________.

d. At last he has succeeded ______________________________.

4. 그의 가슴근육을 그는 오랫동안 단련해왔다.

a. He ______________________________.

b. His chest muscles he ______________________________.

c. His exercise to build up his chest muscles ______________________________.

d. A long time ______________________________.

5. 러닝머신은 그는 일반적으로 사용하지 않는다.

a. A treadmill he ______________________________.

b. He ______________________________.

c. It ______________________________.

d. In general, he ______________________________.

6. 레그 프레스 머신이 그 벽 가까이 놓여 있었다.

a. Near the wall ______________________________.

b. A leg press machine ______________________________.

c. There ______________________________.

d. One ______________________________.

7. 그 청년은 그의 가슴근육을 단련하는데 성공했다.

a. The young man ______________________________.

b. The young man succeeded ______________________________.

c. His chest muscles ______________________________.

d. The young man's increase ______________________________.

8. 그는 가슴과 다리를 강화하는 운동에 관심이 많다.

a. He ______________________________.

b. His exercise ______________________________.

c. His concern ______________________________.

d. His chest and legs ______________________________.

9. 그는 일주일에 세 번 그 체육관을 찾는 일을 좀처럼 거르지 않는다.

a. He ______________________________.

b. His regular visits ______________________________.

c. He makes it a rule ______________________________.

d. Rarely ______________________________.

10. 그는 너무나 부지런한 청년이어서 그 체육관을 찾는 것을 싫어하지 않는다.

a. Being so ______________________________.

b. He ______________________________.

c. His visiting ______________________________.

d. Because ______________________________.

남의 말을 인용하는 법

영어에서 남이 한 말을 전할 때 전달자가 남이 한 말을 직접 인용하여 전하는 방법과 그 말을 직접적으로 사용하지 않으면서 전하는 방법이 있다. 전달자가 전달내용을 간접적으로 전할 때는 전달문의 동사가 과거시제일 때는 피전달문의 동사의 시제가 이것의 영향을 받아 변한다. 또한 피전달문의 내용이 진술인가 질문인가 명령인가 감탄을 나타내는가에 따라 다양한 전달동사가 사용된다.

I 핵심연구

1. 남의 말을 인용하는 법

남이 한 말을 전달자가 남이 한 말 그 자체를 인용하는 것을 직접화법이라 한다. 이와 달리 남이 한 말을 전달자가 자신의 말의 일부로 바꾸어서 표현하는 것을 간접화법이라 한다.

a. The Korean fencer said, "The remaining one second never ended during the competition." (직접화법) (그 한국 펜싱선수는 "그 경기 중 그 남은 1초는 결코 끝나지 않았어요" 하고 말했다)

b. The Korean fencer said that the remaining one second had never ended during the competition. (간접화법) (그 한국 펜싱선수는 그 경기 중 그 남은 1초는 결코 끝나지 않았다고 말했다)

2. 전달동사가 현재시제일 때

직접화법이 간접화법으로 바뀔 때 피전달문의 동사의 시제는 전달동사의 시제에 영향을 받지 않는다.

a. A girl says, "I want to be a figure skater." (피전달문이 진술일 때) (한 소녀가 "나는 피겨스케이트선수가 되고 싶어요" 하고 말한다)

a.' A girl says that she wants to be a figure skater. (피전달문이 진술일 때: 전달동사가 현재시제 says 피전달문의 동사도 현재시제 wants) (한 소녀가 피겨스케이트선수가 되고 싶다고 말한다)

b. The girl says to her mother, "Why do people have babies?" (피전달문이 질문일 때) (그 소녀는 "왜 사람들은 아기를 낳아요?" 하고 자기 어머니에게 묻는다)

b.' The girl asks her mother why people have babies. (피전달문이 질문일 때: 전달동사가 현재시제 asks 피전달문의 동사도 현재시제 have) (그 소녀는 자기 어머니에게 왜 사람들이 아기를 낳는지

묻는다)

c. The girl says to her mother, "Tell me why people have babies, please." (피전달문이 명령일 때) (그 소녀는 자기 어머니에게 "왜 사람들이 아기를 낳는지 말해줘요" 하고 말한다)

c.' The girl asks her mother to tell her why people have babies. (피전달문이 명령일 때: 전달동사가 현재시제 asks 피전달문의 동사는 부정사 to tell) (그 소녀는 자기 어머니에게 왜 사람들이 아기를 낳는지 말하라고 요구한다)

d. The girl says, "What a beautiful flower this is!" (피전달문이 감탄일 때) (그 소녀는 "이 꽃 참 아름답다!" 하고 말한다)

d.' The girl exclaims that that is a very beautiful flower. (피전달문이 감탄일 때: 전달동사가 현재시제 exclaims 피전달문의 동사도 현재시제 is) (그 소녀는 그 꽃이 매우 아름답다고 외친다)

e. The girl says, "If I got married, I wouldn't have a baby." (피전달문이 가정법일 때) (그 소녀는 "만약 내가 결혼한다면 나는 아기를 낳지 않을 텐데" 하고 말한다)

e.' The girl says that if she got married, she wouldn't have a baby. (피전달문이 가정법 과거일 때: 전달동사가 현재시제 says 피전달문의 동사는 여전히 가정법 과거) (그 소녀는 만약 자기가 결혼하면 아기를 낳지 않을 것이라고 말한다)

f. The girl says, "If my father had been rich, I would have been to lots of foreign countries." (피전달문이 가정법 과거완료일 때) (그 소녀는 "만약 아버지가 부자였더라면 많은 외국에 가보았을 텐데" 하고 말한다)

f.' The girl says that if her father had been rich, she would have been to lots of foreign countries. (피전달문이 가정법 과거완료일 때: 전달동사가 현재시제 says 피전달문의 동사는 여전히 가정법 과거완료) (그 소녀는 자기 아버지가 부자였더라면 자기가 많은 외국에 가보았을 것이라고 한다)

3. 전달동사가 과거시제일 때

직접화법이 간접화법으로 바뀔 때 피전달문의 동사의 시제가 전달동사의 시제에 영향을 받는다.

a. A girl said, "I want to be a figure skater." (피전달문이 진술일 때) (한 소녀가 "나는 피겨스

케이트선수가 되고 싶어요" 하고 말했다)

a.' A girl said that she wanted to be a figure skater. (피전달문이 진술일 때) (한 소녀가 피겨스케이트선수가 되고 싶다고 했다)

b. The girl said to her mother, "Why do people have babies?" (피전달문이 질문일 때) (그 소녀는 "왜 사람들은 아기를 낳아요?" 하고 자기 어머니에게 말했다)

b.' The girl asked her mother why people had babies. (피전달문이 질문일 때) (그 소녀는 자기 어머니에게 사람들이 왜 아기를 낳는지 물었다)

c. The girl said to her mother, "Tell me why people have babies, please." (피전달문이 명령일 때) (그 소녀는 자기 어머니에게 "왜 사람들이 아기를 낳는지 말해줘요" 하고 말했다)

c.' The girl asked her mother to tell her why people had babies. (피전달문이 명령일 때) (그 소녀는 자기 어머니에게 사람들이 왜 아기를 낳는지 말하기를 요구했다)

d. The girl said, "What a beautiful flower this is!" (피전달문이 감탄일 때) (그 소녀는 "이 꽃 참 아름답다!" 하고 말했다)

d.' The girl exclaimed that that was a very beautiful flower. (피전달문이 감탄일 때) (그 소녀는 그것이 매우 아름다운 꽃이라고 외쳤다)

e. The girl said, "If I got married, I wouldn't have a baby." (피전달문이 가정법 과거일 때) (그 소녀는 "만약 내가 결혼한다면 나는 아기를 낳지 않을 텐데" 하고 말했다)

e.' The girl said that if she got married, she wouldn't have a baby. (피전달문이 가정법 과거일 때) (그 소녀는 만약 자기가 결혼하면 아기를 낳지 않을 것이라고 했다)

f. The girl said, "If my father had been rich, I would have been to lots of foreign countries." (피전달문이 가정법 과거완료일 때) (그 소녀는 "만약 아버지가 부자였더라면 많은 외국에 가 보았을 텐데" 하고 말했다)

f.' The girl said that if her father had been rich, she would have been to lots of foreign countries. (피전달문이 가정법 과거완료일 때: 전달동사가 과거시제 said 피전달문의 동사는 여전히 가정법 과거완료) (그 소녀는 자기 아버지가 부자였더라면 자기가 많은 외국에 가보았을 것이라고 했다)

4. 피전달문에 대명사, 지시사, 장소부사, 시간부사가 있을 때

상황에 맞는 표현으로 바뀐다.

a. "Chul-Soo, are **you** listening?" Min-Jung asked. (대명사) ("철수, 너 듣고 있니?" 하고 민정은 물었다)

a.' Min-Jung asked Chul-Soo if **he** was listening. (you → he) (민정은 철수에게 듣고 있는 중인지를 물었다)

b. "Can I have **this** piece of bread?"the girl asked. (지시사) ("제가 이 빵조각 먹어도 되나요?" 하고 그 소녀는 물었다)

b.' The girl asked if she could have **that** piece of bread. (this → that) (그 소녀는 그 빵조각을 먹어도 되는지 물었다)

c. The teacher asked, "Will you be **here**?" (장소부사) (그 선생은 "너 여기 있겠니?" 하고 물었다)

c.' The teacher asked if I would be **there**. (here → there) (그 선생은 내가 거기 있을 것인지를 물었다)

d. Sarah asked, "Did you meet my boyfriend **yesterday**?" (시간부사) (새러는 "너 어제 내 남자친구 만났니?" 하고 물었다)

d.' Sarah asked if I had met her boyfriend **the day before**. (yesterday → the day before) (새러는 내가 그 전날 그녀의 남자친구를 만났는지를 물었다)

II 기본연습

1. 직접화법에 관한 설명이 잘못된 것을 고르시오.
   a. 평서문만이 피전달문이 될 수 있다.
   b. 전달자가 전달동사를 사용하여 인용한다.
   c. 피전달문의 내용은 따옴표를 사용하여 인용한다.
   d. 전달자가 남이 한 말 그 자체를 인용하는 것을 가리킨다.

2. 간접화법에 관한 설명이 잘못된 것을 고르시오.
   a. 전달동사는 현재시제와 과거시제 모두 쓰일 수 있다.
   b. 현재완료시제는 일반적으로 전달동사로 쓰이지 않는다.
   c. 피전달문의 내용을 따옴표를 사용하지 않고 전달하는 방식이다.
   d. 전달자가 타인의 말을 자신의 말의 일부로 바꾸어 전달하는 방식이다.

3. 화법과 명령문에 관한 잘못된 설명을 고르시오.
   a. 간접화법에서 명령인 피전달문의 동사는 보통 부정사로 바꾼다.
   b. 피전달문이 명령문일 때 간접화법의 전달동사로 tell, ask, order, beg, command, request 등을 쓴다.
   c. 간접화법에서 부정명령인 피전달문의 동사는 부정어와 부정사로 바꾼다.
   d. 간접화법에서 명령인 피전달문은 전달동사와 관계없이 that-절로 바꿀 수 없다.

4. 화법과 가정법에 관한 잘못된 설명을 고르시오.
   a. 가정법은 직접화법으로 나타낼 수 없다.
   b. 가정법현재는 간접화법에서 전달동사의 시제에 영향을 받지 않는다.
   c. 가정법과거는 간접화법에서 과거시제인 전달동사의 영향을 받지 않는다.
   d. 가정법과거완료는 간접화법에서 현재시제인 전달동사의 영향을 받지 않는다.

5. 직접화법의 전달동사에 관한 잘못된 설명을 고르시오.
   a. 피전달문이 의문문일 때 전달동사는 ask를 쓴다.

b. 피전달문이 명령문일 때 전달동사는 say를 쓴다.

c. 피전달문이 감탄문일 때 전달동사는 order를 쓴다.

d. 피전달문이 평서문일 때 전달동사로 say가 쓰인다.

6. 간접화법의 전달동사에 관한 잘못된 설명을 고르시오.

a. 피전달문이 의문문이면 전달동사는 say를 사용한다.

b. 피전달문이 평서문이면 전달동사는 say나 tell이 쓰인다.

c. 피전달문이 감탄문이면 전달동사는 cry나 exclaim을 쓴다.

d. 피전달문이 명령문이면 전달동사는 tell, ask, order 등을 사용한다.

7. 직접화법과 간접화법의 부사에 관한 잘못된 설명을 고르시오.

a. 직접화법의 시간부사 now는 before로 바뀐다.

b. 직접화법의 장소부사 here는 간접화법에서 there로 바뀐다.

c. 직접화법의 시간부사 tomorrow는 간접화법에서 the next day로 바뀐다.

d. 직접화법의 시간부사 yesterday는 간접화법에서 the previous day나 the day before로 바뀐다.

8. 직접화법과 간접화법의 대명사에 관한 잘못된 설명을 고르시오.

a. 직접화법의 대명사 they는 간접화법에서도 they로 바뀐다.

b. 직접화법의 의문대명사 who는 간접화법에서도 who로 바뀐다.

c. 직접화법의 대명사 you는 간접화법에서 he나 she 또는 we로 바뀐다.

d. 직접화법의 대명사의 소유격 your는 간접화법에서 목적격 me, her, him으로 바뀐다.

9. 직접화법의 전달동사가 현재시제일 때의 올바른 설명을 고르시오.

a. 간접화법의 피전달문의 시제가 전달동사의 시제에 영향을 받는다.

b. 간접화법의 피전달문의 시제는 전달동사의 시제에 영향을 받지 않는다.

c. 직접화법의 피전달문의 과거시제는 간접화법에서 과거완료시제가 된다.

d. 직접화법의 피전달문의 현재완료시제는 간접화법에서 과거완료시제가 된다.

10. 직접화법의 전달동사가 과거시제일 때의 잘못된 설명을 고르시오.

a. 직접화법의 현재시세인 피전달문은 간접화법에서 과거시제로 바뀐다.

b. 직접화법의 현재완료인 피전달문은 간접화법에서 과거완료로 바뀐다.

c. 직접화법의 피전달문이 불변의 진리인 경우 간접화법에서 전달동사의 시제에 영향을 받지 않는다.

d. 직접화법의 가정법과거인 피전달문은 간접화법에서 가정법과거완료로 바뀐다.

III 심화연습

1. 간접화법에서 간접의문이 나타나는 문장을 고르시오.

a. The actor said, "I have starred in lots of movies."

b. The woman said to her friend, "How diligent you are!"

c. The teacher said to the students, "Be quiet, everybody."

d. The boy asked, "Who drank the beer in the refrigerator?"

2. 직접화법의 감탄문이 간접화법으로 바뀐 것을 고르시오.

a. The doctor ordered me not to smoke.

b. The winner cried that he was very happy.

c. The mother asked his son if he had eaten breakfast.

d. The teacher said that the earth moves round the sun.

3. 직접화법의 명령문이 간접화법으로 바뀐 것을 고르시오.

a. The student said that he had lost the textbook.

b. The teacher asked the student to read the book aloud.

c. The teacher didn't know if the student had the textbook.

d. The teacher asked the student why he hadn't brought the textbook.

4. 화법의 변화에 따른 표현의 변화가 잘못 짝지어진 것을 고르시오.

a. The policeman said to her, "Wait a moment."
The policeman told her to wait a moment.

b. She asked, "Where were you yesterday, Tom?"
She asked Tom where he had been yesterday.

c. The man asked, "Is this the book you wrote?"
The man asked if that was the book I had written.

d. He said, "I am meeting my girlfriend's parents."
He said that he was meeting his girlfriend's parents.

5. 간접화법에서 과거시제인 전달동사에 영향을 받는 것을 고르시오.

a. The little boy said, "When I grow up, I will be a singer."

b. The student said, "If I had met the teacher, I wouldn't have had difficulty learning English."

c. Tom said, "If I were in your position, I wouldn't decide like that."

d. The teacher said to the students, "Water boils at 100 degrees Celsius."

6. 간접화법이 될 때 피전달문의 동사의 시제가 바뀌는 것을 고르시오.

a. The little girl said, "I want to buy this ring here."

b. The little boy said, "If I had a lot of money, I would buy that car."

c. The father says, "I am glad that I am not the poorest man in this country."

d. The mother said, "If I had married a rich man, I would have bought a nice house."

7. 간접화법이 될 때 피전달문에 if나 whether가 필요한 것을 고르시오.

a. A stranger asked, "Is this the train for Seoul Station?"

b. The man said, "I'm sorry. I'm also a stranger here."

c. Another stranger asked, "How long will it take me to get to Seoul Station?"

d. Another man said, "Take the train and you'll be there in a moment."

8. 간접화법에서 피전달문의 동사의 시제가 바뀌지 않는 것을 고르시오.

a. The teacher has said, "It is one of a few good ways."

b. A student asked, "Is this the right way to master English?"

c. A teacher said to the students, "Do you think there is a good way to master English?"

d. The teacher said to the students, "If you study hard, you'll be good at it someday."

9. 간접화법에서 피전달문의 동사가 과거완료시제가 되는 것을 고르시오.

a. A young man said, "I think so."

b. The passerby asked, "How far is it to the subway station?"

c. The young man said, "I have never been to the subway station."

d. A passerby asked, "Is this the right way to the subway station?"

10. 간접화법에서 피전달문의 동사가 과거진행시제가 되는 것을 고르시오.

a. The mother said, "I don't have a watch."

b. The boy asked, "What time is it now, Mom?"

c. The boy said to his mother, "I'm doing my homework now."

d. The mother said, "Don't go out until you finish your homework."

IV 기본영작

※ 다음을 영어로 옮길 때 □ 안에 들어갈 영어표현을 쓰시오.

1. "지금은 신록의 계절이다."하고 그 어머니는 말한다.

   a. The mother [ ], "This is the season of new green leaves." (전달동사가 현재: 피전달문이 진술)

   b. The mother says [ ] that is the season of new green leaves. (종속절을 주절에 연결하는 접속사)

2. "거짓말 하지 마라."하고 그 어머니는 아들에게 말했다.

   a. The mother [ ][ ] her son, "Don't tell a lie." (전달동사가 과거: 피전달문이 명령)

   b. The mother told her son [ ] to tell a lie. (명령문의 간접화법)

3. "이 작은 나무 정말 예쁘구나!"하고 그 어머니는 말했다.

   a. The mother [ ], "How cute this little tree is!" (전달동사가 과거: 피전달문이 감탄)

   b. The mother exclaimed that [ ] little tree was very cute. (감탄문의 간접화법)

4. "신록의 계절이 무슨 뜻인가요?"하고 아들이 어머니에게 묻는다.

   a. The son [ ][ ] his mother, "What does the season of new green leaves mean?" (전달동사가 현재: 피전달문이 의문사로 시작하는 질문)

   b. The son [ ] his mother what the season of new green leaves means. (의문사로 시작하는 의문의 간접화법)

5. "입 다물고 주위를 둘러보아라."하고 어머니는 아들에게 말한다.

a. The mother [　　] to the son, "Shut up and look around." (전달동사가 현재: 피전달문이 명령)

b. The mother tells her son [　　] shut up and look around. (명령문의 간접화법)

6. "이 푸른 나무들 정말 보기 좋구나!"하고 어머니는 아들에게 말한다.

a. The mother says to the son, "How nice [　　] green trees are!" (전달동사가 현재: 피전달문이 감탄)

b. The mother exclaims to the son that [　　] green trees are very nice. (감탄문의 간접화법)

7. "이 나무들이 우리 집 마당에 있다면 좋을 텐데."하고 아들이 말한다.

a. The son says, "I wish these trees [　　] in our yard." (전달동사가 현재: 피전달문이 가정법)

b. The son says that he wishes those trees [　　] in their yard. (가정법의 간접화법)

8. "저는 산토끼를 거의 잡을 뻔했어요."하고 아들은 어머니에게 말했다.

a. The son [　　][　　] his mother, "I almost caught a hare." (전달동사가 과거: 피전달문이 진술)

b. The son told his mother that he [　　][　　][　　] a hare. (과거시제의 피전달문의 간접화법)

9. "너 산에서 산토끼를 뒤쫓은 적이 있니?"하고 어머니는 아들에게 말했다.

a. The mother said [　　] her son, "Have you ever run after a hare?" (전달동사가 과거: 피전달문이 질문)

b. The mother asked her son [　　] he had ever run after a hare. (의문사로 시작하지 않는 의문의 간접화법)

10. "내가 백설 공주였다면 이런 숲속에서 살았을 텐데."하고 어머니는 말했다.

a. The mother [ ], "If I had been Snow White, I would have lived in the forest like this." (전달동사가 과거: 피전달문이 가정법)

b. The mother said that if she [ ][ ] Snow White, she would have lived in the forest like that. (가정법 과거완료의 간접화법)

V 심화영작

※ 주어진 표현으로 시작하여 영작하시오.

1. "아빠, 새 자동차 언제 사요?"하고 그의 아들이 물었다.
   a. His son asked ________________.
   b. His son said, ________________.
   c. His son asked him about ________________.
   d. He was asked ________________.

2. "아빠, 무슨 자동차를 살 건가요?"하고 그의 아들이 물었다.
   a. His son asked him ________________.
   b. His son said, ________________.
   c. He ________________.
   d. He was asked by his son about ________________.

3. "내년 말에 새 자동차를 살 거야"하고 그의 아버지가 말했다.
   a. His father said, ________________.
   b. His father told him ________________.
   c. His father said to ________________.
   d. His father said that ________________.

4. “너는 어느 회사 차를 사고 싶니?”하고 그의 아버지가 말했다.

a. His father asked ______________________________.

b. His father said, ______________________________.

c. His father asked him about ______________________________.

d. He was asked by ______________________________.

5. “조만간 전기자동차가 상용화될 거야”하고 그의 어머니가 말했다.

a. His mother ______________________________.

b. His mother predicted ______________________________.

c. His mother said, ______________________________.

d. His mother told him ______________________________.

6. “저는 BMW나 Benz를 산다면 좋겠어요.”하고 그의 아들이 말했다.

a. His son said, ______________________________.

b. His son hoped ______________________________.

c. His son said ______________________________.

d. His son said that he wanted ______________________________.

7. “외제차는 고장 나면 부품구하기가 어려워”하고 그의 아버지가 말했다.

a. His father explained ______________________________.

b. His father pointed out ______________________________.

c. His father said, ______________________________.

d. His father said that ______________________________.

8. “당분간 새 자동차 사는 일은 잊어버리는 게 좋을 거야.”하고 그의 어머니가 말했다.

a. His mother suggested ______________________________.

b. His mother advised him ______________________________.

c. His mother said, ______________________________.

d. His mother said that ______________________________.

9. “요즘은 거의 모든 자동차 회사가 차를 잘 만들어.”하고 그의 아버지가 말했다.

a. His father said, ____.

b. His father pointed out that ____.

c. His father claimed ____.

d. His father said that ____.

10. “자동차를 고를 때는 안전성과 경제성 그리고 승차감을 고려해야 해”하고 그의 아버지가 말했다.

a. His father suggested ____.

b. His father said, ____.

c. His father said that ____.

d. His father's suggestion ____.

눈떠라 영작문
정답 및 해설

제1장 | 단어로 구 만들기

Ⅱ. 기본연습

1. d 2. b 3. a 4. c 5. d
6. d 7. d 8. d 9. d 10. c

Ⅲ. 심화연습

1. d 2. c 3. d 4. a 5. a
6. b 7. b 8. b 9. b 10. c

Ⅳ. 기본영작

1. a. a soccer player b. soccer
2. a. strong legs b. strong
3. a. hard b. a diligent student
4. a. very fast b. a very fast runner
5. a. in the morning b. an early riser
6. a. near my house b. near mine
7. a. fluently b. of English
8. a. jogs at six in the morning
   b. begins at six in the morning
9. a. attractive
   b. has an attractive appearance
10. a. a very beautiful girlfriend
    b. very beautiful

Ⅴ. 심화영작

1. a. Jung-Su is a schoolchild.
   b. Jung-Su goes to elementary school.
   c. Jung-Su is an elementary school student.
   d. Jung-Su is a student in elementary school.

추가예문 Jung-Su attends an elementary school.

'초등학생'은 a schoolchild, an elementary school child, an elementary school student, an elementary school pupil로 옮긴다. 영국영어에서는 a primary school student라고 한다.

'초등학교에 다니다'는 '초등학생이다'는 의미로 be a schoolchild나 be an elementary school student로 옮기거나 '초등학교에 다니다'는 의미로 go to elementary school, attend an elementary school로 옮긴다.

2. a. He has a family of four.
   b. He has a four-member family.
   c. His family consists of four people.
   d. There are four people in his family.

추가예문 His family is made up of four people.
There are four family members in his family.

'그의 가족'은 He has a family, his family로 옮긴다.

'네 명의 가족'은 a family of four, a four-member family, one's family consists of four people, be four people in one's family로 옮긴다.

consist of는 '~로 구성되다, 이루어져 있다'는 뜻이다.

넷째 예문은 '~이 있다'는 '존재를 나타내는 there-구문'으로 be 동사 뒤의 four people이 주어이다.

3. a. His father is an office worker.
   b. His father works for a company.
   c. His father works as a company employee.
   d. His father's job is to work for a company.

추가예문 His father works at an office.
His father is an office employee.

His father is employed at an office.

'회사원'은 an office worker, a company employee로 옮긴다.

'회사원이다'는 be an office worker, work for a company, work as a company employee, work at an office, be an office employee, be employed at an office로 옮긴다.

넷째 예문은 '그의 아버지의 직업' his father's job을 주어로 두고 to-부정사 to work을 is의 보어로 두어 옮긴 것이다. to work은 '일하는 것'으로 명사처럼 해석된다.

4. a. His younger sister is in kindergarten.
   b. His younger sister is a kindergartener.
   c. His younger sister goes to kindergarten.
   d. His younger sister attends kindergarten.

추가예문 His younger sister attends a kindergarten.

His younger sister goes to school at a kindergarten.

'여동생'은 one's younger sister로 옮긴다.

'유치원'은 a kindergarten이지만 '유치원에 다니다'는 go to kindergarten, attend kindergarten, attend a kindergarten, go to school at a kindergarten으로 옮긴다.

in kindergarten은 '유치원에 다니는'의 뜻이다. kindergartener는 '유치원생'을 뜻한다.

5. a. His father goes to work by subway.
   b. His father takes the subway to work.
   c. His father commutes to work by subway.
   d. The subway is the means of transportation by which his father goes to work.

추가예문 His father is a subway commuter.

His father rides the subway to get to work.

His father takes the subway to get to his office.

'지하철'은 a subway이지만 '지하철로'는 by subway로 나타낸다. 교통수단을 나타내는 전치사 by 뒤에 교통수단인 subway, taxi, bus, plane 등이 올 때는 관사 없이 쓴다. by a subway, by a taxi, by a bus, by a plane 대신 by subway, by taxi, by bus, by plane을 쓴다.

'지하철로 출근하다'는 go to work by subway, take the subway to work, commute to work by subway, be a subway commuter, ride the subway to get to work, take the subway to get to one's office로 옮긴다.

둘째 예문의 work은 '일터'를 뜻하며 '그의 일터'라는 의미가 문장에 이미 함축되어 있으므로 his work으로 옮기지 않도록 유의하라.

commute는 '(정기적으로) 통근하다'는 뜻이다.

첫 세 문장은 '그의 아버지' his father를 주어로 옮긴 것이고 넷째 예문은 '지하철' the subway를 주어로 옮긴 것이다. 바꾸어 말하면, 첫 세 예문은 '그의 아버지' his father를 화제로 삼은 것이고 넷째 예문은 '지하철' the subway를 화제로 삼은 것이다.

넷째 예문의 '교통수단'은 미국영어에서는 means of transportation을 쓰고 영국영어에서는 transportation 대신 transport를 쓴다는데 유의하라.

6. a. His mother keeps house.
   b. His mother is a housewife.
   c. His mother takes care of (the) household affairs.
   d. His mother is responsible for taking care of his/their house.

추가예문 His mom is a homemaker.

His mother is a stay-at-home mom.

'살림을 하다'는 keep house로 옮기며 이 의미로 사용할 때 house 앞에 관사 a나 the를 두지 않는다. be a housewife, take care of household affairs, be responsible for taking care of one's house, be a homemaker, be a stay-at-home mom으로 옮길 수도 있다.

take care of~는 '~을 돌보다'는 뜻이고 be responsible for~는 '~을 책임지고 있다'는 뜻이다.

셋째 예문의 '집안일' household affair는 affair

가 셀 수 있는 명사로 '한 집안일'을 가리킬 때는 a household affair가 되고 일반적인 의미의 집안일은 한정사를 붙이지 않은 복수형 household affairs로 옮긴다. 그러나 한국어 원문의 의미상 화자가 그의 청자도 알고 있다고 보는 여러 가지 집안일을 가리킨다고 볼 때는 정관사 the를 붙인 복수형 the household affairs로 옮길 수 있다.

넷째 예문에서 '살림을 하다'는 '그의 집 또는 그들의 집을 돌보다'는 의미이므로 take care of his house나 take care of their house로 옮긴다.

7. a. His homework is done in his room.
   b. He does his homework in his room.
   c. His homework he does in his room.
   d. It is in his room that he does his homework.

추가예문 He works on his homework in his room.
He completes his homework in his room.
He does his homework by himself in his room.

'자기 자신의 방'은 one's room으로 옮기면 충분하며 one's own room으로 옮길 필요는 없다.

'숙제를 하다'는 do one's homework, work on one's homework, complete one's homework으로 옮긴다.

첫째 예문은 동사 do의 목적어인 his homework을 화제로 삼기위해 동사의 주어자리로 이동한 결과 수동문(be+과거분사)으로 바뀐 것이다. in his room 뒤에 동사의 행위자를 나타내는 전치사구 by him이 생략되어 있다. 생략된 이유는 이미 문장에 의미가 함축되어 있기 때문이다.

셋째 예문은 동사 does의 목적어인 his homework을 화제를 삼기 위해 주어 he 앞으로 이동한 문장으로 둘째 예문을 변형한 문장이다.

넷째 예문은 '그 자신의 방에서'를 뜻하는 기능상 부사구인 in his room을 강조하기 위해 It~that~ 강조구문에서 It와 that 사이에 두어 강조한 것이다. It와 that 사이에 두어 강조할 수 있는 요소는 (i) 주어인 명사구 (ii) 목적어인 명사구 (iii) 부사(구) 또는 몇몇 부사절이다:

◇ <u>Tom</u> met <u>Mary</u> <u>in Seoul</u>.

(i) Tom의 강조: It was Tom that/who met Mary in Seoul. (서울에서 메리를 만난 것은 탐이었다)

(ii) Mary의 강조: It was Mary that Tom met in Seoul. (탐이 서울에서 만난 것은 메리였다)

(iii) It was in Seoul that Tom met Mary. (탐이 메리를 만난 것은 서울에서 였다)

◇ Tom came to Korea <u>because he wanted to major in Korean Studies</u>.

(iv) 이유의 부사절 강조: It was because he wanted to major in Korean Studies that Tom came to Korea.

8. a. His family has dinner at seven in the evening.
   b. His family's dinner time is seven in the evening.
   c. His family's dinner is served at seven in the evening.
   d. Dinner is eaten at seven in the evening in his family.

추가예문 His family eats dinner at 7 p.m.
At 7 p.m. his family eats dinner.
Dinner is served at 7 p.m. in his household.

'그의 가족'은 his family로 옮긴다. 미국영어에서는 이것을 단수 취급하므로 동사는 단수형 has를 쓰지만 영국영어에서는 복수로 보아 복수형 have를 쓴다는데 유의하라.

첫째 예문은 '그의 가족' his family를 둘째 예문은 '그의 가족의 저녁식사시간' his family's dinner time을 넷째 예문은 '저녁식사' dinner를 화제로 삼아 옮긴 것이다.

'저녁식사를 하다'는 have dinner, eat dinner로 옮기며 '먹다'는 의미로 have와 eat을 쓴다.

셋째 예문은 '(식사를)내다'는 의미의 동사 serve의 목적어인 his family's dinner를 화제로 삼기 위해 동사 뒤에서 동사 앞의 주어 위치로 이동하여 수동문이 된 것이다.

9. a. His mother cleans her house with a vacuum cleaner.
   b. His mother uses a vacuum cleaner to clean the house.
   c. His house is cleaned with a vacuum cleaner by his mother.
   d. A vacuum cleaner is the appliance his mother cleans the house with.

추가예문 His mother sweeps the house with a vacuum cleaner.
His mother vacuums the house with a vacuum cleaner.
His mother cleans the house by using a vacuum cleaner.

'진공청소기'는 a vacuum cleaner로 옮긴다. 주의할 점은 진공청소기는 셀 수 있는 명사로 일반적으로 수의 개념으로 쓰인다는 것이다. 이 점에서 부정관사 a를 뺀 채 vacuum cleaner로 쓰면 비문법적이 된다.

'집' house는 셀 수 있는 명사로 '한 집'을 뜻할 때는 a house로 옮기지만, 한국어문장에서는 '그녀의 집' '그 집' '그의 집'을 가리키므로 각각 her house, the house, his house로 옮긴다.

'집을 청소하다'는 clean one's house로 옮긴다.

'진공청소기로 집을 청소하다'는 clean one's house with a vacuum cleaner, use a vacuum cleaner to clean one's house, sweep one's house with a vacuum cleaner, vacuum one's house with a vacuum cleaner, clean one's house by using a vacuum cleaner로 옮긴다.

넷째 예문의 appliance와 his mother 사이에 목적격관계대명사 which나 that이 생략되어 있다. appliance는 '가정용 기구'를 뜻한다. 이 문장은 다음 두 문장이 관계대명사 which나 that으로 연결된 것으로 본다. (1) A vacuum cleaner is the appliance. (2) His mother cleans the house with it.

10. a. His father works from 9 a.m. to 6 p.m.
    b. His father's working hours are from 9 a.m. to 6 p.m.
    c. His father's work begins at 6 a.m. and finishes at 9 p.m.
    d. His father begins work at nine in the morning and finishes it at six in the evening.

추가예문 His father is at work from 9 a.m. to 6 p.m.
His father works from 9 o'clock to 6 o'clock.

'오전 9시에서 오후 6시까지'는 from 9 a.m. to 6 p.m.이나 at nine in the morning~ and ~at six in the evening으로 옮긴다.

'일하다'는 동사 work 명사구 one's working hours, one's work으로 옮기거나 동사구 be at work으로 옮긴다.

첫째 예문과 넷째 예문은 '그의 아버지' his father를 둘째 예문은 '그의 아버지의 근무시간' his father's working hours를 셋째 예문은 '그의 아버지의 일' his father's work을 각각 화제로 삼아 작문한 것이다.

넷째 예문에서 '오후 6시'는 at six in the afternoon이 아니라 보통 at six in the evening으로 표현한다는데 유의하라. '오후 5시'는 at five in the afternoon으로 표현한다.

제2장 | 구의 종류와 기능

Ⅱ. 기본연습

1. d	2. b	3. d	4. d	5. a
6. b	7. c	8. c	9. b	10. a

Ⅲ. 심화연습

1. d	2. b	3. c	4. d	5. d
6. c	7. d	8. a	9. d	10. c

Ⅳ. 기본영작

1. a. many people b. lots of people
2. a. busy b. in a hurry

3. a. on b. a cap
4. a. happy b. around
5. a. friendly smiles b. to each other
6. a. strapped b. to his upper arm
7. a. around b. A few people
8. a. my foreign friend
 b. My foreign friend
9. a. full b. of food
10. a. a plane tree b. at them

V. 심화영작

1. a. Bicycle riding may be good for your health.
 b. Riding a bicycle may be beneficial for your health.
 c. It may be beneficial for your health to ride a bicycle.
 d. Taking a bicycle ride may be good for staying healthy.

추가예문 Riding a bicycle might be linked to good health.
Bicycle riding might provide benefits for your health.
Taking a ride on a bicycle may be beneficial for staying healthy.

'자전거' bicycle은 셀 수 있는 명사로 '자전거 한 대'는 a bicycle이고 일반적인 의미의 자전거나 분류상의 개념으로서의 자전거를 가리킬 때는 bicycles로 표현한다.

'자전거를 타다'는 ride a bicycle, ride bicycles, take a bicycle ride, take a ride on a bicycle로 나타낸다.

'건강' health는 셀 수 없는 명사로 앞에 부정관사를 붙여 a health로 쓰거나 뒤에 복수어미를 붙여 healths로 쓸 수 없다.

'건강을 유지하다'는 stay healthy로 옮긴다.

'~에 도움이 되다'는 be good for~, be beneficial for로 옮긴다.

첫째 예문은 '자전거 타기' bicycle riding을 화제로 삼은 것이고, 둘째 예문은 '자전거를 타는 것' riding a bicycle을 화제로 삼은 것이다. 명사구 a bicycle이 동명사 riding의 목적어이다.

셋째 예문은 '자전거 타기'를 뜻하는 to-부정사 to ride a bicycle을 진주어로 하는 가주어 it을 두어 작문한 것이다.

넷째 예문은 '자전거를 타는 것' taking a bicycle ride를 화제로 삼은 문장으로 명사 ride가 셀 수 있는 명사의 단수형이어서 앞에 부정관사 a가 반드시 필요하다. a bicycle ride는 명사구이지만 bicycle ride는 명사구가 아니어서 동명사 taking의 목적어가 될 수 없다.

2. a. Frequently riding a bicycle strengthens your legs.
 b. Your legs can be strengthened by riding a bicycle often.
 c. You can make your legs strong by riding a bicycle often.
 d. If you ride a bicycle a lot, your legs will be strengthened.

추가예문 Riding a bicycle can strengthen your legs.
Frequently riding a bike is a great way to strengthen your legs.

'자전거를 많이 타다'는 '자전거를 빈번히 타다'는 뜻으로 frequently ride a bicycle, ride bicycles often으로 옮긴다.

'자전거를 타면'은 '자전거를 타는 것'을 뜻하므로 첫째 예문처럼 동명사 riding이 이끄는 동명사구 riding a bicycle로 옮기거나 넷째 예문처럼 if를 사용한 조건절 if you ride a bicycle로 옮긴다.

'다리가 튼튼해지다'는 strengthen one's legs, one's legs are strengthened, make one's legs strong으로 옮긴다.

둘째 예문은 동사 strengthen의 목적어인 명사구 your legs를 화제로 삼기 위해 동사 뒤에서 동사 앞 주어자리로 이동하여 능동문에서 수동문으로 바뀐 것이다.

셋째 예문의 동사 make는 목적어로 명사구 your legs를 목적보어로 형용사구 strong을 두어 '~을 ~하게 하다'는 뜻을 전한다.

3. a. More and more expensive bicycles are being produced.
   b. Companies are producing more and more expensive bicycles.
   c. We see a gradual tendency of companies producing more and more expensive bicycles.
   d. There is a growing tendency for companies to produce more expensive bicycles.

추가예문 We are seeing an increase in the number of expensive bicycles being produced.

Larger and larger quantities of expensive bicycles are being produced these days.

'점점 더~'는 more and more~, a growing~, a gradual~, larger and larger~로 옮긴다.

'고가의 자전거'는 '어떤 자전거이건 한 대의 비싼 자전거'를 뜻할 때는 an expensive bicycle로 옮기고, 일반적인 의미의 비싼 자전거를 뜻할 때는 expensive bicycles로 옮긴다.

첫째 예문은 기본문장인 둘째 예문 Companies are producing more and more expensive bicycles에서 현재진행형으로 쓰인 동사 are producing의 목적어인 명사구 more and more expensive bicycles를 화제로 삼기 위해 동사의 주어자리로 이동함으로써 파생된 수동진행형 are being produced가 쓰인 문장이다.

셋째 예문은 점점 더 고가의 자전거가 생산되는 상황을 관찰하는 관찰자인 '우리' we를 화제로 삼아 옮긴 것이다.

넷째 예문은 '존재를 나타내는 there-구문'(existential *there*-construction)으로 옮긴 것이다.

4. a. Lots of people ride a bicycle for health.
   b. In order to keep fit, a lot of people ride a bicycle.
   c. More than a few people ride bicycles to keep healthy.
   d. There are lots of people who ride a bicycle for health.

추가예문 Many people ride bicycles to get in shape.

Many people ride their bicycles to work out.

A large number of people work out by riding bicycles.

A large number of people ride a bicycle as a means of exercise.

'건강을 위해'는 전치사구 for health나 to-부정사 to stay in shape, to get in shape, to get healthy, to work out, to exercise, to keep healthy로 옮긴다. keep healthy에서 동사 keep은 '~인 채로 있다'는 뜻으로 보어인 형용사구 healthy가 와야 비로소 '건강을 유지하다'는 의미를 전한다.

'~하는 사람들이 많다'는 '많은 사람들'을 뜻하므로 명사구 a lot of people, lots of people, more than a few people, many people, a large number of people로 옮긴다. a lot of, lots of, many, a few는 모두 명사 앞에 오는 양화사(quantifier)로 예문에서 모두 수를 나타낸다.

5. a. A high-speed bike ride also increases the danger of an accident.
   b. Riding a bicycle can lead to an accident if you ride at high speeds.
   c. When you ride at high speeds on your bike, you also run the risk of having an accident.
   d. A bicycle ride also increases the possibility of an accident when you ride at high speeds.

추가예문 Bicycle riders who ride at high speeds are more prone to cause accidents.
Bicycle riding at high speeds increases your probability of causing an accident.
Riding a bicycle at high speeds increases your likelihood of causing an accident.

'자전거도'는 '자전거 타기 역시'의 뜻으로 a bike ride also 동명사구 riding a bicycle 부사절 when~ride on one's bike 명사구 a bicycle ride 로 옮긴다.

'고속으로'는 전치사구 at high speed, at high speeds 모두 가능하다. 여기서 유의할 점은 at high speed에서는 명사 speed가 셀 수 없는 명사이고 at high speeds에서는 speed가 셀 수 있는 명사의 복수형으로 쓰인 것이다. 명사 speed는 셀 수 없는 명사와 셀 수 있는 명사로 쓰이므로 둘 다 문법적으로 가능하며 화자의 경향에 따라 전자를 쓸 수도 있고 후자를 쓸 수도 있다는데 유의하라. '과속하면'은 명사구 a high speed~로 옮기거나 조건절인 if~ride at high speeds나 부사절 when ~ride at high speeds로 옮긴다.

'사고의 위험이 높아지다'는 '사고에 이를 수 있다'는 의미로 동사구 increase the danger of an accident, can lead to an accident, run the risk of having an accident, increase the possibility of an accident, be more prone to cause accidents, increase one's probability of causing an accident, increase your likelihood of causing an accident로 옮긴다.

6. a. Expensive bikes weigh less and are more durable.
   b. An expensive bike is light in weight and more durable.
   c. A bike that is expensive is not only lighter but also more durable.
   d. There are expensive bikes that are light in weight and more durable.

추가예문 Expensive bikes are lighter in weight and will last longer.
Expensive bikes are not only lighter but also more durable.

'비싼 자전거'는 일반적인 의미의 비싼 자전거를 가리킬 때는 expensive bikes로 옮기고, '어떤 자전거이건 하나의 비싼 자전거'를 가리킬 때는 an expensive bike로 옮긴다. 그리고 관계대명사를 사용하여 a bike that is expensive로 옮겨도 된다.

'무게가 가볍다'는 '무게가~이다'는 의미의 동사 weigh 뒤에 보어인 형용사구 lighter를 두어 weigh lighter로 옮기거나 be light로 옮길 수 있다.

'더 견고하다'는 be more durable, last longer로 옮긴다.

셋째 예문은 상관접속사 not only~but also~로 두 형용사구 lighter와 more durable을 연결한 것이다.

7. a. Bike-only trails are being built here and there.
   b. They are building bike-only trails here and there.
   c. You can see bike-only roads being built here and there.
   d. There are bike-only roads being built here and there.

추가예문 Bicycle paths are being made all across town.
Bicycle paths are being made in various locations.

'여기저기'는 부사구 here and there, all across town, in various locations로 옮긴다.

'자전거 전용도로'는 '어떤 것이건 하나의 자전거 전용도로'를 가리킬 때는 명사구 a bike-only road, a bike-only trail, a bicycle path로 옮기고, 일반적인 의미의 자전거도로를 가리킬 때는 bike-only roads, bike-only trails, bicycle paths로 옮긴다. 예문에서는 모두 일반적인 의미의 자전거 전용도로를 가리키기 위해 bike-only roads로 옮긴 것이다. roads 대신 routes나 paths를 쓸 수 있다.

'만들어지고 있다'는 현재진행의 의미를 가진

'~을 만들고 있다'는 are building~의 목적어가 이 동사의 주어자리로 이동하여 수동진행의 의미가 된 것이므로 수동진행형인 are being built로 옮긴다. 그러나 둘째예문은 are building의 목적어가 이 동사 뒤에 있으므로 능동형 현재진행형 are building으로 옮긴다.

셋째 예문은 동사 see의 목적어인 명사구 bike-only roads 뒤에 목적보어로 현재분사 building의 수동형 현재분사 being built가 온 것이다.

넷째 예문은 '~가 있다'는 존재를 나타내는 there-구문으로 주어인 bike-only roads 뒤에 이것을 수식하는 현재분사 building의 수동형 being built가 온 것이다.

8. a. On the roadside by the bike path there are lots of vendors selling various foods.
   b. There are lots of roadside vendors selling various kinds of food by the bike road.
   c. Lots of vendors are selling various foods on the roadside by the bike road.
   d. You see lots of roadside vendors selling various kinds of food by the bike path.

추가예문 Alongside the bike paths are many vendors selling various kinds of food. Near bike paths you can find lots of stalls that sell a variety of food.

'자전거 도로 옆에는'은 on the roadside by the bike road/path, alongside the bike paths, near bike paths로 옮긴다.

'다양한 음식'은 various foods, various kinds of food, a variety of food로 옮긴다. 명사 food는 음식이나 식량을 뜻할 때 보통 셀 수 없는 명사로 쓰인다. 그러나 음식의 종류를 가리킬 때는 셀 수 있는 명사로 쓰인다. '다양한 음식'은 음식의 종류가 여러 가지라는 뜻이므로 various food가 아닌 various foods로 옮겨야 한다.

'~을 파는'은 '~을 팔고 있는'의 의미로 현재분사 selling~으로 옮긴다. 첫째 둘째 넷째 예문의 selling은 vendors를 수식하는 현재분사이고, 셋째 예문의 selling은 be 동사의 현재형 are와 함께 쓰여 현재진행형을 만드는 현재분사이다.

넷째 예문은 동사 see의 목적어 lots of roadside vendors 뒤에 목적보어로 현재분사 selling이 쓰인 것이다.

9. a. A bike trip gives you an opportunity to enjoy more scenery more leisurely.
   b. When you take a trip by bike, you can appreciate more scenery more leisurely.
   c. You'd better take a trip by bike if you want to enjoy more scenery more leisurely.
   d. Take a bike trip if you want to appreciate more scenery more leisurely.

추가예문 Bicycle trips allow you to enjoy more scenery and at a slow, relaxing pace. Taking a trip by bicycle allows one to take in more scenery at a leisurely pace.

'자전거 여행'은 '어떤 자전거여행이건 하나의 자전거여행'을 뜻할 때는 a bike trip으로 옮기고 일반적인 의미의 자전거여행을 뜻할 때는 bike trips로 옮긴다.

'자전거여행을 하다'는 동사구 take a bike trip이나 take bike trips로 옮긴다.

'많은 경치'는 '경치' scenery가 셀 수 없는 명사이므로 a lot of scenery, lots of scenery, much scenery로 옮길 수도 있지만 한국어 원문에서는 더 많은 경치를 뜻하므로 more scenery로 옮기는 것이 더 좋다. 주의할 점은 many는 수를 나타내는 명사와 쓰이므로 many scenery로 옮기지 않도록 주의해야 한다.

'더 여유롭게'는 more leisurely 또는 at a slow, relaxing pace 또는 at a leisurely pace로 옮긴다.

'~을 감상하다'는 appreciate~, enjoy~로 옮긴다.

셋째 예문은 '~하는 게 좋겠다'는 권유를 나타내는 'had better + 동사원형'으로 옮긴 것이고 넷째 예문은 명령문으로 옮긴 것이다.

10. a. As the number of bike riders increases, so too are bike-related accidents.

b. The increase in the number of bike riders is increasing bike-related accidents.

c. The number of bike riders is increasing, so bike-related accidents are increasing too.

d. With the increase in the number of bike riders, bike-related accidents are increasing.

추가예문 The increase in the number of bike riders correlates to the increase in bike-related accidents.

An ever-increasing number of bicycles are the cause of an increase in bike-related accidents.

'자전거를 타는 사람들'은 일반적인 의미의 '자전거 타는 사람'의 뜻으로 bike riders로 옮긴다. '~이 늘면서'는 종속절 as~increases로 옮기거나 명사구 the increase in~이나 ~is increasingdm로 옮길 수도 있고 전치사구 with the increase in~으로 옮긴다.

'자전거관련 사고'는 '어떤 자전거관련사고이건 하나의 자전거관련 사고'를 가리킬 때는 a bike-related accident로 옮기고, 일반적인 의미의 자전거관련 사고를 가리킬 때는 bike-related accidents로 옮긴다.

첫째 예문은 '~도 또한 ~하다'는 의미를 전하기 위해 종속절에서 so가 절의 앞에 오면 뒤에서 주어(bike-related accidents)와 조동사(are)가 도치가 된다. 따라서 so too는 increasing too를 대신하는 형태라는데 유의하라.

셋째 예문의 '~, so'에서 so는 구어체에서 '그래서'를 뜻하는 접속사로 흔히 쓰인다.

넷째 예문의 with the increase in the number of bike-riders는 '자전거 타는 사람의 수의 증가로'를 뜻하는 전치사구로 with the increase, in the number, of bike-riders 모두 각각의 전치사구이다.

제3장 | 구와 비(非)구

Ⅱ. 기본연습

1. d	2. a	3. d	4. d	5. b
6. d	7. b	8. b	9. b	10. c

Ⅲ. 심화연습

1. a	2. d	3. c	4. a	5. b
6. d	7. d	8. a	9. b	10. c

Ⅳ. 기본영작

1. a. well-lit b. good lighting
2. a. sighs b. sigh
3. a. The reading roomb. cool
4. a. graduate students b. available
5. a. water b. free
6. a. take a nap b. There
7. a. very hard b. to study
8. a. uneasy b. of mind
9. a. very tall b. Nobody
10. a. on computers b. their notebook

Ⅴ. 심화영작

1. a. The scholar's walk is done at the same time each day.

   b. The scholar goes out for a walk at the same time every day.

   c. The scholar's walking takes place at the same time every day.

   d. The scholar makes it a rule to go for a walk at the same time every day.

추가예문 Every day the scholar takes a walk at the same time.

The scholar always takes a walk at the same time every day.

The scholar makes a habit of going for

a walk at the same time each day.

'학자' scholar는 셀 수 있는 명사로 한국어 문장의 '그 학자'는 한 사람이면서 화자가 그의 청자도 알고 있다고 보는 대상이므로 the scholar로 옮긴다.

'매일'은 부사구 every day, each day로 옮긴다. everyday는 부사가 아닌 '매일의'를 뜻하는 형용사로 부사 every day와 혼동하지 않도록 주의하라.

'같은 시간에'는 전치사구 at the same time으로 옮긴다. 이것은 전치사 at 뒤에 전치사의 목적어인 명사구 the same time이 나온 구조이다. 또한 형용사 same 앞에는 언제나 관용적으로 the가 함께 쓰인다는 데 유의하라.

'산책' walk는 셀 수 있는 명사로 '한 산책'을 뜻할 때는 a walk로 옮기고, 일반적인 의미의 산책을 가리킬 때는 walks로 옮긴다.

'산책을 하러가다'는 go for a walk, go out for a walk, take a walk으로 옮긴다.

넷째 예문은 동사 make의 목적어로 가목적어 it을 두고 목적보어로 명사구 a rule을 진목적어로 부정사 to go를 두어 작문한 것이다. make it a rule to do~는 '~하는 것을 규칙으로 하다'는 뜻이다.

2. a. The scholar takes a walk around a village.
   b. The scholar's walk takes him around a village.
   c. The walking course the scholar takes leads him around a village.
   d. For a walk, the scholar takes a route that goes around a village.

추가예문 The scholar goes for a walk around a village.

The scholar's walking path winds around a village.

'마을을 한 바퀴 도는'은 '~을 돌아'를 뜻하는 전치사 around 뒤에 목적어인 명사구 a village를 두어 전치사구 around a village로 옮긴다.

'산책로는 ~이다'는 take a walk~, one's walk takes~around~, the walking course a person takes lead~around~, for a walk, a person takes a route/path that goes around~, one's walking path~로 옮긴다.

첫째 예문은 '그 학자' the scholar를 둘째 예문은 '그 학자의 산책로' the scholar's walk을 셋째 예문은 '그 학자가 걷는 산책코스' the walking course the scholar takes를 넷째 예문은 '그 학자' the scholar를 화제로 삼아 옮긴 것이다.

셋째 예문의 course와 the scholar 사이에 목적격관계대명사 that/which가 생략되어 있다.

wind는 '굽이치다, 구불구불하다'는 의미이다.

3. a. The walk keeps his weight healthy.
   b. Thanks to the walk, he has a healthy weight.
   c. His body weight remains steady due to walking.
   d. His walk helps him (to) maintain a healthy weight.

추가예문 Walking every day helps him maintain a healthy weight.

He has been able to maintain a healthy weight thanks to his daily walks.

'산책' walk은 셀 수 있는 명사로 '한 산책'을 뜻할 때는 a walk으로 옮기고, 일반적인 의미의 산책을 가리킬 때는 walks로 옮긴다. 한국어 원문에서는 '그 산책'이므로 the walk으로 옮긴다.

'체중을 일정하게 유지하다'는 keep one's weight stable, have a healthy weight, one's body weight remains steady, maintain a healthy weight로 옮긴다.

첫째 예문은 '그 산책' the walk을 화제로 둘째 예문은 '그' he를 셋째 예문은 '그의 체중' his body weight를 넷째 예문은 '그의 산책' his walk을 화제로 삼아 옮긴 것이다.

둘째 예문의 thanks to~는 '~의 덕분에'를 뜻한다.

셋째 예문의 due to~는 '~에 기인하여'를 뜻하고 이 때 to가 전치사이므로 뒤는 전치사의 목적어가 오므로 동사(walk)가 동명사(walking)로 온 것이다.

넷째 예문의 동사 help는 준사역동사로 뒤에 오

는 동사는 to-부정사나 원형부정사 중 어느 것이나 올 수 있다.

4. a. His walk makes him observe lots of things firsthand.
   b. When he takes a walk, he observes lots of things firsthand.
   c. He observes lots of things in person while he takes a walk.
   d. Lots of things are directly observed by him while he takes a walk.

추가예문 He is able to see many things firsthand while walking.
When he goes for a walk, he is able to observe many things in person.

'산책을 하는 동안'은 명사구 one's walk 종속절인 when~take a walk, while~take a walk, while walking으로 옮긴다. while walking은 while he is walking에서 주어(he)와 be동사(is)가 생략된 것이다.

'많은 것들'은 명사구 lots of things, a lot of things, many things로 옮긴다. 여기서 lots of, a lot of, many는 셀 수 있는 명사 thing의 복수형 앞에 오는 수를 나타내는 양화사이다. 양화사에 관해서는 제2장의 〈핵심연구〉의 설명을 참조하라.

'직접'은 부사 firsthand, in person, directly로 옮긴다.

'~을 관찰하다'는 observe~, see로 옮긴다.

첫째 예문은 '그의 산책' his walk을 둘째 예문과 셋째 예문은 '그' he를 넷째 예문은 '많은 것들' lots of things를 각각 화제로 삼아 옮긴 것이다.

첫째 예문은 사역동사 make의 목적어 him 뒤에 to-부정사 to observe가 원형부정사 observe로 바뀌어 나타난 것이다.

5. a. A walk gives him opportunities to think about lots of things.
   b. He has opportunities to think about a lot of things while he takes a walk.
   c. His walk makes it possible for him to have opportunities to think about a lot of things.
   d. Thanks to a walk, he gets lots of opportunities to think about lots of things.

추가예문 While walking, he has a chance to think about many things.
Walking gives him an opportunity to ponder many questions.

'산책' walk은 셀 수 있는 명사로 '한 산책'은 a walk으로 옮기고, 일반적인 의미의 산책은 앞에 한정사를 붙이지 않은 복수형 walks로 옮긴다. 그가 하는 산책은 his walk으로 옮길 수 있다.

'많은 것들'은 a lot of things, lots of things, many things로 옮겨야 한다. thing은 셀 수 있는 명사로 a lot of, lots of, many 뒤에 단수형 thing으로 오지 못하며 반드시 복수형 things로 와야 한다.

'~에 관해 생각하다'는 think about~, ponder로 옮긴다.

'생각할 기회'는 opportunities to think, a chance to think, an opportunity to ponder로 옮긴다. 여기서 한정사가 붙지 않은 셀 수 있는 명사의 복수형 opportunities는 일반적인 의미의 기회를 가리킨다.

셋째 예문은 동사 make가 가목적어 it와 목적보어인 형용사구 possible을 가진 구조의 문장이다. to-부정사 to have가 가목적어(preparatory subject) it이 가리키는 진목적어(real subject)이고, him은 부정사의 주어이고 for는 부정사의 주어 앞에 놓이는 전치사이다.

6. a. He goes for a walk to clear his head that's tired from his studies.
   b. His studies make him tired, so he goes for a walk to clear his head.
   c. He is so tired from studying that he goes for a walk to clear his head.
   d. In order to clear his head, he goes for a walk because he is tired from his studies.

추가예문 Because studying makes him tired, he goes for a walk to clear his mind.

By taking a walk he is able to relieve his tired head from all of his studies.

'연구로 지친'은 tired from one's studies, tired from studying으로 옮긴다.

'머리를 식히다'는 clear one's head, clear one's mind, relieve one's tired head로 옮긴다.

'산책을 하러가다'는 go for a walk, take a walk으로 옮긴다.

둘째 예문의 동사 make는 목적어인 him과 목적보어인 과거분사 tired를 두어 '그를 지치게 하다'는 의미를 전한다.

셋째 예문은 '너무나 ~해서 ~하다'는 의미의 so~that~구문을 사용하여 옮긴 것이다.

둘째 예문은 '그의 연구' his studies를 나머지 예문들은 '그' he를 화제로 삼아 옮긴 것이다.

7. a. After a walk, he feels hungry and wants to have delicious food.
   b. He gets hungry and wants to have delicious food after his walk is over.
   c. When he finishes a walk, he is hungry and feels like eating delicious food.
   d. Delicious food is what he wants to eat after his walk because he feels hungry.

추가예문 Upon finishing his walk, all he wants to do is eat delicious food because he's hungry.

He works up an appetite from walking and wants to have delicious food after finishing his walk.

After going for a walk he feels hungry and wants to eat something tasty.

'산책이 끝나면'은 전치사구 after a walk, upon finishing one's walk, after finishing one's walk, after going for a walk으로 옮긴다.

'배가 고프다'는 동사구 feel hungry, be hungry로 옮긴다. 동사 feel은 '~한 느낌이 들다'는 의미를 형용사구인 보어를 두어 전하는 동사로, 부사구를 두어 feel hungrily로 옮길 수 없다는 점에 유의하라.

'맛있는 음식'은 delicious food, something tasty로 옮긴다.

'~을 먹다'는 have~, eat~으로 옮긴다.

get hungry는 '배가 고파지다'는 의미이다.

8. a. During a walk he sometimes meets acquaintances by chance.
   b. While walking he sometimes happens to meet his acquaintances.
   c. He sometimes comes across acquaintances while he takes a walk.
   d. It sometimes happens that he meets acquaintances by chance during his walk.

추가예문 While taking his walks, he occasionally crosses paths with his acquaintances.

He sometimes happens across his acquaintances while walking.

'산책을 하는 동안'은 전치사구 during a walk, during one's walk으로 옮길 수도 있고 while walking, while taking one's walks처럼 'while-절'로 옮길 수도 있다.

둘째 예문의 while 뒤에 he is가 생략되어 있다.

'가끔'은 일정하지 않은 빈도를 나타내는 부정빈도부사 sometimes, occasionally로 옮긴다. 부사의 문장 내의 위치에 관해서는 '제8장 부사'의 〈핵심연구〉를 참조하라.

'아는 사람' acquaintance는 셀 수 있는 명사로 한 사람은 an acquaintance로 옮기고 일반적인 의미의 아는 사람은 acquaintances로 옮긴다. '그가 아는 한 사람'은 his acquaintance이고 '그가 아는 사람들'은 his acquaintances로 옮긴다.

'우연히'는 전치사구 by chance로 옮긴다.

'우연히 ~을 만나다'는 meet~by chance, happen to meet~, come across~, It happens that~meet~by chance, cross paths with~, happen across~로 옮긴다.

넷째 예문의 It은 진주어(real subject)인 'that-절'을 가리키는 가주어(preparatory subject)이다.

9. a. After a walk, he finds his body more flexible than before.
   b. His body is found to be more flexible than before by him after he finishes his walk.
   c. When his walk is over, he finds his body to be more flexible than before.
   d. He finds that his body is more flexible than before when he finishes his walk.

추가예문 After going for a walk his body feels more flexible.
His body feels more flexible after he finishes taking a walk.

'산책 후'는 after a walk, after~finish one's walk, when one's walk is over, when~finish one's walk, after going for a walk, after~finish taking a walk으로 옮긴다.

'~가 ~하다는 것을 발견하다'는 동사 find 뒤에 목적어인 명사구(his body)와 목적보어인 형용사구(flexible)를 두어 옮기거나, 목적어와 목적보어인 to-부정사(to be flexible)를 두어 옮길 수도 있고, 이 동사 뒤에 'that-절'을 두어 옮길 수도 있다.

'이전보다'는 than before로 옮긴다.

둘째 예문은 동사 find의 목적어인 his body가 이 동사 뒤인 목적어자리에서 이 동사 앞의 주어 자리로 이동되어 find his body가 His body is found로 바뀐 것이다.

10. a. A merit of his walk is that it gives him a chance to pay attention to objects that he has not noticed before.
   b. A walk makes him pay attention to objects that have not received his attention before.
   c. By taking a walk he comes to have a chance to pay attention to objects that have not attracted his attention before.
   d. While he takes a walk, he comes to direct his attention to objects that he has not considered before.

추가예문 Walking allows him to focus on things that he wasn't able to earlier.

'~에 주의를 기울이다'는 pay attention to~, direct one's attention to~, focus on~으로 옮긴다.

'~하던 것들'은 '~한 대상'을 가리키므로 objects that~, things that~으로 옮긴다.

'~하게 한다'는 '~하게 되다'는 의미로 come 'to-부정사'나 make 뒤에 목적어와 목적보어인 원형부정사('to 없는 부정사')를 두어 옮기거나 동사 allow 뒤에 목적어와 to-부정사인 목적보어를 두어 옮긴다.

첫째 예문의 'that-절' (that it~objects)은 is의 보어인 명사절로 이 that은 접속사이고 두 번째 that은 목적격 관계대명사이다.

제4장 | 주어

Ⅱ. 기본연습

1. a	2. d	3. b	4. a	5. c
6. c	7. d	8. d	9. d	10. a

Ⅲ. 심화연습

1. d	2. a	3. b	4. d	5. c
6. d	7. d	8. b	9. b	10. c

Ⅳ. 기본영작

1. a. A boy　　b. his friend
2. a. Hikers　　b. All hikers
3. a. Water　　b. Every hiker
4. a. He　　b. It
5. a. to meet a foreigner　　b. It
6. a. Talking　　b. to talk

7. a. That the foreign woman liked hiking
   b. It
8. a. Why she came up the mountain alone
   b. It
9. a. It　　　　b. with her sandals on
10. a. What pleased him most　　b. It

V. 심화영작

1. a. The man meets his friends on weekends.
   b. For him, weekends are spent meeting friends.
   c. The man spends his weekends meeting his friends.
   d. The man's weekends are spent meeting his friends.

추가예문 Meeting his friends is how he spends his weekends.
The man spends time on the weekends meeting his friends.
He dedicates his time to meeting his friends on the weekends.

'남자' man은 셀 수 있는 명사로 '그 남자'는 한 사람이고 화자가 그의 청자도 알고 있다고 보는 대상이므로 정관사 the와 man의 단수형을 써서 the man으로 옮긴다.

'주말' weekend는 셀 수 있는 명사로 일반적인 의미의 주말은 앞에 한정사를 붙이지 않은 복수형 weekends로 나타낸다. 따라서 '주말에'는 전치사 on을 써서 전치사구 on weekends로 표현한다. 한정사에 관해서는 '제2장 구의 종류와 기능'의 〈핵심연구〉를 참조하라.

'친구' friend는 셀 수 있는 명사로 '그의 친구들'은 친구가 여러 명이고 그에게 속해 있다는 의미로 명사구 his friends로 옮긴다.

'~을 만나다'는 '~을 만나는데 시간을 보내다'는 의미로 동사 spend의 목적어 뒤에 ~-ing를 두어 옮기거나 동사 dedicate one's time to~-ing로 옮긴다.

첫째 둘째 셋째 예문의 weekends는 모두 일반적인 의미를 전하는 형태이고, 넷째 예문의 weekends는 앞에 소유격(the man's)이 있으므로 '그 남자의 여러 주말'을 뜻한다는 데 유의하라.

2. a. His friends have various jobs.
   b. His friends differ in their jobs.
   c. His friends have different jobs.
   d. His friends work in various fields.

추가예문 His friends all have different jobs.
His friends are from all walks of life.
His friends work in different professions.

'직업' job은 셀 수 있는 명사로 '하나의 직업'은 a job이고 일반적인 의미의 직업은 jobs로 나타낸다. '다양한 직업'은 직업의 수가 여러 개라는 의미로 various jobs로 옮긴다. 의미상 various 뒤에 항상 명사의 복수형이 온다는 데 유의하라. various jobs 대신 different jobs로 표현할 수도 있다.

'다양한 직업을 가지고 있다'는 동사구 have various jobs, have different jobs, differ in one's jobs, work in various fields, are from all walks of life, work in different professions로 옮긴다.

3. a. He and some of his friends like to play table tennis.
   b. A few of his friends and he enjoy playing table tennis.
   c. Playing table tennis is to his and some of his friends' liking.
   d. Table tennis is what he and some of his friends like to play.

추가예문 He and some of his friends enjoy playing table tennis.

'그와 몇몇 친구'는 '그와 그의 몇몇 친구'를 뜻하므로 명사구 he and some of his friends, a few of his friends and he로 옮긴다.

'탁구'는 table tennis나 ping-pong으로 옮기며 전자는 딱딱한 표현이고 후자는 회화체에서 보통 쓰는 표현이다.

'탁구를 치다'는 play table tennis나 play ping-pong으로 옮기며 table tennis와 pingpong은 셀 수 없는 명사로 a table tennis나 a ping-pong처럼 수의 개념으로 쓰지 않는다.

첫째 예문은 명사구 he and some of his friends를 주어로 둘째 예문은 명사구 a few of his friends and he를 주어로 셋째 예문은 동명사 playing을 주어로 넷째 예문은 명사구 table tennis를 주어로 옮긴 것이다.

둘째 예문의 동사 enjoy 뒤에 오는 동사는 to-부정사가 아닌 동명사로 와야 한다.

셋째 예문의 to one's liking은 '~의 기호에 맞는'을 뜻한다.

넷째 예문의 what은 자체에 선행사를 포함하고 있는 관계대명사로 the thing which로 바꿔 쓸 수 있다. 여기서 관계대명사 which의 선행사인 the thing이 to-부정사 to play의 목적어이다.

4. a. He and his friends exchange various kinds of information with each other when they meet.
   b. He meets his friends and exchanges various kinds of information with them.
   c. He shares various kinds of information with his friends when he meets them.
   d. Various kinds of information are shared with/among his friends when he meets them.

추가예문 When he and his friends meet, they swap information with each other.
He and his friends tell each other about various things when they meet.

'만나면'은 '만날 때'를 뜻하므로 부사절인 'when-절' (when~meet)로 나타낸다.

'정보' information은 셀 수 없는 명사로 '여러 가지 정보'는 various kinds of information으로 옮기며 various kinds of informations로 옮길 수 없다.

'~을 공유하다'는 share~with~, exchange~with~, swap~with~, tell each other about~으로 옮긴다.

each other는 '서로 서로 상대방'을 뜻하는 상호대명사이다.

넷째 예문은 '여러 가지 정보를 공유하다'는 표현 share various kinds of information에서 동사 share의 목적어인 various kinds of information이 목적어자리에서 주어자리로 이동하여 수동문의 구조 'be동사+과거분사' are shared로 바뀐 것이다.

5. a. During dinner they drink a bowl of *makkolli.*
   b. Drinking a bowl of *makkolli*, they have dinner.
   c. Their dinner is accompanied by a bowl of *makkolli.*
   d. They drink a bowl of *makkolli* while they have dinner.

추가예문 They drink a bowl of *makkolli* with their dinner.
While they eat dinner, they drink a bowl of *makkolli.*
Their beverage of choice for their dinner is a bowl of *makkolli.*

'저녁식사를 하면서'는 during dinner, while~have/eat dinner로 옮길 수도 있고, 동시상황을 나타내는 분사구문과 함께 ~have dinner로 옮길 수도 있고, ~dinner is accompanied by~, with dinner로 옮길 수도 있다.

'막걸리'는 셀 수 없는 명사로 외래어라는 것을 나타내기 위해 이탤릭체로 *makkolli*로 옮긴다. '막걸리 한 잔'은 a bowl of *makkolli*로 옮긴다. 막걸리는 셀 수 없는 명사이므로 *a makkolli, makkollis*처럼 표현할 수 없기 때문에 막걸리를 담는 용기인 잔이나 그릇에 복수 어미를 붙여 a bowl of *makkolli*, two bowls of *makkokki*, a glass of *makkolli*, two glasses of *makkolli* 처럼 사용한다.

6. a. After playing billiards or table tennis, they go to have dinner.
   b. They play billiards or table tennis and then go to have dinner.
   c. When they finish playing billiards or

table tennis, they leave to have dinner.

d. They go to eat dinner after playing a game of billiards or table tennis.

추가예문 A few rounds of billiards or table tennis are followed by dinner.

They have dinner after playing a round of billiards or table tennis.

After playing billiards or table tennis, they go eat dinner afterwards.

'당구'는 billiards로 옮기고 '당구를 치다'는 play billiards로 옮긴다.

'당구가 끝나면'은 after playing billiards, after they play billiards, when~finish playing billiards, after playing a game of billiards, a few rounds of billiards are followed by~로 옮긴다.

'저녁식사를 하다'는 have/eat dinner로 옮긴다. dinner는 식사의 종류나 1인 분의 식사를 가리킬 때는 관사와 함께 a good dinner처럼 쓰지만 보통 관사 없이 쓴다.

넷째 예문의 명사 game은 셀 수 있는 명사의 단수형이므로 앞에 한정사가 필요하다. 따라서 부정관사 a를 빠뜨리면 명사구가 되지 못해 비문법적이 된다는데 유의하라.

7. a. Most of his friends like to play billiards.

b. Playing billiards pleases most of his friends.

c. It pleases most of his friends to play billiards.

d. The majority of his friends like to play billiards.

추가예문 Most of his friends enjoy playing billiards.

The majority of his friends like playing billiards.

'그의 친구들 중 대부분'은 most of his friends나 the majority of his friends로 옮긴다.

첫째 예문은 '그의 친구들 대부분' most of his friends를 화제로 삼아 작문한 문장이고, 둘째 예문은 '당구를 치는 것' playing billiards를 화제로 삼아 작문한 것으로 playing은 동명사이고 billiards는 이 동명사의 목적어이다. 셋째 예문은 '당구를 치는 것'을 'to-부정사' to play billiards로 표현하여 이것을 진주어로 하는 가주어 it을 두어 작문한 것이다.

8. a. Each person talks about topics of interest in detail.

b. They each share in-depth information about their concerns.

c. Each of them shares in-depth information about his or her concerns.

d. In-depth information about each person's concerns is given by each of them.

추가예문 Everyone swaps detailed information about topics of interest.

'각자'는 each로 옮긴다.

'관심사' concern은 셀 수 있는 명사로 하나의 관심사는 a concern 일반적인 의미의 관심사는 concerns로 옮긴다. 한국어 원문에서는 그들 각자의 관심사를 뜻하므로 their concerns나 his or her concerns로 옮긴다.

'정보' information은 셀 수 없는 명사로 '깊이 있는 정보'는 in-depth information, detailed information으로 옮긴다. 주의할 점은 셀 수 있는 명사의 단수형 앞에 오는 부정관사를 사용하여 an in-depth information, a detailed information으로 표현할 수 없다는 것이다.

첫째 예문처럼 each의 한정을 받는 명사는 셀 수 있는 명사의 단수형이어야 하며 복수형은 쓰지 않는다는데 유의하라.

셋째 예문에서 보듯이 each가 주어일 때는 단수로 취급되므로 동사가 단수형에 일치한다는데 유의하라.

9. a. After dinner, they continue to talk over a cup of tea.

b. Their conversation is continued after dinner over a cup of tea.

c. When they finish dinner, they drink a cup of tea and continue their conversation.

d. Their dinner is followed by continuing their conversation over a cup of tea.

추가예문 After dinner they drink tea and continue their chat.

After having dinner they continue their conversation over a cup of tea.

첫째 문장과 셋째 문장은 '그들' they를 화제로 삼은 문장이고, 둘째 문장은 '그들의 대화' their conversation을 화제로 삼은 문장이고, 넷째 문장은 '그들의 저녁식사' their dinner를 화제로 삼아 옮긴 것이다.

'차를 한 잔 마시면서'는 전치사구 over a cup of tea, 동사구 drink a cup of tea로 옮긴다.

'이야기를 계속하다'는 continue to talk, ~conversation is continued, continue one's conversation, a continuation of one's conversation, continue one's chat으로 옮긴다.

be followed by~는 '~가 뒤따르다'는 뜻이다.

10. a. After their conversation, they say goodbye to each other and walk home.

b. As soon as they finish their conversation, they say goodbye to each other and go home.

c. On/Upon finishing their conversation, they say goodbye to each other and head home.

d. When they finish their conversation, they say goodbye to each other and go/head home.

추가예문 After finishing up their conversation they say their goodbyes and go back home.

When they finish talking with each other, they bid each other farewell and head home.

'대화가 끝나면'은 전치사구 after one's conversation, after finishing up one's conversation 부사설 as soon as~finish one's conversation, when~finish talking with each other 전치사구 on/upon finishing one's conversation 부사절 when~finish one's conversation으로 옮긴다.

'작별인사를 하다'는 say goodbye, say one's goodbye, bid~farewell로 옮긴다.

'서로'는 '서로 서로 상대방'을 뜻하는 상호대명사 each other나 one another로 옮긴다.

'~로 향하다'는 head~로 표현하므로 '집으로 향하다'는 head/go/walk home으로 옮긴다.

둘째 예문의 as soon as~의 앞의 as는 '그 정도로, 그 만큼'을 뜻하는 부사이고 뒤의 as는 접속사로 뒤에 절이 온다는데 유의하라.

제5장 | 동사

Ⅱ. 기본연습

1. d	2. d	3. c	4. d	5. c
6. c	7. d	8. d	9. d	10. a

Ⅲ. 심화연습

1. c	2. b	3. b	4. d	5. a
6. c	7. d	8. c	9. a	10. b

Ⅳ. 기본영작

1. a. jogs — b. jogs the scholar
2. a. a professor — b. as a professor
3. a. stronger — b. his legs
4. a. going — b. a pleasure
5. a. happy — b. pleases
6. a. puts
   b. The scholar's jogging shoes
7. a. meets — b. meet
8. a. hard workers — b. eager
9. a. teaches — b. lectures

10. a. tells b. about jogging

V. 심화영작

1. a. District residents have kitchen gardens along the stream.
   b. You see kitchen gardens along the stream parceled out to district residents.
   c. There are kitchen gardens along the stream parceled out to district residents.
   d. Along the stream lie kitchen gardens parceled out to district residents.

추가예문 Local residents have kitchen gardens by the stream.
Area residents each have a kitchen garden, which lies alongside the stream.

'냇가' stream은 셀 수 있는 명사로 일반적으로 수의 개념으로 쓰인다. 따라서 '냇가를 따라'는 화자가 그의 청자도 알고 있다고 보는 냇가를 가리킬 때는 along the stream으로 표현하고, 그는 알고 있지만 그의 청자는 알고 있지 않다고 보는 냇가를 가리킬 때는 along a stream으로 표현한다. 그러나 셀 수 있는 명사의 단수형 stream 앞에 한정사(관사, 소유격, 지시사, 양화사)가 붙지 않은 along stream은 비문법적이라는데 유의하라. along은 전치사로 뒤는 전치사의 목적어인 명사구가 와야 하는데 stream은 명사이지만 앞에 한정사가 오지 않으면 명사구가 아니어서 전치사의 목적어가 될 수 없어 비문법적이다.

'구민' district residen, local resident, area resident는 셀 수 있는 명사로 '한 사람의 구민'을 가리킬 때는 a district resident, a local resident, an area resident로 표현하고 일반적인 의미의 '구민'을 가리킬 때는 한정사를 붙이지 않은 복수형 district residents, local residents, area residents로 옮긴다.

'텃밭' kitchen garden은 셀 수 있는 명사로 '텃밭 하나'는 a kitchen garden 일반적인 의미의 텃밭은 kitchen gardens로 옮긴다. 예문에서는 일반적인 의미의 텃밭을 가리키기 위해 kitchen gardens로 표현한 것이다.

'~을 분양하다'는 parcel out~으로 표현한다. 예문에서는 모두 parcel out의 목적어인 kitchen gardens가 목적어 자리에서 주어자리로 이동해 있으므로 동사 parcel이 수동의 의미를 가진 과거분사 parceled로 바뀌어 parceled out이 된 것으로 이것이 앞의 kitchen gardens를 수식하는 형용사처럼 기능을 하는 구조이다.

넷째 예문은 원래 문장 Kitchen gardens parceled out to district residents lie along the stream에서 위치부사 along the stream을 문장 앞으로 이동하면서 주어와 동사가 도치된 구문으로 바뀐 것이다. 영어에서는 위치부사나 방향부사가 원래의 위치에서 문장 앞 위치로 이동하면 주어와 동사가 어순이 바뀔 수 있다. 그러나 이 도치는 의무적인 것이 아니라 선택적이다.

2. a. The whole family is working here and sweating.
   b. Everyone in the family working here is sweating.
   c. You can see the whole family working here sweating.
   d. The family members who are working here are all sweating.

추가예문 Every family member working here is perspiring.
Every single one of the family members working here is sweating.
Sweat is pouring down every family member that is working here.

'이곳에서'는 장소부사 here로 옮긴다.

'일하는'은 일하는 행위가 현재 진행 중에 있다는 것을 나타내는 '현재 일하고 있는'의 의미로 보면 진행의 의미를 가진 현재분사 working으로 옮길 수도 있고 현재진행시제를 가진 관계절 who are working으로 옮길 수도 있다.

'가족들 모두'는 the whole family, everyone in the family, all the family, the family members, every family member, every single one of the family members로 옮긴다. 명사구 all the family

는 한정사 중의 양화사인 all 뒤에 정관사가 오고 명사가 나오는 구조로 양화사가 정관사 앞에 오며 정관사가 양화사 앞에 올 수 없다는데 유의하라. 명사구 내부구소에 관한 가능한 구조와 불가능한 구조에 관해서는 '제3장 구와 비(非)구'의 〈핵심연구〉를 참조하라.

'땀을 흘리고 있다'는 현재의 시점에서 땀을 흘리는 행위가 일시적으로 진행 중에 있다는 의미로 현재진행시제 is/are sweating, is perspiring, sweat is pouring으로 옮기거나 현재분사 sweating으로 옮긴다.

3. a. On weekends, we see not a few families working here and there in these kitchen gardens.
   b. Here and there in these kitchen gardens work not a few families on weekends.
   c. It is easy to find not a few families working here and there in these kitchen gardens on weekends.
   d. You can easily find not a few families working here and there in these kitchen gardens on weekends.

추가예문 On weekends you can easily see more than a few families working here and there in their gardens.
It's easy to see quite a few families out working here and there in their gardens on the weekends.

'주말이면'은 '주말에는'을 뜻하므로 전치사구 on weekends, on the weekends로 옮긴다.

'이 텃밭'은 한국어 원문에서 '이 텃밭들'을 가리키므로 명사구 these kitchen gardens, their gardens로 옮긴다.

'여기저기'는 부사구 here and there로 옮긴다.

'~하는 ~가 눈에 띄다'는 '~가 ~하는 것을 보다'는 의미로 동사 see나 find 뒤에 목적어와 목적보어인 현재분사(working)를 두어 옮기거나 can see~-ing로 옮길 수도 있고 it's easy to see~로 옮긴다.

둘째 예문은 위치부사구 Here and there in these kitchen gardens가 원래의 문장 Not a few families work here and there in these kitchen gardens on weekends에서 동시 work 뒤의 위치에서 문장 앞으로 이동하여 주어와 동사의 어순이 도치된 것이다.

셋째 예문의 It은 진주어(real subject)인 to-부정사 to find를 가리키는 가주어(preparatory subject)이다.

각 예문의 not a few 대신 several, quite a few, more than a few, a lot을 쓸 수도 있다.

4. a. Cute little kids are watering vegetables with their parents.
   b. Cute little kids are seen watering vegetables with their parents.
   c. There are cute little kids watering vegetables with their parents.
   d. You can see cute little kids watering vegetables with their parents.

추가예문 Adorable little kids are out watering the vegetables alongside their parents.
Adorable little children can be seen watering the vegetables with their parents.

'귀여운'은 형용사 cute, adorable로 옮긴다.

'꼬마 아이' little kid는 셀 수 있는 명사로 '한 꼬마아이'는 a little kid이고 일반적인 의미의 꼬마아이는 little kids로 옮긴다.

'부모와 함께'는 전치사구 with one's parents, alongside one's parents로 옮긴다. parent는 부모 중 한쪽을 가리키므로 부모 모두를 가리킬 때는 복수형 parents를 사용해야한다.

'채소' vegetable은 셀 수 있는 명사로 '어떤 채소이건 하나의 채소'를 가리킬 때는 a vegetable로 표현하고 일반적인 의미의 채소를 가리킬 때는 앞에 한정사를 붙이지 않은 복수형 vegetables로 표현한다. 예문에서는 특정 야채를 가리키지 않고 일반적인 의미의 야채를 가리키기 위해 모두 앞에 한정사를 붙이지 않고 복수형으로 쓴 것이다.

'~에 물을 주다'는 water~로 표현한다.

5. a. They are all city dwellers and feel happy in growing vegetables for themselves with their own hands.
   b. Since they are all city dwellers, they are happy in growing vegetables for themselves with their own hands.
   c. As city dwellers they all feel happy because they can grow vegetables for themselves with their own hands.
   d. It makes them happy that they can grow vegetables for themselves with their own hands, since they are all city dwellers.

추가예문 Being city dwellers, they find pleasure in being able to grow vegetables with their own hands.

As city dwellers they are pleased to be able to grow vegetables with their own hands.

'도시인' city dweller는 셀 수 있는 명사로 '한 도시인'은 a city dweller이고 일반적인 의미의 도시인은 city dwellers이다.

'손수'는 전치사구 with one's own hands로 옮긴다.

'채소를 기르다'에서 '채소'는 일반적인 의미의 채소를 가리키므로 동사구 grow vegetables로 옮긴다.

'행복하다'는 한국어 원문에서 '행복을 느끼다'는 의미로 보아 feel happy, find pleasure, be pleased로 옮긴다. 동사 feel은 '느낌이 ~하다, ~하다고 느끼다'는 의미를 전할 때 뒤에 보어로 형용사구를 필요로 하는 동사이다. 따라서 feel happy로 옮겨야 하며 feel happily로 옮겨서는 안 된다.

둘째 예문의 'since-절'은 화자가 그의 청자도 알고 있다고 보는 이유를 제시할 때 쓴다. 이 점에서 이유를 나타내는 'because-절'이나 'as-절'과는 다르다.

셋째 예문의 전치사 as가 이끄는 as city dwellers는 자격을 나타내는 전치사구이다.

넷째 예문의 It은 진주어인 'that-절'(that they~hands)을 가리키는 가주어이다. 동사 make가 목적어인 명사구 them과 목적보어인 형용사구 happy를 가진 구조이다.

6. a. Bike riders along the stream are happy to see them.
   b. People who ride bicycles along the stream are happy when they notice them.
   c. Watching them, bike riders riding along the stream also become happy.
   d. Those who ride bicycles along the stream become happy at the sight of them.

추가예문 The bicycle riders who are riding by the stream enjoy seeing them.

The people who are riding bicycles along the stream enjoy watching them.

'자전거 타는 사람' bike rider는 셀 수 있는 명사로 '한 자전거 타는 사람'은 a bike rider이고 일반적인 의미의 자전거 타는 사람은 bike riders로 나타낸다. 그러나 화자가 그의 청자도 알고 있다고 보는 '그 (여러 명의) 자전거 타는 사람들'을 가리킬 때는 the bike riders로 옮긴다.

'자전거 타는 사람들'은 bike riders, people who ride bicycles, those who ride bicycles, the people who are riding bicycles로 옮긴다.

'~을 지켜보다'는 동사구 see~, notice~, watch~, at the sight of~로 옮긴다.

'즐거워하다'는 '즐겁다'는 의미로 보면 be happy로 옮기고 '즐거워지다'는 의미로 보면 become happy로 옮긴다.

셋째 예문의 watching은 현재분사이고, watching them은 As they watch them을 분사구문으로 표현한 것이다.

7. a. Growing vegetables appears hard; however, they all look happy.
   b. They look excited even though it appears hard for them to grow vegetables.
   c. Though it appears hard to grow vegeta-

bles, all of them look happy.

d. It appears that it is hard to grow vegetables, but they all look happy.

추가예문 Though growing vegetables seems like hard work, they all seem happy.

Even though growing vegetables seems like hard work, they look happy doing it.

'힘들어 보이다'는 appear hard, seem like hard work으로 옮길 수 있다. 동사 appear는 '(시각적으로)~인 듯 보이다'는 의미를 전할 때 형용사구인 보어를 취하는 동사이다. 따라서 여기서 hard는 부사가 아니라 형용사이다.

'즐거운 표정이다'는 '즐거워 보이다'는 의미로 동사구 look happy, look excited, seem happy로 옮긴다. look은 '~해 보이다'는 의미를 전할 때 형용사구인 보어를 필요로 하는 동사로 뒤에 형용사인 보어 happy가 아닌 부사 happily가 올 수 없다.

둘째 예문의 전치사구 for them에서 them은 to-부정사 to grow의 주어이다.

셋째 예문의 it은 진주어인 to grow를 가리키는 가주어이다.

넷째 예문의 It은 진주어인 'that-절' (that~vegetables)을 가리키는 가주어이고, 'that-절' 내의 it은 진주어인 부정사 to grow를 가리키는 가주어이다.

8. a. Even old men and old women work hard in their kitchen gardens.

b. You can also see old men and old women who work hard in their kitchen gardens.

c. Old men and old women are also seen working hard in their kitchen gardens.

d. There are even old men and old women who work hard in their kitchen gardens.

추가예문 Even old men and women are hard at work in their kitchen gardens.

You can even find old men and women working hard in their kitchen gardens.

'할아버지와 할머니도'는 '할아버지와 할머니조차도' 또는 '할아버지와 할머니 역시'를 뜻하므로 even old men and old women, old men and old women~also~, even old men and women으로 옮긴다.

첫째 예문은 even old men and old women을 화제로 삼은 문장이고, 셋째 예문은 see old men and old women working에서 동사 see의 목적어인 old men and old women을 화제로 삼기 위해 이 동사 앞으로 이동하면서 동사가 수동태(be+과거분사)가 되고 목적보어인 현재분사는 여전히 뒤에 남아있는 문장이다.

넷째 예문은 '~가 있다'는 의미를 표현하는 '존재를 나타내는 there-구문'으로 be동사 are 뒤의 명사구 even old~women이 주어로 이것이 복수이므로 동사는 단수형 is가 아닌 복수형 are가 쓰인 것이다.

9. a. People who jog along the stream watch them working hard.

b. Along the stream are joggers who watch them working hard.

c. You can see people who jog along the stream, watching them work hard.

d. There are people who jog along the stream and watch them working hard.

추가예문 Jogging near the stream, the joggers can see them working hard.

Joggers who are jogging alongside the stream watch them hard at work.

'냇가를 따라'는 모두 전치사구 along the stream, near the stream, alongside the stream으로 옮긴다. 여기서 along, near, alongside는 모두 전치사로 쓰인 것이다.

'조깅하는 사람들'은 people who jog, joggers로 옮긴다.

'열심히 일하다'는 work hard로 옮기며 hard는 동사의 행위가 어떻게 이루어지는가를 나타내는 양태부사로 동사를 직접 수식한다. 부사의 종류와 문장 내의 위치에 관해서는 '제8장 부사'의 〈핵심연구〉를 참조하라.

'~가 ~하고 있는 것을 지켜보다'는 동사 watch가 목적어인 명사구와 목적보어로 현재분사를 가질 수 있다는 사실을 이용하여 옮긴다. '그들이 일하고 있는 것을 지켜보다'는 watch/see them working, watch them hard at work으로 옮긴다. 셋째 예문의 watching은 '지켜보면서'를 뜻하는 현재분사이고 work은 지각동사 watch 뒤에서 to-부정사가 원형부정사로 바뀐 것이다.

둘째 예문은 위치부사인 along the stream을 원래의 문장 Joggers who watch them working hard are along the stream에서 문장 앞으로 이동하면서 주어와 동사가 도치된 문장이다.

10. a. They hope that the fresh vegetables grow fast enough to eat soon.
 b. They all want the fresh vegetables to grow fast enough to eat soon.
 c. They are all expecting that the fresh vegetables will grow fast enough to eat soon.
 d. Their expectation is that the fresh vegetables will grow fast enough to eat soon.

추가예문 They hope that the vegetables will grow quickly so that they can eat them sooner rather than later.

They hope that the vegetables will ripen quickly so that they can eat them soon.

'그 신선한 야채'는 화자가 그의 청자도 그가 가리키는 야채가 어떤 야채인지 알고 있다고 보는 여러 야채를 가리키므로 the fresh vegetables로 옮긴다.

'빨리 자라다'는 grow fast, grow quickly, ripen quickly로 옮긴다. fast는 형용사가 아닌 부사이다.

'빨리 자라 먹을 수 있기를'은 '먹을 수 있도록 충분히 빨리 자라다'는 의미로 grow fast enough to eat soon, grow quickly so that ~ can eat ~, ripen quickly so that ~ can eat ~으로 옮긴다.

'기대하고 있다'는 '기대하다'는 의미의 동사 expect나 그 명사형 expectation을 사용하거나 '원하다, 희망하다'는 뜻이므로 동사 hope나 want를 사용해도 좋다.

첫째 예문과 셋째 예문은 동사 hope와 expect가 'that-절'을 가질 수 있다는 사실을 이용한 문장이고, 둘째 예문은 동사 want가 목적어와 목적보어인 'to-부정사'를 가질 수 있다는 사실을 이용한 문장이다.

넷째 예문은 동사 expect의 명사형 expectation이 보어로 명사절인 'that-절'을 가질 수 있다는 사실을 이용한 것이다. 절의 종류와 문장 내의 기능에 관해서는 '제10장 절의 종류와 기능'의 〈핵심연구〉를 참조하라.

제6장 | 보어

Ⅱ. 기본연습

1. d	2. d	3. c	4. c	5. b
6. a	7. b	8. a	9. a	10. c

Ⅲ. 심화연습

1. c	2. c	3. c	4. a	5. b
6. d	7. c	8. b	9. a	10. b

Ⅳ. 기본영작

1. a. humid b. humid weather
2. a. the rainy season b. frequently
3. a. a traitor b. becomes a traitor
4. a. becomes b. into a shower
5. a. completely wet b. soaked
6. a. hard b. in a strong wind
7. a. make b. cool
8. a. defense minister b. by her
9. a. that
 b. by the cicadas' song
10. a. why b. For this reason

Ⅴ. 심화영작

1. a. Food was scarce in the old days.

b. There was not enough food to eat in the old days.

c. In the old days, we didn't have enough food to eat.

d. People did not have sufficient food to eat in the old days.

추가예문 We did not have enough food to eat in the past.

Back in the old days we hardly had enough food to eat.

In the past there was scarcely enough food for us to eat.

'옛날에는'은 in the old days, in the past, back in the old days로 옮긴다.

'먹을 음식'은 food, food to eat으로 옮긴다.

'충분하지 않다'는 be scarce로 옮기며 형용사 scarce가 동사 be의 보어이다. 또한 be not enough~, not have enough~, not have sufficient~, hardly have enough~, be scarcely enough~로 옮길 수도 있다.

2. a. There's lots of food to eat now, and this makes us eat more even when we are full.

b. Now that people have lots of food to eat, they come to eat more even though they are full.

c. We find lots of food to eat now, so we are apt to eat more even when we are full.

d. Since we have lots of food to eat now, we tend to eat more even when we are full.

추가예문 These days there is plenty to eat, so much so that we eat more even when we are full.

Presently there is plenty of food, a fact that tricks people into eating more even though they are full.

Now that we have plenty to eat, we tend to have extra helpings even when we are full.

'지금'은 부사 now, these days로 옮긴다.

'먹을 음식이 많다'는 there's lots of food to eat, have lots of food to eat, find lots of food to eat, there is plenty to eat, there is plenty of food, have plenty to eat으로 옮긴다.

'배가 부르다'는 be full로 옮기며 형용사구 full이 be동사의 주격보어이다.

'~해도'는 '~할 때조차도'를 의미하므로 even when~, even though~로 옮긴다.

'~하게 되다'는 '~하게 만들다'는 의미로 첫째 예문처럼 사역동사 make 뒤에 목적어와 원형부정사인 목적보어를 두어 옮길 수 있다. 또한 둘째 예문처럼 'come to-부정사'로 옮길 수도 있고, '~하기 쉽다'는 의미로 보아 셋째 예문처럼 'be apt to-부정사'로 옮길 수도 있고 넷째 예문처럼 '~하는 경향이 있다'는 의미로 보아 'tend to-부정사'로 옮길 수도 있다.

둘째 예문의 now that~은 '~이므로'를 뜻하는 표현이다.

trick~into~는 '(남을)속여서 ~하게 하다'는 뜻이다.

extra helpings는 '(음식의)여분의 한 그릇, 한 그릇 더'를 뜻한다.

3. a. People had to endure being hungry in the days they had insufficient food to eat.

b. We could not help enduring being hungry in the days when we had insufficient food to eat.

c. There were days when we had to endure hunger because of insufficient food to eat.

d. In the days people didn't have enough food to eat, they had to suppress their appetite.

추가예문 Back when people did not have enough food to eat, they had to suppress their appetite and try not to feel the pains of hunger.

We had to endure hunger back in the days when we didn't have a sufficient amount of food to eat.

'먹을 음식이 부족한 시절'은 '먹을 음식이 부족했던 시절'을 뜻하므로 the days (that/when)~ had insufficient food to eat, the days people didn't have enough food to eat, back when people did not have enough food to eat, the days when we didn't have a sufficient amount of food to eat으로 옮긴다.

'먹고 싶어도 참다'는 '배고픔을 참다'는 의미로 endure hunger, endure being hungry로 옮기거나 '식욕을 억제하다'는 의미로 suppress one's appetite로 옮긴다.

'~해야 했다'는 'had to-부정사'나 could not help~-ing로 나타낸다. 후자의 표현에서 help는 '돕다'는 뜻이 아니라 '금하다, 막다'는 뜻이다.

셋째 예문은 '~한 시절이 있었다'는 '존재의 there-구문'으로 옮긴 것이다.

4. a. This is why it was easier to see thin people in the old days.
   b. We could see thin people more easily in the old days for this reason.
   c. This directly relates to why we could see thin people more easily in the old days.
   d. It is for this reason that we were able to see thin people more easily in the old days.

추가예문 Because of this, it was easier to find thin people in the past.

Due to this reason, thin people were more prevalent in the past.

'이 때문에'는 This is why~, for this reason, this directly relates to why~, because of this, due to this reason으로 옮긴다.

'몸이 야윈 사람'은 한국어 원문에서 '한 몸이 야윈 사람'이나 '특정한 몸이 야윈 사람들'을 뜻하는 것이 아니라 일반적인 의미의 몸이 야윈 사람을 가리키는 것으로 보아 명사구 thin people로 옮긴다. 이 명사구는 people을 셀 수 있는 명사 person의 복수형으로 볼 수 있으므로 형용사 thin 앞의 한정사 자리에 관사, 소유격, 지시사, 양화사 중 어떤 것이 오지 않아도 여전히 명사구의 자격을 가지고 있다고 할 수 있다. 한정사에 관해서는 '제2장 구의 종류와 기능'의 〈핵심연구〉를 참조하라.

첫째 예문의 'why-절'은 보어를 필요로 하는 동사 is의 보어인 명사절이고, 형용사의 비교급 easier는 why-절 내의 be동사 was의 보어이다.

넷째 예문은 형태상 전치사구로 문장에서 부사적 기능을 하는 for this reason을 강조하는 It~that~강조구문이다. 여기서 It은 진주어인 'that-절'을 가리키는 가주어이고 that은 접속사이다.

5. a. This is why we see overweight people more often now.
   b. This explains why we see overweight people more often now.
   c. For this reason, we can see overweight people more often now.
   d. It is for this reason that we see overweight people more often now.

추가예문 Likewise, we can see more overweight people these days.

This is the reason why people tend to be chubbier these days.

On the other hand, these days there are more overweight people.

'이와 같은 이유로 ~하다'는 this is why~, this explains why~, for this reason~, it is for this reason that~, likewise, this is the reason why ~로 옮긴다.

'더 자주'는 more often으로 옮긴다.

첫째 예문의 'why-절'은 동사 is의 보어인 명사

절인데 비해 둘째 예문의 'why-절'은 동사 explain의 목적어인 명사절이다. 넷째 예문의 'that-절'은 가주어 It의 진주어인 명사절이다. 절의 종류와 문장 내에서의 기능에 관해서는 '제10장 절의 종류와 기능'의 〈핵심연구〉를 참조하라.

'뚱뚱한'은 fat을 쓰면 너무 무례한 표현이 되므로 '과체중인'을 뜻하는 overweight로 표현한다. 따라서 '뚱뚱한 사람'은 한국어 문장에서 일반적인 의미의 과체중인 사람을 가리키므로 한정사를 앞에 붙이지 않은 overweight people로 옮긴다. people은 셀 수 있는 명사의 단수형 person의 의미상의 복수형으로 앞의 형용사 overweight 앞의 한정사 자리가 비어 있는 복수형이므로 일반적인 의미를 전한다.

6. a. More exercise is required when you eat more.
   b. When you eat more, you should exercise more for your health.
   c. A person who eats more should exercise more to stay healthy.
   d. If you eat more, it is natural for you to exercise more to keep healthy.

추가예문 To maintain your current body weight, any additional food intake requires additional exercise.

In order to stay healthy, if you eat more, you also must work out more.

'많이 먹다'는 eat more, any additional food intake로 옮긴다.

'건강을 위해'는 전치사구 for your health, to stay healthy, to keep healthy, to maintain one's current body weight, in order to stay healthy로 옮긴다. stay healthy와 keep healthy에서 형용사구 healthy가 remain과 keep의 보어의 기능을 한다.

'운동을 많이 해야 하다'는 more exercise is required, should exercise more, it is natural to exercise more, require additional exercise, work out more로 옮긴다.

첫째 예문은 '더 많은 운동' more exercise를 둘째 예문은 운동을 하는 행위자인 사람 you를 화제로 삼은 것이다. 이와 달리 셋째 예문은 '더 많이 먹는 사람' a person who eats more를 화제로 삼은 문장이고 넷째 예문은 to-부정사 to exercise를 진주어로 하는 가주어 it을 두어 옮긴 것이다. 넷째 예문의 전치사구 for you에서 you는 부정사 to exercise의 주어이고 for는 부정사의 주어 앞에 놓이는 전치사이다.

7. a. Both hunger and appetite are things that we cannot easily suppress.
   b. Both enduring being hungry and suppressing appetite are not an easy thing to do.
   c. We find it not easy not only to endure hunger but also to suppress our appetite.
   d. It is not easy not only to endure hunger but also to suppress your/one's appetite.

추가예문 It is difficult to endure hunger and suppress your appetite.

Enduring hunger and suppressing one's appetite are difficult endeavors to undertake.

It is just as difficult to endure hunger as it is to suppress your appetite.

'배고픔을 참다'는 suppress hunger, endure being hungry, endure hunger, suppress one's appetite로 옮긴다.

'~나 ~모두'는 '~뿐만 아니라 또한 ~도'를 뜻하므로 both~and~, not only~but also~, just as~as~로 옮긴다.

첫째 예문은 두 개의 명사구 hunger와 appetite를 both와 and로 연결한 것이고, 둘째 예문은 주어로 기능을 하는 두 개의 동명사 bearing과 suppressing을 both와 and로 연결한 것이고, 셋째 예문은 동사 find의 가목적어 it의 진목적어로 기능을 하는 두 개의 부정사 to endure와 to suppress를 not only와 but also로 연결한 것이고, 넷째 예문은 가주어 it의 진주어로 기능을 하는 두 부정사 to endure와 to suppress를 not only와

but also로 연결한 것이다.

첫째 예문에서는 명사구 things가 동사 are의 보어이고, 둘째 예문에서는 an easy thing이 동사 are의 보어이고, 셋째 예문에서는 형용사구 easy가 동사 find의 목적보어이고, 넷째 예문에서는 형용사구 easy가 동사 is의 보어이다.

8. a. It was regarded as a virtue to eat less in the old days and so it is today.
   b. As was in the old days, eating less is regarded as a virtue nowadays.
   c. People regarded eating less as a virtue in the old days and so they do at present.
   d. Both in the old days and at present, eating less is regarded as a virtue.

추가예문 It was highly regarded to eat less in the past, as it is today.

Just as it was regarded as a virtue to eat less in the old days, it is still highly regarded today.

'옛날이나 지금이나'는 in the old days and~ today, in the old days and nowadays, in the old days and at present로 옮긴다.

'음식을 적게 먹다'는 eat less로 옮긴다.

'~을 ~으로 여기다'는 regard~as~로 옮긴다. 첫째 예문은 동사 regard의 목적어인 to eat less를 진목적어로 하는 가목적어 it이 regarded의 목적어 위치에서 주어위치로 이동하여 regarded it이 it was regarded로 바뀐 것이다. 둘째 예문과 넷째 예문은 regard의 목적어인 동명사구 eating less가 목적어자리에서 주어자리로 이동하여 is regarded가 된 것이다.

첫째 예문의 접속사 and 뒤의 it은 앞에 나온 to-부정사 to eat의 반복을 피하기 위해 이것을 대명사로 바꾼 것이다.

둘째 예문의 as는 뒤의 주절 전체를 선행사로 가진 주격관계대명사라는데 유의하라. As was in the old days는 '옛날에 그랬듯이'로 해석된다.

9. a. As a way to lose weight, I suggest that you cut down on your food intake and exercise regularly.
   b. A way to lose weight is that you cut down on your food intake and exercise regularly.
   c. To lose weight, you should both reduce your food intake and exercise regularly.
   d. You'd better reduce your food intake and regularly exercise if you want to lose weight.

추가예문 Weight loss can be achieved through exercising regularly and reducing your caloric intake.

Frequently exercising and cutting down on your food intake will cause you to lose weight.

'체중을 줄이다'는 lose weight로 '체중을 줄이려면'은 '체중을 줄이기 위한 한 방법으로서'의 의미로 as a way to lose weight나 '체중을 줄이기 위한 한 방법' a way to lose weight로 옮길 수도 있고, '체중을 줄이기 위하여'의 의미로 목적을 나타내는 부정사 to lose weight로 표현할 수도 있고, '체중을 줄이기를 원한다면'의 의미로 보아 if you want to lose weight로 옮긴다.

'식사량'은 one's food intake, one's caloric intake로 옮기며 intake는 '섭취량'을 뜻한다.

'식사량을 줄이다'는 cut down on one's food intake, reduce one's food intake, reduce one's caloric intake로 옮긴다.

'규칙적으로'는 regularly로 옮긴다.

'~하는 것이 좋다'는 첫째 예문처럼 '~하도록 제안하다'는 의미의 동사 suggest 뒤에 that-절을 두고 이 절 안에 가정법현재형, 즉 동사원형(cut, exercise)을 두어 옮기거나, 당연함을 나타내는 조동사 should와 동사원형을 사용하여 표현할 수도 있고, 'had better+동사원형'으로 옮길 수도 있다. 가정법에 관해서는 '제18장 진술 내용의 진위에 따른 표현법'의 〈핵심연구〉를 참조하라.

10. a. The living conditions in the old days

were different from those at present. For instance, in the past, we had difficulty gaining weight; however, these days, it is easy to gain weight.

b. In the old days we couldn't gain weight due to poor living conditions, but nowadays we have good living conditions to gain weight.

c. As for our living conditions, we couldn't put on weight in the old days, as they were poor. On the contrary, our good living conditions these days allow us to gain weight.

d. We had a poor living condition to gain weight in the old days; however, we have a good living condition to gain weight nowadays.

추가예문 Though we had difficulty putting on weight in the old days, these days it is not difficult to put on a few pounds at all.

Our living conditions in the past made it difficult to put on weight, though nowadays our living conditions make it quite easy to gain weight.

'살이 찌다'는 gain weight, put on weight로 옮긴다. '살이 빠지다'는 lose weight로 표현한다.

'어려운 생활환경'은 a poor living condition으로 '쉬운 생활환경'은 a good living condition으로 옮긴다.

'~이었고 ~이다'는 과거와 현재를 비교하는 것이므로 전자는 과거시제로 옮기고 후자는 현재시제로 옮긴다.

첫째 예문의 those는 앞에 나온 명사구 the living conditions의 반복을 피하기 위해 이것을 대명사로 바꾼 것이다.

첫째 예문의 have difficulty~-ing는 '~하는데 어려움이 있다'는 뜻이다.

셋째 예문의 as for~는 '~에 관하여 말하면'을 뜻하는 관용적 표현으로 for가 전치사이므로 뒤는 전치사의 목적어인 명사구 living conditions가 온다.

제7장 | 목적어

Ⅱ. 기본연습

1. c	2. d	3. b	4. d	5. c
6. c	7. c	8. b	9. c	10. b

Ⅲ. 심화연습

1. b	2. a	3. a	4. b	5. d
6. c	7. b	8. a	9. a	10. c

Ⅳ. 기본영작

1. a. the heat　b. the thing
2. a. them　b. who 또는 that
3. a. enduring　b. Hot weather
4. a. plan to　b. plans
5. a. why　b. the reason
6. a. that　b. a conclusion
7. a. their destination　b. it
8. a. to leave　b. that
9. a. important　b. that
10. a. arriving　b. them

Ⅴ. 심화영작

1. a. The man's hair is cut in his favorite barbershop.

   b. The man has his hair cut in his favorite barbershop.

   c. In order to have his hair cut, the man visits his favorite barbershop.

   d. The man's favorite barbershop is the place where he has his hair cut.

추가예문 The man's hair is cut in his favorite

barbershop.

The man gets a haircut in his favorite barbershop.

'단골이발관'은 one's favorite barbershop으로 옮긴다.

'이발하다'는 have one's hair cut, get a haircut으로 옮기고 one's hair가 동사 have의 목적어이고 cut의 과거분사 cut이 have의 목적보어이다. one's hair is cut으로 옮길 수도 있다.

첫째 예문은 '그 남자의 머리' the man's hair를 둘째 예문은 '그 남자' the man을 넷째 예문은 '그 남자의 단골이발관' the man's favorite barbershop을 화제로 삼아 옮긴 것이다.

셋째 예문은 목적을 나타내는 to-부정사를 문장 앞에 둔 문장으로 명사구 his favorite barbershop이 동사 visit의 목적어이다.

넷째 예문의 명사구 the place는 보어를 필요로 하는 동사 is의 보어이고 관계부사 where가 이끄는 형용사 절이 이 명사구를 수식한다.

2. a. Quite a few regular customers seem to visit the barbershop.
   b. The barbershop seems to have quite a few regular customers.
   c. It seems that the barbershop has quite a few regular customers.
   d. Quite a few people seem to visit the barbershop as regular customers.

추가예문 The barbershop appears to have many regulars.

Many people seem to go to the barbershop regularly.

'단골고객' regular customer는 셀 수 있는 명사로 '한 단골고객'은 a regular customer이고 일반적인 의미의 단골고객은 형용사 regular 앞에 한정사를 붙이지 않은 regular customers로 옮긴다. regular customers 대신 regulars를 쓸 수도 있다.

quite a few regular customers는 명사구로 '부사(quite) + 양화사(a few) + 형용사(regular) + 셀 수 있는 명사의 복수형(customers)'의 구조를 가지고 있다. 명사구의 내부구조에 관해서는 '제3장 구와 비(非)구'의 〈핵심연구〉를 참조하라.

'~인 것 같다'는 'seem to-부정사'로 옮기거나 It seems that~, seem to-부정사로 옮긴다. It은 진주어인 that-절을 가리키는 가주어이다.

넷째 예문의 as regular customers는 전치사구로 as는 '~로서'를 뜻하는 자격을 나타내는 전치사이고 regular customers는 명사구로 전치사의 목적어이다.

3. a. He visits the barbershop nearly on the same day every month.
   b. He makes it a rule to visit the barbershop nearly on the same day every month.
   c. The barbershop is a place he visits regularly on the same day every month.
   d. His visit to the barbershop occurs nearly on the same day every month.

추가예문 He visits the barbershop monthly on practically the same day each month.

Every month on nearly the same day the man visits the barbershop.

'매월'은 every month, each month로 옮긴다. every months나 each months로 옮겨서는 안 된다. every나 each 뒤에 셀 수 있는 명사의 단수형을 쓴다.

'거의 같은 날에'는 nearly on the same day, regularly on the same day, on practically the same day, on nearly the same day로 옮긴다.

'~을 찾는다'는 '~을 방문한다'는 뜻이므로 동사구 visit~으로 옮기거나 명사구 one's visit to~로 옮긴다.

'같은 날에 ~을 찾는다'는 visit~on the same day, make it a rule to visit~, visit~regularly on the same day, one's visit to~occurs on the same day로 옮긴다. make it a rule to visit~은 '규칙적으로 ~을 방문하다'는 뜻이다.

둘째 예문의 it은 동사 make의 진목적어인 to-부정사 to visit을 가리키는 가목적어이고 명사구 a rule은 make의 목적보어이다.

셋째 예문의 명사구 a place는 동사 is의 보어로

서의 기능과 관계절의 동사 visit의 목적어로서의 기능을 동시에 한다. a place와 he 사이에 목적격 관계대명사 which/that이 생략되어 있다.

4. a. The barber offers a cup of coffee to his customers.
   b. A cup of coffee is offered to his customers by the barber.
   c. The barber's customers are offered a cup of coffee by him.
   d. When customers come, the barber offers them a cup of coffee.

추가예문 The customers of the barbershop are given a free cup of coffee by the barber. The barber greets his customers with a complimentary cup of coffee.

'고객' customer는 셀 수 있는 명사로 '한 고객'은 a customer 일반적인 의미의 고객은 customers이다. 여기서는 '그의 고객들'을 뜻하므로 his customers로 옮길 수도 있고 일반적인 의미의 고객을 가리키는 것으로 볼 때는 customers로 옮길 수도 있다.

'커피 한 잔'은 a cup of coffee, a free cup of coffee, a complimentary cup of coffee로 옮긴다.

'(물건. 음식을)권하다'는 offer~, give~로 나타낸다. 첫째 예문과 넷째 예문은 동사 offer의 목적어가 그 동사 뒤에 있으므로 동사가 능동형 offers이지만, 둘째 예문과 셋째 예문은 offer a cup of coffee to his customers, offer the barber's customers a cup of coffee에서 동사 offer의 각각 직접목적어인 a cup of coffee와 간접목적어인 the barber's customers가 동사의 목적어자리에서 주어자리로 이동했으므로 동사가 수동형 is offered, are offered가 된 것이다.

greet~with a complimentary cup of coffee는 '~을 무료커피로 맞이하다'는 뜻이다.

5. a. I think it is not easy to have one's hair cut at the same barbershop.
   b. Getting a haircut at the same barbershop is not an easy thing to do.
   c. It is not an easy thing to have one's hair cut at the same barbershop.
   d. You will find it not easy to have your hair cut at the same barbershop.

추가예문 Getting your hair cut at the same barbershop can be difficult to accomplish. You can find it difficult to have your hair cut at the same barbershop each time.

'같은 이발관'은 the same barbershop으로 옮기며 형용사 same 앞에 정관사 the를 빠뜨리지 않아야 한다.

'이발을 하다'는 have one's hair cut, get a haircut, get one's hair cut으로 옮긴다.

'~하는 것은 쉬운 일이 아니다'는 it is not easy to do~, ~is not an easy thing to do, ~will find it not easy to do~, can be difficult to do~, will find it difficult to do~로 옮긴다.

첫째 예문의 that-절((that) it~barbershop)은 동사 think의 목적어인 명사절이고, it은 진주어인 to-부정사 to have를 가리키는 가주어이다.

첫째 예문은 화자인 '나' I를 화제로 삼은 문장이고, 둘째 예문은 '이발을 하는 것' getting a haircut을 화제로 삼은 문장이다. 셋째 예문은 '머리를 깎는 것'을 뜻하는 진주어인 to-부정사 to have one's hair cut을 가리키는 가주어 it을 두어 옮긴 것이고, 넷째 예문은 청자인 일반인을 가리키는 주어 you를 화제로 삼아 옮긴 것이다.

넷째 예문의 it은 동사 find의 진목적어인 to have를 가리키는 가목적어이고 형용사구 not easy는 이 동사의 목적보어이다.

6. a. The barber in the barbershop seems to be very skilled at giving haircuts.
   b. It seems that the barber in the barbershop is very skilled at giving haircuts.
   c. In the barbershop, the barber seems to be very skilled at cutting hair.
   d. I think that the barber in the barbershop is very skilled at cutting hair.

추가예문 The barber in that barbershop is really talented at cutting hair.
The barbershop has a barber who is really good at giving haircuts.
'머리 깎는 것' haircut은 셀 수 있는 명사로 일반적인 의미는 haircuts로 옮긴다.
'머리 깎는 기술이 좋다'는 be very skilled at giving haircuts, be very skilled at cutting hair, be really talented at cutting hair, be really good at giving haircuts로 옮긴다. at giving haircuts는 전치사구로 동명사 giving이 전치사 at의 목적어이고 명사구 haircuts가 동명사의 목적어이다. at cutting hair도 역시 전치사구로 동명사 cutting이 전치사 at의 목적어이고 명사구 hair가 동명사의 목적어이다.
'~해 보이다'는 ~seems to do~, it seems that~, ~think~로 옮긴다.
첫째 예문은 둘째 예문에서 종속절의 주어인 the barber in the barbershop을 화제로 삼기 위해 가주어 it 자리로 이동하면서 파생이 된 문장으로 본다.
'머리털' hair는 머리의 털 전체를 가리킬 때는 셀 수 없는 명사로 a hair라고 할 수 없다. 그러나 개개의 털을 가리킬 때는 셀 수 있는 명사로 '털 하나'는 a hair로 표현한다.

7. a. The barbershop is near a church, so Christians come frequently.
   b. The barbershop and a church are close to each other, so Christians come to the barbershop frequently.
   c. Christians visit the barbershop frequently because it is near a church.
   d. The barbershop's location, which is near a church, allows Christians to come frequently.

추가예문 Since it is near a church, many Christians visit the barbershop regularly.
Christians regularly visit the barbershop because it is located near a church.

'한 교회 가까이 있다'는 is near a church, ~ and a church are close to each other, be located near a church로 옮긴다.
'교인' Christian은 셀 수 있는 명사로 '한 교인'은 a Christian이고 일반적인 의미의 교인은 한정사를 앞에 붙이지 않은 Christians이다. 한국어 원문에서는 일반적인 의미의 교인을 가리키는 것으로 보아 Christians로 옮긴다.
'자주'는 부사 frequently, regularly로 옮긴다.
'온다'는 한국어 원문에서 현재의 일시적 행위가 아니라, 과거에도 왔고 현재도 오고 있고 미래에도 올 것이 틀림없다는 것을 가리키는 긴 시간에 걸쳐 이루어지는 행위이다. 이와 같이 과거 현재 미래에 걸쳐 이루어지는 행위는 단순현재시제로 나타내므로 come, visit으로 옮긴다. 동사의 시제의 특징에 관해서는 '제14장 동사가 나타내는 때로 의미 바꾸기'의 〈핵심연구〉를 참조하라.
넷째 예문의 주어는 the barbershop's location으로 명사 barbershop은 무생물이지만 장소를 나타내는 명사이므로 어포스트로피에스 소유격('s 소유격)을 쓸 수 있다는데 유의하라.
첫째 예문은 '그 이발관' the barbershop을 둘째 예문은 '그 이발관과 한 교회' the barbershop and a church를 셋째 예문은 '교인' Christians를 넷째 예문은 '그 이발관의 위치' the barbershop's location을 각각 화제로 삼아 옮긴 것이다.

8. a. Very young boys rarely visit the barbershop.
   b. Rarely do very young boys visit the barbershop.
   c. The barbershop is rarely visited by very young boys.
   d. It is rare to see very young boys visit the barbershop.

추가예문 The barbershop usually isn't visited by very young boys.
You hardly ever see any really young boys visit the barbershop.
'나이가 매우 어린 소년'은 very young boys, any really young boys로 옮긴다. very young

boys에서 부사 very 앞의 한정사 자리가 비어있으면서 boy가 복수형이므로 특정한 여러 명의 소년들이 아니라 일반적인 의미의 매우 어린 소년들을 가리킨다는데 유의하라.

'~에는 거의 오지 않는다'는 rarely visit~, is rarely visited, is rare to see~visit~, usually isn't visited by~, hardly ever see any~로 옮긴다.

첫째 예문의 문장 가운데 위치에 있는 부정의 의미를 가진 부사 rarely를 부정의 의미를 강조하기 위해 둘째 예문처럼 문장 첫머리 위치로 이동하면, 이 부정어가 뒤의 절 전체를 부정하게 되어 정상적인 '주어+조동사+본동사'의 어순이 비정상적인 도치된 어순 '조동사+주어+본동사'의 어순으로 의무적으로 바뀐다는 사실에 유의하라. 부사의 문장 내의 위치와 부정부사의 전치에 의한 어순의 도치에 관해서는 '제8장 부사'의 〈핵심연구〉를 참조하라.

9. a. Seldom can you find, in the barbershop, people who want the latest hairstyle.
   b. Those who want the latest hairstyle do not come to the barbershop.
   c. The barbershop is not visited by people who want to have their hair cut in the latest style.
   d. You cannot find, in the barbershop, people who want the latest hairstyle.

추가예문 People who want the latest hairstyle don't visit the barbershop.

The barbershop is not frequented by people who want their haircut in the latest styles.

'헤어스타일' hairstyle은 셀 수 있는 명사로 한 헤어스타일은 a hairstyle로 옮기고, 일반적인 의미의 헤어스타일은 hairstyles로 옮긴다.

'최신유행의 헤어스타일'은 the latest hairstyle, one's haircut in the latest styles로 옮긴다.

첫째 예문은 '좀처럼 ~않다'는 부정의 의미를 가진 부사 seldom이 문장 가운데 위치, 즉 You can seldom find~에서 이 부사를 강조하기 위해 문장 첫머리로 이동하면서 뒤의 절 전체를 부정하게 되어 주어 you와 조동사 can의 위치가 서로 바뀌는 '주어-조동사 도치'가 일어난 것이다.

'~하는 고객'은 '~하는 사람들'을 뜻하므로 those who~, people who~로 옮긴다.

10. a. It's important for a barber to be good at cutting hair if he wants to have lots of regular customers.
    b. An important thing for a barber to get lots of regular customers is that he should be skilled at cutting hair.
    c. A barber should be good at cutting hair in order to have lots of regular customers.
    d. If a barber wants to have lots of regular customers, he should be skilled at giving haircuts.

추가예문 Barbers who want many regular customers need to be able to cut hair really well.

To get lots of regular customers, a barber needs to be very good at cutting hair.

'단골고객' regular customer는 셀 수 있는 명사로 한 사람을 가리킬 때는 a regular customer로 표현하고 일반적인 의미의 단골고객은 regular customers로 옮긴다.

'단골고객을 많이 만들다'는 have lots of regular customers, get lots of regular customers, want many regular customers로 옮긴다.

'머리를 잘 깎다'는 be good at cutting hair, be skilled at cutting hair, be skilled at giving haircuts, cut hair really well, be very good at cutting hair로 옮긴다.

'이발' haircut은 셀 수 있는 명사로 '한 이발'은 a haircut으로 옮기고 일반적인 의미의 이발은 haircuts로 옮긴다. 넷째 예문의 haircuts는 일반적인 의미의 이발을 가리킨다.

제8장 | 부사

Ⅱ. 기본연습

1. d	2. a	3. c	4. b	5. a
6. a	7. c	8. d	9. c	10. c

Ⅲ. 심화연습

1. d	2. c	3. a	4. c	5. b
6. d	7. a	8. d	9. c	10. c

Ⅳ. 기본영작

1. a. very easily b. very
2. a. every weekend b. always
3. a. very b. certainly
4. a. on weekends b. just
5. a. in a lake b. usually
6. a. very b. Surprisingly
7. a. In addition b. only
8. a. usually b. with his rising
9. a. Interestingly b. soundly
10. a. never b. Never before

Ⅴ. 심화영작

1. a. People usually like to eat out with their family.
   b. Most people like for their family to eat out together.
   c. Eating out with family is what people generally like to do.
   d. For the whole family to eat out is generally what people like.

추가예문 The majority of people like to eat out with their family.
Eating out with their family is something that a lot of people like to do.

'가족외식'은 eating out with family처럼 동명사구로 옮길 수도 있고 to eat out처럼 to-부정사로 옮길 수도 있고 eat out with one's family처럼 동사구로 옮길 수도 있다.

첫째 예문은 명사구 people 둘째 예문은 명사구 most people이 주어이다. 그러나 이와 달리, 셋째 예문은 동명사 eating이 주어이고 넷째 예문은 to-부정사 to eat이 주어이다.

둘째 예문의 명사구 their family는 to-부정사 to eat의 주어이고 for는 부정사 앞에 놓이는 전치사이다.

넷째 예문의 명사구 the whole family는 to-부정사 to eat의 주어이고 for는 부정사의 주어 앞에 놓이는 전치사이다.

2. a. Eating out with one's family was very rare in the old days.
   b. In the old days, it was very rare to eat out with one's family.
   c. It was very hard to find people eating out with their family in the old days.
   d. We could hardly see people eating out with their family in the old days.

추가예문 People rarely ate out with their family in the past.
Eating out with your family in the old days was rarely done.

'옛날에는'은 in the old days로 옮기고 이것은 형태상 전치사 in과 목적어인 명사구 the old days로 되어있지만 기능상으로는 때를 나타내는 부사구이다. 때를 나타내는 부사구는 보통 첫째 예문처럼 문장 끝 위치에 오지만 둘째 예문처럼 문장 첫머리 위치에도 올 수 있다. 전치사구 in the past를 써도 좋다.

둘째 예문과 셋째 예문의 very rare와 very hard는 모두 형용사구로, 강조부사 very가 각각 형용사 rare와 hard를 수식하는 구조로 되어있다.

넷째 예문의 hardly는 '거의 ~않다'는 부정의 의미를 가진 부정부사로 보통 문장 가운데 위치에 온다. 따라서 조동사 could와 본동사 see 사이에 온다. 그러나 be 동사가 있는 경우에는 be동사 뒤에 오고 일반동사가 있을 때는 일반동사 앞에 온다.

3. a. The family usually doesn't eat out.
   b. Normally, the family rarely eats out.
   c. In general, the family doesn't eat out.
   d. It is not common for the family to eat out.

추가예문 As a rule, the family usually doesn't eat out.

Generally speaking, the family doesn't eat out.

'그 가족'은 화자가 그의 청자도 알고 있다고 보는 가족을 가리키므로 the family로 옮긴다.

'보통은'은 막연한 빈도를 가리키는 부정빈도부사 usually로 옮긴다. 이 부사는 보통 문장 가운데 위치에 오므로 be동사 뒤, 일반동사 앞, 조동사 뒤에 오지만 첫째 예문처럼 부정문일 때는 부정어 doesn't 앞에 온다.

둘째 예문과 셋째 예문의 normally와 in general은 모두 문장의 첫 머리에 놓여 뒤의 절 전체를 수식하는 기능을 하는 문장부사이다.

as a rule은 '대체로'를 뜻하고 generally speaking은 '일반적으로 말하면'의 뜻이다.

넷째 예문의 it은 진주어인 to-부정사 to eat을 가리키는 가주어이고, the family는 부정사의 주어이고 for는 the family가 부정사의 주어라는 것을 나타내는 전치사이다.

4. a. It is fortunate that lots of family members can get together on traditional holidays.
   b. A fortunate thing is that lots of family members can get together on traditional holidays.
   c. Luckily lots of family members get together on traditional holidays.
   d. Lots of family members get together on traditional holidays, and this is great.

추가예문 During traditional holidays, many family members are fortunate enough to be able to meet together.

Fortunately, many family members can get together on traditional holidays.

'운 좋게도'는 부사 luckily, fortunately로 옮기거나 가주어 it와 진주어인 that-절을 사용하여 it is fortunate that~으로 옮길 수도 있고, a fortunate thing is that~, ~is fortunate, be fortunate enough로 옮길 수도 있다.

'명절' traditional holiday는 셀 수 있는 명사로 '한 명절'을 가리킬 때는 a traditional holiday가 되지만 일반적인 의미의 명절을 가리킬 때는 한정사를 붙이지 않은 복수형을 쓰므로 traditional holidays로 표현한다. 예문에서는 모두 일반적인 의미의 명절을 가리키기 위해 traditional holidays로 옮긴 것이다.

'명절에는'은 모두 전치사구 on traditional holidays, during traditional holidays로 옮긴다.

'많은 가족구성원'은 lots of family members, many family members로 옮긴다. 이것들은 한정사 중 양화사 lots of와 many 뒤에 명사 family members가 온 명사구이다. 한정사에 관해서는 '제2장 구의 종류와 기능'의 〈핵심연구〉를 참조하라.

'모이다'는 get together로 옮긴다.

5. a. We eat out only when lots of family members get together.
   b. We do not eat out unless lots of family members get together.
   c. Only when lots of family members get together do we eat out.
   d. Our family eats out only when lots of family members get together.

추가예문 Only when many family members get together do we like to eat out.

Only after so many family members get together will we decide to go eat out.

'~할 때만이 ~하다'는 ~only when~, not~ unless~, only after~로 옮긴다. only는 초점부사로 초점을 맞추려는 단어, 구, 절의 앞에 오므로 예문에서 'when-절'과 'after-절'에 초점을 맞추기 위해 그 절의 바로 앞에 와 있다.

셋째 예문은 부정의 의미를 내포한 초점부사

only가 앞에 놓인 부사절인 'when-절'이 주절 we eat out 뒤에서 강조를 위해 앞으로 이동되어 주절 전체에 부정의 의미를 전달하게 되어 주절의 정상적인 '주어(we)+동사(eat)'의 구조가 비정상적인 '조동사(do)+주어(we)+본동사(eat)'의 구조로 의무적으로 바뀐 것이라는데 유의하라. 대조적으로, 넷째 예문은 only 'when-절'이 주절 뒤에 있으므로 주절에서 주어와 조동사의 도치가 일어나지 않는다는 것을 보여준다. only 'after-절' 뒤의 주절에서도 주어(we)와 조동사(will)의 도치가 일어난다.

6. a. We usually go to a restaurant not far from home when our family wants to eat out.
   b. A restaurant not far from home is a common place where our family eats out.
   c. The place where our family eats out is a restaurant not far from home.
   d. It is common for our family to go to a restaurant not far from home to eat out.

추가예문 Our family usually eats out at a restaurant that isn't far from our home.
We usually eat out as a family at a restaurant that is not far from home.

'집에서 멀지 않은'은 not far from home, not far from one's home으로 옮긴다.

'식당' restaurant는 셀 수 있는 명사로 한국어 원문은 '한 식당'을 가리키므로 a restaurant로 옮긴다.

첫째 예문은 사람인 '우리' we를 둘째 예문은 외식을 하는 '식당' restaurant를 셋째 예문은 외식하는 '장소' place를 화제로 삼아 옮긴 것이다. 이와 달리, 넷째 예문은 진주어인 부정사 to go를 가리키는 가주어 it을 두어 옮긴 것이다.

둘째 예문과 셋째 예문의 where가 이끄는 절 where~eats out은 앞의 장소를 나타내는 명사 place를 수식하는 형용사적인 역할을 하는 관계절이고 where는 관계부사이다.

7. a. Only when her family eats out can a housewife be free from preparing meals.
   b. Eating out is the only thing that makes a housewife feel free from preparing meals.
   c. Only eating out together as a family gives a housewife freedom from preparing meals.
   d. A housewife feels free from preparing meals only when her family eats out.

추가예문 Eating out as a family relieves housewives from the duty of cooking meals.
Only when a family eats out is a housewife relieved of the burden of cooking meals.

'식사' meal은 셀 수 있는 명사로 '한 끼의 식사'는 a meal이지만 일반적인 의미의 식사를 가리킬 때는 meals로 옮긴다.

'식사를 준비하다'는 일반적인 의미의 식사를 준비하는 것을 가리키므로 prepare meals로 옮긴다.

'~로부터 해방되다'는 '~로부터 자유롭다'는 뜻으로 be free from~, feel free from~, give someone freedom from~, ~feel free from~, relieve~from the duty of~, be relieved of the burden of~로 옮긴다.

'only when-절'이 주절 앞으로 이동하면 주절의 주어(a housewife)와 조동사(can, is)의 도치가 일어난다.

8. a. The family always eats out during summer vacations.
   b. Whenever the family has summer vacation, they eat out.
   c. Summer vacation is the time when the family eats out.
   d. As for the family, they always eat out every summer vacation.

추가예문 Summer vacation is when the family goes and eats out.

Eating out together as a family usually happens during summer vacation.

'휴가' vacation은 셀 수 있는 명사와 셀 수 없는 명사로 모두 쓰인다. 따라서 수의 개념으로 쓸 때 '한 휴가'는 a vacation이고 일반적인 의미의 휴가는 vacations이다. 따라서 '여름휴가'는 일반적인 의미의 여름휴가를 가리킬 때는 수의 개념으로 쓸 때는 summer vacations로 옮기고 양의 개념으로 쓸 때는 summer vacation으로 옮긴다.

'여름휴가 때마다'는 during summer vacations, during summer vacation, whenever~has summer vacation, every summer vacation으로 옮긴다.

셋째 예문의 when~out은 때를 나타내는 관계절로 앞의 때를 나타내는 명사 time을 수식하는 형용사적인 기능을 한다. when은 때를 나타내는 관계부사이다.

9. a. Eating out gives the family opportunities to eat special foods.
   b. When we eat out, my family has an opportunity to eat special foods.
   c. The whole family has an opportunity to eat special foods when eating out.
   d. Special foods are those which the whole family can have an opportunity to eat when eating out.

추가예문 Eating out gives the family a chance to eat interesting foods that they don't usually eat.

Interesting and unique kinds of food can be eaten by the family when they eat out together.

'음식' food는 일반적으로 셀 수 없는 명사로 사용하지만 종류를 가리킬 때는 셀 수 있는 명사로 쓰인다.

'특별한 음식'은 어떤 것이건 '한 특별한 음식'은 음식의 종류를 나타내므로 a special food로 옮기고, 일반적인 의미의 특별한 음식은 special foods로 옮긴다. interesting foods, unique kinds of food로 옮길 수도 있다.

'기회' opportunity는 셀 수 있는 명사와 셀 수 없는 명사로 쓰인다. 셀 수 있는 명사로 쓸 때는 '한 기회'는 an opportunity로 일반적인 의미의 기회는 opportunities로 나타낸다. 예문의 an opportunity는 '한 기회'를 뜻하고 opportunities는 일반적인 의미의 기회를 나타낸다.

첫째 예문의 the family는 동사 give의 간접목적어이고 opportunities는 직접목적어이다.

넷째 예문의 those는 '그것들'을 뜻하는 대명사로 목적격 관계대명사 which의 선행사이고 to-부정사 to eat의 목적어이다.

10. a. People generally seem to have lunch or dinner when eating out.
   b. It seems that people generally have lunch or dinner when they eat out.
   c. Lunch or dinner seems to be the common meal people have when they eat out.
   d. My idea is that people generally eat lunch or dinner when they eat out.

추가예문 When people eat out together, they usually eat lunch or dinner.

The meal that people usually have together when they eat out is lunch or dinner.

'외식을 할 때는'은 when~eat out, when eating out으로 옮긴다. 첫째 예문의 when eating out은 when they are eating out에서 주절주어와 같은 종속절 주어 they와 be동사 are가 생략된 것이다.

'점심이나 저녁을 먹다'는 have/eat lunch or dinner로 옮긴다.

'~이 일반적인 것 같다'는 generally seem to ~, it seems that~generally~, ~seem to be common, my idea is that~generally~로 옮긴다.

셋째 예문의 meal과 people 사이에 목적격 관계대명사 which/that이 생략되어 있다.

제9장 | 구로 절 만들기

Ⅱ. 기본연습

1. c 2. d 3. a 4. b 5. b
6. a 7. d 8. d 9. a 10. b

Ⅲ. 심화연습

1. c 2. b 3. c 4. d 5. d
6. c 7. a 8. a 9. d 10. c

Ⅳ. 기본영작

1. a. His hobby b. as a hobby
2. a. visits a table tennis room
   b. A table tennis room
3. a. accurately
   b. properly hitting the ball
4. a. automatic b. rigorous
5. a. feels a little tired
   b. feel a little tired
6. a. practices b. short
7. a. drinks some cold water
   b. drinking some cold water
8. a. with a bag on his shoulder
   b. After practice
9. a. on the table tennis table
   b. is put down
10. a. wipes the table tennis paddle rubber clean b. clean

Ⅴ. 심화영작

1. a. A long time ago, most people used plastic umbrellas.
   b. Plastic umbrellas were used by most people a long time ago.
   c. It was common among people to use plastic umbrellas a long time ago.
   d. Umbrellas that most people used a long time ago were made of plastic.

추가예문 Most people used plastic umbrellas in the past.
Not long ago, plastic umbrellas were commonly used among most people.

'오래 전에는'은 a long time ago, in the past, not long ago로 옮긴다.
'많은 사람들'은 most people, people로 옮긴다.
'비닐우산' plastic umbrella는 셀 수 있는 명사로 '비닐우산 하나'는 a plastic umbrella이고 일반적인 의미의 비닐우산은 plastic umbrellas이다.
셋째 예문의 it은 뒤의 진주어인 to-부정사 to use를 가리키는 가주어이다.
넷째 예문의 that은 목적격 관계대명사로 앞의 umbrellas가 동사 used의 목적어라는 것을 나타낸다. be made up of ~는 '~로 구성되다'는 뜻이다.

2. a. Nowadays, not many people use plastic umbrellas.
   b. Many people do not use plastic umbrellas nowadays.
   c. Plastic umbrellas are not popular among people nowadays.
   d. It is not easy to find people who use plastic umbrellas nowadays.

추가예문 These days not many people use plastic umbrellas.
These days it's hard to find people using plastic umbrellas.

'요즘은'은 부사 nowadays, these days로 옮긴다. 이것은 시간부사로 시간부사는 주로 문장 끝 위치에 오지만 문장 첫머리 위치에도 올 수 있다. 이 때문에 예문에서 모두 문장 끝 위치와 첫머리 위치에 와 있다.
'사용하는 사람이 많지 않다'는 not many people use ~, many people do not use ~, are not popular among people, it is not easy to find people who use ~, it's hard to find people using ~으로 옮긴다.

넷째 예문의 it은 진주어인 to-부정사 to find를 가리키는 가주어이다.

3. a. You don't care much about the loss of a plastic umbrella, for it is cheap.
   b. A plastic umbrella is so cheap that we don't care much about losing it.
   c. Since a plastic umbrella is cheap, we don't feel very bad about losing it.
   d. We need not pay much money for a plastic umbrella, so we do not care much about losing it.

추가예문 It doesn't really matter if you lose a plastic umbrella because it doesn't cost much to begin with.

Because it's cheap, there aren't any hard feelings when a plastic umbrella is lost.

'값이 싸다'는 be cheap, need not pay much money, not cost much로 옮긴다.

'값이 싸서'는 이유를 가볍게 덧붙여 줄 때 사용하는 ~, for~is cheap으로 옮기거나 be so cheap that~으로 옮길 수 있다. 또한 화자가 제시하는 이유가 이미 청자에게도 알려져 있는 이유일 때는 since~is cheap으로 옮기고 이유를 주장할 때는 because~not cost much처럼 옮긴다. 이 외에도 넷째 예문처럼 ~need not pay much money, so~로 옮길 수도 있다.

'~을 잃어버려도'는 about the loss of~, about losing~, if~lose~, when~is lost로 옮긴다.

'그다지 아깝지 않다'는 don't care much, don't feel very bad, don't really matter, there aren't any hard feelings로 옮긴다. hard feelings는 '악감정, 적의'를 뜻한다.

4. a. An umbrella made with cloth doesn't repel a lot of rain.
   b. An umbrella made of cloth cannot prevent the absorption of a lot of rain.
   c. When you use an umbrella made out of cloth, it won't repel a lot of rain.
   d. Rainwater cannot be repelled by an umbrella made with cloth.

추가예문 Cloth umbrellas can't repel rain water.

Rain water is able to penetrate a cloth umbrella.

'천으로 된 우산'은 an umbrella made with cloth, an umbrella made of cloth, an umbrella made out of cloth, an umbrella with cloth, a cloth umbrella, cloth umbrellas로 옮긴다.

'소나기가 오면 비가 안으로 스며들다'는 don't repel a lot of rain, cannot prevent the absorption of a lot of rain, won't repel a lot of rain, rainwater cannot be repelled, can't repel rain water, rainwater is able to penetrate~로 옮긴다.

첫째 둘째 넷째 예문의 made는 타동사 make의 과거분사로 수동의 의미를 가진 형용사('만들어진'의 의미)처럼 앞의 명사 umbrella를 수식하는 기능을 한다.

5. a. Even when it showers, a plastic umbrella repels rain.
   b. Even a lot of rainwater cannot pass through a plastic umbrella.
   c. A plastic umbrella repels rainwater even if it is raining heavily.
   d. You don't get wet under a plastic umbrella even in a heavy rain because it does not absorb water.

추가예문 Even heavy rain won't penetrate a plastic umbrella.

Plastic umbrellas can repel even a large amount of rain.

'소나기가 와도'는 부사절 even when it showers, even if it is raining heavily로 옮길 수도 있고, 명사구 even a lot of rainwater, even heavy rain, even a large amount of rain으로 옮

길 수도 있고, 전치사구 even in a heavy rain으로 옮길 수도 있다.

'비가와도 안으로 스며들지 않다'는 repel rain/ rainwater, rainwater cannot pass through~, do not absorb water, even heavy rain won't penetrate~, can repel even a large amount of rain으로 옮긴다.

첫째 예문은 '비닐우산' a plastic umbrella를 둘째 예문은 '소나기' a lot of rainwater를 넷째 예문은 일반인을 가리키는 you를 화제로 삼아 옮긴 것이다.

넷째 예문의 get wet은 '젖다'는 뜻이다.

6. a. The young man prefers a plastic umbrella to a parasol.
   b. A plastic umbrella is preferred to a parasol by the young man.
   c. The young man's preference is to use a plastic umbrella, not a cloth one.
   d. Of the two kinds of umbrellas, namely, a plastic umbrella and a cloth one, the former is what the young man prefers.

추가예문 The young man likes plastic umbrellas over cloth ones.

Among the two kinds of umbrellas, plastic ones and cloth ones, the young man prefers plastic ones.

'천으로 된 우산'은 a parasol, a cloth umbrella로 옮긴다.

'~보다 ~을 더 좋아하다'는 prefer~to~, be preferred to~로 옮기거나 one's preference is~, not~이나 of the two kinds of~, ~is what ~prefers로 옮길 수도 있고 like~over~로 옮길 수도 있고 of the two kinds of~, the former is what~prefers로 옮길 수도 있다.

둘째 예문은 prefer a plastic umbrella to a parasol에서 동사 prefer의 목적어인 a plastic umbrella를 화제로 삼기 위해 동사 앞으로 이동하면서 파생된 수동문이다. 셋째 예문의 one은 앞서 나온 a plastic umbrella에서 셀 수 있는 명사의 단수형인 umbrella가 반복되는 것을 피하기 위해 사용한 대명사이다.

넷째 예문의 전치사 of는 '~중에서'로 해석한다.

7. a. A merit of a plastic umbrella over a cloth one is that the former one is easy to carry.
   b. A person can carry a plastic umbrella more easily than a cloth one, since the former is lighter than the latter.
   c. Since a plastic umbrella is lighter than a cloth one, it is easy to carry.
   d. A plastic umbrella is lighter than a cloth one, so the former is easier to carry.

추가예문 Between plastic and cloth umbrellas, plastic umbrellas are easier to carry.

Plastic umbrellas are easier to carry than cloth ones because they are lighter.

'~보다 가볍다'는 be lighter than~으로 옮긴다.

'휴대하기 편하다'는 be easy to carry, carry~easily로 옮긴다.

첫째 예문의 종속절 내의 the former is easy to carry는 원래 it is easy to carry the former로 의미상 비어있는 가주어 it자리로 부정사의 목적어인 the former가 이동하여 파생된 것으로 본다. 따라서 해석을 할 때 the former를 부정사의 목적어로 해석하여 '전자를 휴대하기가 쉽다'로 해석된다.

the former는 '전자' the latter는 '후자'를 의미한다.

예문의 one은 앞서 나온 셀 수 있는 명사의 단수형 umbrella를 ones는 복수형 umbrellas를 가리키는 대명사이다.

8. a. When a strong wind blows, it is difficult to hold a plastic umbrella. This is a defect.
   b. You may have difficulty holding a plastic umbrella in a strong wind, as this is a defect.

c. It is difficult to hold a plastic umbrella in a strong wind, as this is a defect.

d. A defect of a plastic umbrella is that it is difficult to hold in a strong wind.

추가예문 Due to a flaw in its design, a plastic umbrella is hard to hold onto when there is a strong wind.

Unfortunately, it's hard to hold a plastic umbrella when the wind is strong.

'바람' wind는 셀 수 있는 명사와 셀 수 없는 명사로 모두 쓰이는 명사이다. 이 때문에 wind를 셀 수 없는 명사로 사용할 때는 앞에 한정사를 붙이지 않고 wind로 표현하면 일반적인 의미의 바람을 뜻하고, 셀 수 있는 명사로 사용할 때는 한정사를 붙이지 않고 winds로 표현해야 일반적인 의미를 전하게 된다는데 유의하라. 우리 주변에 우리에게 너무나 잘 알려져 있는 물리적 자연환경을 가리키는 말은 보통 정관사를 붙여서 the wind, the weather, the rain, the fog, the town, the country, the sea, the mountains처럼 사용한다. 한국어 원문의 '강한 바람'은 바람의 한 종류이므로 a strong wind로 나타낸다.

'강한 바람이 불 때는'은 부사절 when a strong wind blows, when the wind is strong으로 옮기거나 전치사구 in a strong wind로 옮긴다.

'우산을 사용하다'는 '우산을 쓰다'는 의미로 hold an umbrella, put up an umbrella, hold onto an umbrella로 옮긴다.

첫째 예문과 셋째 예문의 it은 모두 진주어인 to-부정사 to hold를 가리키는 가주어이지만 넷째 예문의 it은 앞의 a plastic umbrella를 가리키는 대명사이다.

9. a. A plastic umbrella is clear, so that its owner can see the sky through it, which makes him feel good.

b. An umbrella user may feel good when he holds a plastic umbrella and can see the sky through it.

c. A plastic umbrella is so clear that its user can see the sky through it, and this makes him feel good.

d. The clarity of a plastic umbrella enables its user to see the sky through it and this makes him feel good.

추가예문 As a plastic umbrella is see-through, its owner can see the sky through it, which can make him feel happy.

Having been made out of transparent material, someone who uses a plastic umbrella can feel happy because they can see the sky through it.

'투명하다'는 be clear, be transparent, be see-through로 옮긴다.

'하늘'은 the sky로 옮긴다.

'~의 기분을 좋게 하다'는 make~feel good, ~feel good, make~feel happy, ~feel happy로 옮긴다.

첫째 예문의 which는 주격관계대명사로 앞에 쉼표(,)가 있는 경우 앞의 절 전체 (its user~through it)를 가리킬 수 있다.

첫째 셋째 넷째 예문의 make의 목적어 him 뒤 feel은 원래 to feel이 와야 하지만 make가 사역동사여서 원형부정사 feel의 형태로 온 것이다.

넷째 예문의 enable은 뒤에 목적어와 목적보어로 to-부정사를 두어 '~가 ~할 수 있게 하다'는 의미를 전하는 동사이다.

10. a. There are some plastic umbrella lovers even today because plastic umbrellas have several merits.

b. With its several merits, some people enjoy using a plastic umbrella even today.

c. Since plastic umbrellas have several merits, some people like to use them even today.

d. Plastic umbrellas have several merits, which makes some people enjoy using them even today.

추가예문 Some people still love using plastic umbrellas because they have several good points.

As plastic umbrellas have several good points, there are still people who love using them.

'여러 가지 장점'은 several merits, several good points로 옮긴다.

'여러 가지 장점 때문에'는 이유를 나타내는 부사절 because~have several merits, since~have several merits, because~have several good points, as~have several good points로 옮길 수도 있고 ~have several merits, which makes~로 옮길 수도 있다. 또한 전치사구 with several merits로 옮길 수도 있다.

'요즘도'는 even today로 옮긴다.

'어떤 사람들은 ~을 즐겨 사용하다'는 there are some ~lovers, some people enjoy ~-ing, some people like to~로 옮긴다.

동사 enjoy의 목적어 자리에 오는 동사는 to-부정사 형태로는 오지 않고 동명사형태로 와야 한다는데 유의하라.

제10장 | 절의 종류와 기능

Ⅱ. 기본연습

1. d	2. c	3. a	4. a	5. b
6. d	7. d	8. b	9. b	10. c

Ⅲ. 심화연습

1. a	2. d	3. b	4. a	5. c
6. b	7. c	8. d	9. d	10. d

Ⅳ. 기본영작

1. a. when	b. of fall
2. a. as	b. While
3. a. that	b. It
4. a. That	b. that
5. a. that	b. surprised
6. a. why	b. It
7. a. though	b. but
8. a. why	b. why
9. a. because	b. which
10. a. what	b. what it is

Ⅴ. 심화영작

1. a. When and where you get rained on will be of importance.
   b. The significance depends on when and where you get rained on.
   c. It will be an important thing when and where you get rained on.
   d. I think that the important thing will be when and where you get rained on.

추가예문 The timing and location of where you get rained on will be important.

The thing that matters is where and when you'll get rained on.

'비를 맞다'는 get rained on으로 표현한다.

'언제 어디에서 비를 맞느냐'는 명사절 when and where you get rained on, the timing and location of where you get rained on으로 옮긴다. 명사절은 보통 동사의 주어, 보어, 목적어가 될 수가 있고 전치사의 목적어가 될 수도 있다. 첫째 예문에서는 동사 will be의 주어이고 둘째 예문에서는 전치사 on의 목적어이고 가주어 it의 진주어인 명사절로서의 기능을 하고 넷째 예문에서는 동사 will be의 보어로 기능을 하고 있다.

첫째 예문의 전치사구 of importance는 '전치사+추상명사'로 형용사 important와 같은 기능을 한다.

둘째 예문의 depend on~은 '~에 달려있다, 의존하다'는 뜻으로 on이 전치사이므로 뒤는 전치사의 목적어가 오는 자리여서 명사절이 목적어로 온 것이다.

2. a. I wonder how I would feel if I walked

in the rain.

b. It is not clear to me how I would feel if I walked in the rain.

c. Walking in the rain will give me some kind of feeling but I wonder what kind it would be.

d. My curiosity is piqued when I think about how I would feel if I walked in the rain.

추가예문 I'm not sure how I'd feel if I were to take a walk in the rain.

I wonder what kinds of feelings I would have if I were to walk in the rain.

'비를 맞으며 걷다'는 walk in the rain, take a walk in the rain으로 옮긴다.

'어떤 느낌이 들지'는 '어떤 느낌이 들지를'을 의미하므로 의문사가 이끄는 간접의문을 나타내는 명사절 how I would feel, what kinds of feelings I would have로 옮긴다.

'~이 궁금하다'는 I wonder~, ~is not clear to me, my curiosity is piqued, I'm not sure로 옮긴다. 동사 pique는 '(흥미 등)을 불러일으키다'는 뜻이다.

첫째 예문의 if-절(if I~the rain)은 조건을 나타내는 부사절이고 how-절(how I~feel)은 명사절로 주절(I wonder)의 동사 wonder에 내포된 종속절이다.

둘째 예문의 it은 진주어인 명사절인 how-절(how I~feel)을 가리키는 가주어이고 if-절(if I~the rain)은 조건을 나타내는 부사절이다.

셋째 예문의 but은 등위접속사로 앞의 주절(Walking~feeling)과 뒤의 주절(I wonder)을 대등하게 연결하는 기능을 하고, 뒷 절 내의 명사절(what kind~be)은 주절동사 wonder에 내포된 종속절이다.

넷째 예문은 하나의 주절(My~piqued)과 세 개의 종속절로 되어있다. 부사절인 'when-절'(when~about)의 전치사 about에 이 전치사의 목적어인 명사절(how I~feel)이 내포되어 있고 부사절인 if-절이 이 명사절에 내포되어 있다.

3. a. Some people even enjoy walking in the rain.

b. Walking in the rain even pleases some people.

c. It even amuses some people to walk in the rain.

d. There are some people who even enjoy walking in the rain.

추가예문 Taking a walk in the rain is enjoyable for some people.

There are a number of people who enjoy taking a walk in the rain.

'어떤 사람들'은 some people, a number of people로 옮긴다.

'~을 즐기기도 하다'는 동사에 초점을 맞추는 초점부사 even을 동사 앞에 두어 even enjoy~, even please~, even amuse~로 옮긴다. 초점부사의 문장 내의 기능에 관해서는 '제8장 부사'의 〈핵심연구〉를 참조하라.

셋째 예문의 it은 진주어인 to-부정사 to walk을 가리키는 가주어이다.

넷째 예문은 '~가 있다'는 의미를 가진 '존재의 there-구문'으로 주격관계대명사 who가 이끄는 관계절(who~the rain)이 전체 문장의 주어 some people을 수식하는 형용사절이다.

4. a. Getting drizzled on may give you calmness of mind.

b. It may give you calmness of mind to get drizzled on.

c. I guess you may feel a bit calm when you get drizzled on.

d. You may have calmness of mind when you get drizzled on.

추가예문 Walking while it is misting can make you feel calm.

Getting caught in a fine rain can bring you peace of mind.

'가랑비' drizzle은 보통 셀 수 없는 명사로 쓰이지만 a drizzle처럼 단수명사로 쓰이기도 한다.

'가랑비를 맞다'는 get drizzled on, walk while it is drizzling, get caught in a fine rain으로 표현한다.

'마음이 가라앉다'는 give~calmness of mind, feel calm, have calmness of mind, bring~ peace of mind로 옮긴다.

'~않을까 생각되다'는 may~, guess you may~, may have~, can make~로 옮긴다.

셋째 예문은 주절(I guess)동사 guess에 목적어인 명사절(you~calm)이 내포되어 있고 이 명사절에 부사절(when~on)이 붙어있는 구조이다.

넷째 예문은 하나의 주절(You~mind)과 하나의 종속 부사절(when~on)로 되어있다.

5. a. Most people hate walking in the rain.
   b. Lots of people don't like walking in the rain.
   c. Walking in the rain is not popular among people.
   d. It is not pleasurable to walk in the rain to most people.

추가예문 It's not enjoyable for most people to walk in the rain.

The vast majority of people don't like walking in the rain.

'많은 사람들'은 명사구 most people, lots of people, the vast majority of people이나 전치사구 among people로 옮긴다.

'~을 좋아하지 않다'는 hate~, don't like~, be not popular, it is not pleasurable to do~, it's not enjoyable로 옮긴다.

첫째 둘째 셋째 예문의 walking은 모두 동명사로 첫째 예문에서는 동사 hate의 목적어로 둘째 예문에서는 동사 like의 목적어로 셋째 예문에서는 동사 is의 주어로서의 기능을 하고 있다.

넷째 예문의 it은 진주어인 to-부정사 to walk을 가리키는 가주어이다.

6. a. It is likely that you will have an intense change of emotion when you are caught in a shower.
   b. When you are in the rain, you are likely to have an intense change of emotion.
   c. Being exposed to a shower is likely to make a person have an intense change of emotion.
   d. I guess you will feel an intense change of emotion when you are caught in a shower.

추가예문 Your mood might change if you walk through the rain.

Being in a rain shower might change your frame of mind.

'소나기' shower는 셀 수 있는 명사로 '소나기 하나'는 a shower로 표현하고 일반적인 의미의 소나기를 가리킬 때는 showers로 표현한다. 따라서 '4월 소나기'는 April showers처럼 표현한다.

'소나기를 맞다'는 be caught in a shower, be exposed to a shower, walk through the rain, be in a rain shower로 옮긴다.

'강렬한 감정의 변화'는 an intense change of emotion으로 옮긴다.

'~일 것 같다'는 it is likely that~, be likely to do~, I guess~will~, might~로 표현한다.

첫째 예문의 it은 진주어인 명사절인 'that-절'을 가리키는 가주어이다.

예문의 'when-절'은 모두 종속절인 부사절이다.

셋째 예문은 동명사 being이 문장의 주어이다.

넷째 예문의 I guess는 주절이고 병사절(you~emotion)이 주절에 종속되어 있고 이 종속절에 부사절인 'when-절'(when~a shower)이 또한 종속절로 나와 있다.

7. a. When you walk in the rain, you adjust yourself to the changes in the environment.
   b. It is adjusting yourself to changes in the environment to walk in the rain.
   c. Walking in the rain indicates that you are adjusting yourself to changes in the

environment.

d. To walk in the rain is to adjust yourself to changes in the environment.

추가예문 When you walk in the rain, your body adjusts to the patterns of nature.

Walking in the rain allows one to adapt to the rhythms of nature.

'자연의 변화'는 changes of the environment, the changes in the environment로 옮기며 the environment는 '자연환경'을 가리킨다.

'~에 순응하다'는 adjust oneself to~, adjust to~, adapt to~로 옮긴다.

첫째 예문의 'when-절'은 뒤의 주절에 종속된 부사절이다.

둘째 예문은 진주어인 to-부정사 to walk을 가리키는 가주어 it으로 시작하고, 넷째 예문은 to-부정사 to walk이 주어인 문장이다.

셋째 예문의 walking~indicates는 주절로 동사 indicate의 목적어인 종속 명사절을 내포하고 있다.

8. a. Walking in the rain may lead you to experience catharsis.

b. You could experience catharsis when you walk while getting rained on.

c. I guess that one may experience catharsis in walking in the rain.

d. It seems to me that you may experience catharsis in walking in the rain.

추가예문 Walking in the rain can help you relieve your tension.

It is possible that you feel an emotional release when you walk in the rain.

'비를 맞으며 걷다'는 walk in the rain, walk while getting rained on으로 옮긴다.

'감정의 정화'는 catharsis로 옮기고 '감정의 정화가 일어나다'는 '감정의 정화를 경험하다'는 뜻으로 experience catharsis, relieve one's tension, feel an emotional release로 옮긴다.

'~지 않을까 생각되다'는 may~, could~, I guess that~may~, it seems to me that~, can help~, it is possible that~으로 옮긴다.

첫째 예문의 동사 lead는 목적어와 목적보어로 to-부정사를 두어 '- 을 에 이르게 하다'는 의미를 전한다.

9. a. Acid rain falls nowadays, so people are afraid of getting rained on.

b. Since acid rain falls nowadays, people are afraid of getting rained on.

c. Nowadays people are afraid of getting rained on because of acid rain.

d. With acid rain falling, people are afraid of getting rained on nowadays.

추가예문 These days people find it worrisome to get rained on because of acid rain.

Because acid rain is a problem these days, people worry about getting rained on.

'산성비'는 acid rain으로 옮기고 '산성비가 내린다고'는 acid rain falls, so~로 옮기거나 since acid rain falls, because of acid rain, with acid rain falling, because acid rain is a problem으로 옮긴다.

'~을 두려워하다'는 be afraid of~, find it worrisome to do~, worry about~으로 옮긴다.

'비를 맞다'는 표현 get rained on은 전치사 of 뒤에서 이 전치사의 목적어가 되어야 하기 때문에 모두 동명사 getting으로 바뀐 것이다.

넷째 예문의 with acid rain falling은 전치사구로 전치사 with 뒤에 전치사의 목적어인 명사구 acid rain과 목적보어인 현재분사 falling로 구성되어 있다.

10. a. You'll feel different between being in a drizzle and being in a shower.

b. A drizzle and a shower will give you a different feeling when you get rained on.

c. The two different kinds of rain, a drizzle and a shower, will give you a different feeling when you get rained on.

d. When you get rained on, you'll feel a difference between a drizzle and a shower.

추가예문 Being in a drizzle and being in a shower both produce different emotions in one's being.

Your mood will be affected differently whether you are getting misted on or get caught in a shower.

'가랑비'와 '소나기'는 각각 a drizzle과 a shower로 옮긴다.

'가랑비를 맞다'는 be in a drizzle, get misted on으로 옮기고 '소나기를 맞다'는 be in a shower, get caught in a shower로 옮긴다.

'서로 느낌이 다르다'는 feel different between~, give a person a different feeling, feel a difference between, produce different emotions, one's mood will be affected differently~로 옮긴다.

동사구 feel different에서 동사 feel은 '느낌이 ~하다, ~한 느낌이 들다'는 자동사로 뒤에 형용사구인 보어가 오지 않으면 혼자서는 완전한 의미를 전할 수 없는 구조가 된다. 바꾸어 말하면, 무슨 느낌이 드는지 의미가 분명해 지지 않는다. 따라서 형용사구 different가 이 자동사의 보어로 반드시 와야 하는 요소이다. 이와 달리, 동사구 feel a difference에서는 동사 feel은 '~을 느끼다'는 의미를 가진 타동사로 뒤에 목적어가 반드시 와야 무엇을 느끼는지 의미가 분명해진다. 따라서 뒤의 명사구 a difference가 동사의 목적어로 반드시 와야 하는 요소이다.

제11장 | 절로 문장 만들기

Ⅱ. 기본연습

1. d 2. a 3. b 4. c 5. d
6. a 7. a 8. b 9. d 10. d

Ⅲ. 심화연습

1. b 2. c 3. d 4. d 5. c
6. b 7. b 8. b 9. d 10. c

Ⅳ. 기본영작

1. a. It b. Fall
2. a. and b. sway
3. a. when b. sunset times
4. a. but b. though
5. a. because b. so
6. a. and b. while
7. a. that b. It
8. a. or b. either
9. a. so b. because
10. a. or b. studying

Ⅴ. 심화영작

1. a. In the water live fish.
   b. Fish live in the water.
   c. You can find fish in the water.
   d. There are live fish in the water.

추가예문 Fish are living in the water.

In the water is where fish live.

'물속에는'은 전치사구 in the water로 옮긴다.

'물고기' fish는 셀 수 있는 명사로 복수형은 fish와 fishes 둘 다 쓰인다. 따라서 '물고기 한 마리'는 a fish이고 일반적인 의미의 물고기는 fish와 fishes 모두 쓸 수 있다.

'살다'는 과거에도 살았고 현재도 살고 있고 미래에도 살 것이 틀림없다고 볼 때는 사는 행위가 과거 현재 미래에 두루 걸쳐 이루어지는 행위이므로 단순현재시제 live로 표현한다. 그러나 '현재 살고 있다'는 현재의 진행 중인 행위를 가리킬 때는 현재진행시제 is/are living으로 표현한다. 동사의 시제에 관해서는 '제14장 동사가 나타내는 때로 의미 바꾸기'의 〈핵심연구〉를 참조하라.

첫째 예문은 둘째 예문에서 뒤의 위치를 나타내는 전치사구 in the water를 위치에 초점을 맞추기 위해 문장의 첫머리로 이동하면서 주어 fish와 동사 live의 어순이 도치된 것이다. 어순의 도치에 관해서는 '제19장 어순의 변화와 의미의 변화'의 〈핵심연구〉를 찬조하라.

넷째 예문의 live는 '살다'는 뜻의 동사가 아니라 '살아있는'을 뜻하는 형용사이다.

where fish live는 '물고기가 사는 곳'이란 의미의 명사절로 문장의 주어로 기능을 하고 있고 is가 동사이며 위치부사 in the water의 전치로 주어와 동사가 도치된 것이다.

2. a. In the water fish eat, play and sleep.
   b. Fish eat, play and sleep in the water.
   c. Eating, playing and sleeping are done in the water by fish.
   d. Fish eat in the water, play in the water, and sleep in the water.

추가예문 The water is where fish eat, play, and sleep.

The fish in the water eat, play and sleep there.

'물고기' fish는 셀 수 있는 명사로 일반적인 의미의 물고기는 한정사를 붙이지 않은 복수형 fish로 옮긴다.

'먹다'는 eat '놀다'는 play '잠자다'는 sleep으로 옮긴다.

첫째 예문은 위치를 나타내는 전치사구 in the water를 둘째 예문의 동사 eat, play and sleep 뒤에서 문장 첫머리로 이동하여 주어와 동사가 도치된 문장이다.

셋째 예문은 Fish do eating, playing and sleeping in the water에서 동사 do의 목적어인 세 동명사 eating, playing, sleeping을 화제로 삼기 위해 문장의 주어자리로 이동하여 파생된 수동문이다.

넷째 예문은 주어 fish뒤에 동사와 전치사로 구성된 세 개의 동사구를 쉼표(,)와 등위접속사 and로 연결한 것이다.

3. a. I wonder how fish communicate with each other.
   b. How fish communicate with each other is what I wonder about.
   c. I'm curious about how fish communicate with each other.
   d. It is not known to me how fish communicate with each other.

추가예문 I wish I knew how fish communicate with each other.

It perplexes me how fish communicate with each other.

'~와 의사전달을 하다'는 communicate with~로 옮긴다.

'~인지 궁금하다'는 I wonder~, I wonder about~, I'm curious about~, it is not known to me how~, I wish I knew~, it perplexes me how~로 옮긴다.

첫째 예문은 의문사 how가 이끄는 명사절(how~each other)이 주절 I wonder에 내포된 하나의 주절과 하나의 종속절로 이루어진 문장이다.

둘째 예문은 의문사 how가 이끄는 명사절이 전체문장의 주어자리에 내포되어 주어로서 기능을 하고 있고, 관계대명사 what이 이끄는 명사절이 전체문장의 be동사 is의 보어자리에 내포되어 보어로서 기능을 하고 있는 문장이다.

셋째 예문은 하나의 주절(I'm curious about~)에 의문사 how가 이끄는 종속 명사절이 주절의 전치사 about의 목적어로 기능을 하는 문장이다.

넷째 예문은 가주어 it이 가리키는 진주어인 종속명사절인 'how-절'이 주절의 주어자리에 내포된 문장이다.

4. a. Just as humans cannot live in the water, fish cannot live out of the water.
   b. A human being cannot live in the water. Likewise, a fish cannot live out of the water.
   c. One cannot live in the water just as fish cannot live out of the water.
   d. Human beings cannot live in the water, while fish cannot live out of the water.

추가예문 We can't live in the water; in the same way fish can't live on land.
Humans can't live in the water. Similarly, fish can't live out of the water.

'사람'은 물고기와 대조되는 개념으로 '한 사람'은 a human, a human being으로 옮기고 일반적인 의미의 사람은 humans, human beings로 옮길 수도 있고, 일반적인 의미의 사람을 가리키는 one, we로 표현할 수도 있다.

'(마치)~하듯이'는 just as~로 옮기거나 ~. Likewise, ~로 옮길 수도 있고 ~, while~이나 ~; in the same way~로 옮기거나 ~. Similarly, ~로 옮길 수도 있다.

'물속에서 살다'는 live in the water로 옮기고 '물 밖에서 살다'는 live out of the water, live on land로 옮긴다.

5. a. It seems that unlike humans, fish don't have regular mealtimes.
   b. Fish don't seem to have regular mealtimes unlike human beings.
   c. Unlike human beings, fish don't seem to have regular mealtimes.
   d. Human beings have regular mealtimes, but it seems that fish don't.

추가예문 Contrary to humans, fish don't seem to have regular mealtimes.
Although human beings have regular mealtimes, fish don't seem to.

'물고기' fish는 일반적인 의미의 물고기는 복수형인 fish로 옮긴다.

'사람과 달리'에서 '사람'은 일반적인 의미의 인간을 뜻하는 것으로 보아 humans, human beings로 옮기므로 전치사구 unlike humans, unlike human beings, contrary to humans로 옮길 수 있다.

'식사시간' mealtime은 셀 수 있는 명사와 셀 수 없는 명사로 모두 사용할 수 있다. 예문에서는 정해진 식사시간을 regular mealtimes로 옮기고 있는데 일반적인 의미의 규칙적 식사시간을 가리키기 위한 것이다.

'~인 것 같지는 않다'는 it seems that~not~, ~don't seem to do~로 옮긴다.

첫째 예문의 it은 진주어의 기능을 하는 명사절인 'that-절'을 가리키는 가주어이므로 'that-절'이 전체문장의 주어자리에 내포된 종속절이다.

넷째 예문은 두 개의 주절이 등위접속사 but에 의해 연결되어 있고, but 뒤의 주절은 가주어 it이 명사절인 'that-절'을 가리킨다.

6. a. Some fish, which have their own shelters, keep other fish from intruding.
   b. With their own shelters, some fish keep other fish from intruding.
   c. Some fish have their own shelters and keep other fish from intruding.
   d. There are some fish that/which have their own shelters, and they keep other fish from intruding.

추가예문 Some fish have their own dens, which they have to keep other fish from trespassing.
Making a home for themselves, some fish try to keep other fish from invading it.

'어떤 물고기'는 '어떤 물고기들'을 가리키는 것으로 보아 some fish로 옮긴다. 여기서 fish는 fish의 복수형으로 쓰인 것이다.

'자신의 집이 있다'는 have one's own shelter, have one's own dens로 옮긴다.

'~가 ~하는 것을 막다'는 keep~from~-ing로 옮긴다. 따라서 '다른 물고기의 침입을 막다'는 keep other fish from intruding, keep other fish from trespassing, keep other fish from invading~으로 옮긴다. trespass는 '(남의 토지, 가옥에)불법침입하다'는 뜻이다.

첫째 예문은 주절의 주어 some fish에 이것에 대해 설명하는 관계절(which have~shelters)인 종속절이 붙어 있는 구조를 가지고 있다.

넷째 예문은 두 개의 주절이 등위접속사 and에 의해 연결된 구조이고, 앞의 주절주어 some fish에 이것을 한정하는 관계절(that ~ shelters)이 종속되어 있는 구조이다.

7. a. Some fish eat other fish while other fish don't.
   b. While some fish eat other fish, other fish don't.
   c. Two kinds of fish are found: those which eat other fish and those which don't.
   d. There are some fish that eat other fish; however, there are other fish that do not.

추가예문 Some fish are cannibals, whereas other fish aren't.

There are two kinds of fish: fish that are cannibals and fish that aren't.

'다른 물고기'는 '다른 물고기들'을 가리키므로 other fish로 옮긴다. 여기서 fish는 fish의 복수형이다.

'다른 물고기를 잡아먹다'는 eat other fish, are cannibals로 옮긴다.

'~도 있고 ~도 있다'는 ~while~로 옮기거나 while~, ~로 옮길 수도 있고 two kinds of~are found: those which~and those which~not~로 옮길 수도 있고 there are some~that~; however, there are other~that do not으로 옮길 수도 있고 some~are~, whereas other~aren't로 옮길 수도 있다.

8. a. A mother fish is known to protect her baby fish.
   b. It is known that a mother fish protects her baby fish.
   c. Baby fish are known to be protected by their mother fish.
   d. A known fact is that a mother fish protects her baby fish.

추가예문 Mother fish are known to protect their baby fish.

It is known that baby fish are protected by their mothers.

'어미물고기'는 a mother fish, mother fish로 옮긴다.

'자신의 새끼물고기들'은 one's baby fish, baby fish로 옮긴다.

'~을 보호하는 것으로 알려져 있다'는 be known to protect~, it is known that ~protect~, ~be known to be protected by~, a known fact is that~protect~, it is known that~are protected by~로 옮긴다.

첫째 예문은 둘째 예문의 진주어인 'that-절'의 주어 a mother fish를 의미상 비어있는 가주어 it자리로 이동함으로써 파생된 문장으로 본다.

넷째 예문은 종속 명사절인 'that-절'이 주절의 동사 is의 보어로 내포된 문장이다.

9. a. As you know, various kinds of animals live out of the water and various kinds of fish live in the water.
   b. You see various kinds of animals live out of the water; likewise, you see various kinds of fish live in the water.
   c. Various kinds of animals live out of the war; likewise, various kinds of fish live in the water.
   d. Just as various kinds of animals live out of the water, so various kinds of fish live in the water.

추가예문 A variety of animals live on the land; similarly a variety of fish live in the water.

On one hand, various animals live out of the water, and on the other hand, various kinds of fish live in the water.

'여러 종류의 동물'은 various kinds of animals, a variety of animals, various animals로 옮기고 animal은 셀 수 있는 명사이므로 various kinds of animal로 옮기지 않도록 유의하라.

'~가 ~하듯이 ~도 ~하다'는 as you know, ~do~ and ~do~나 you see~; likewise, you see~로 옮길 수도 있고 just as~, so~로 옮길 수도 있고 ~; similarly~나 on one hand, ~, and on the other hand, ~로 옮길 수도 있다.

첫째 예문은 하나의 종속절(as-절)과 등위접속사 and에 의해 연결된 두 개의 주절로 되어 있는 문장이다.

둘째 예문과 셋째 예문은 두 개의 주절이 세미콜론(;)에 의해 연결된 하나의 문장이다.

넷째 예문은 as가 이끄는 하나의 종속절과 뒤의 하나의 주절로 되어있는 문장이다.

10. a. Most fish seem to sleep in the early morning and begin moving at sunrise.
    b. My guess is that most fish sleep in the early morning and move at sunrise.
    c. I guess that most fish sleep in the early morning and move at sunrise.
    d. It seems that most fish sleep in the early morning and move at sunrise.

추가예문 Most fish seem to sleep until the early morning and wake at the crack of dawn.

It's likely that most fish sleep until the early morning hours, only beginning to move at daybreak.

'많은 물고기'는 한국어 원문에서 '대부분의 물고기'를 뜻하므로 most fish로 옮긴다.

'이른 아침에는'은 in the early morning, until the early morning, until the early morning hours로 옮긴다.

'해가 뜨면서'는 at sunrise, at the crack of dawn, at daybreak로 옮긴다.

'~인 것 같다'는 seem to do~, my guess is that~, I guess that~, it seems that~, it's likely that~으로 옮긴다.

첫째 예문의 동사 seem 뒤는 두 개의 to-부정사가 나오며 첫 번째 부정사가 to sleep이고 두 번째 부정사가 to begin이다. 그러나 두 개의 to-부정사가 등위접속사 and에 의해 대등하게 연결되어 있어서 뒤의 to는 생략한 것이다.

둘째 예문의 'that-절'은 주절동사 is의 보어로 쓰인 종속 명사절인데 비해 셋째 예문의 'that-절'은 주절동사 guess의 목적어인 종속 명사절이다. 넷째 예문의 'that-절'은 가주어 it의 진주어로 주절에 내포된 종속 명사절이다.

제12장 | 정문과 비문

Ⅱ. 기본연습

1. b 2. a 3. d 4. b 5. a
6. b 7. c 8. d 9. a 10. d

Ⅲ. 심화연습

1. a 2. c 3. b 4. c 5. d
6. b 7. d 8. a 9. b 10. d

Ⅳ. 기본영작

1. a. a season b. in which
2. a. and b. and
3. a. people's hearts b. are warmed
4. a. that b. and
5. a. have their picture taken b. Against
6. a. and b. at
7. a. too many people b. going
8. a. After b. and
9. a. time b. and
10. a. under trees b. while

Ⅴ. 심화영작

1. a. Korea has lots of singing rooms.
   b. You see lots of singing rooms in Korea.
   c. There are lots of singing rooms in Korea.
   d. Lots of singing rooms are found in Korea.

추가예문 There are many singing rooms in Korea.

There are an abundance of singing rooms

in Korea.

'한국에는'은 전치사구 in Korea로 옮기거나 명사구 Korea로 옮길 수 있다.

'노래방' singing room은 셀 수 있는 명사로 '노래방 하나'는 a singing room으로 옮기고 일반적인 의미의 노래방은 singing rooms로 옮긴다. 따라서 이 두 명사구에서 각각 부정관사 a를 빼거나 복수어미 -s를 빼면 명사구가 되지 않아 비문법적이다.

'~이 많이 있다'는 have lots of~, you see lots of~, there are lots of~, lots of~are found in ~, there are many~, there are an abundance of~로 옮긴다.

예문에서 양화사인 lots of 뒤에 singing room처럼 셀 수 있는 명사를 쓸 때 복수형 singing rooms 대신 단수형 singing room을 쓰면 비문법적이 된다. 양화사 lots of는 셀 수 있는 명사 앞에 올 때 뒤의 명사가 복수로 나타나기를 요구하기 때문이다.

2. a. Most people usually take turns singing songs.
   b. It is a general tendency that people sing songs in turn.
   c. Songs are usually sung alternately by most people.
   d. Taking turns singing among many people is a common practice among many people.

추가예문 More often than not, people take turns singing songs.
Generally speaking, people usually take turns singing songs.

'노래' song은 셀 수 있는 명사로 '한 노래'는 a song이고 일반적인 의미의 노래는 songs이다.

'보통'은 막연한 빈도를 나타내는 빈도부사 usually, more often than not이나 명사구 a general tendency, a common practice로 옮긴다.

'여러 사람'은 many people, most people, people로 옮긴다.

'번갈아 부르다'는 take turns singing, sing songs in turn, sing songs alternately, take turns singing songs로 옮긴다.

둘째 예문의 It은 진주어로 쓰인 명사절인 'that-절'을 가리키는 가주어이다.

3. a. Many people enjoy themselves in singing rooms.
   b. A singing room is a good place for many to enjoy themselves.
   c. You can find a singing room to be a good place for many to enjoy themselves.
   d. When many people want to enjoy themselves, a singing room is a good place for them to go.

추가예문 The vast majority of people have a good time in singing rooms.
When people are looking for a good time, a singing room is where they go.

'여러 사람'은 many people, many, the vast majority of people로 옮긴다.

'즐기다'는 enjoy oneself, have a good time, look for a good time으로 옮긴다.

'~하기 좋은 곳'은 a good place to do~로 옮긴다.

둘째 예문의 명사구 a good place는 동사 is의 보어로 to-부정사 to enjoy의 수식을 받는다. for many는 전치사구로 명사구 many는 to-부정사 to enjoy의 주어로서 기능을 하면서 동시에 전치사 for의 목적어로서의 기능을 한다.

넷째 예문의 them은 앞서 나온 명사구 many people의 반복을 피하기 위해 사용된 대명사이고 전치사 for의 목적어여서 주격 they가 목적격 them으로 바뀐 것이다.

4. a. Just before ending their meetings, people of all ages and both sexes visit singing rooms.
   b. Visiting singing rooms is done by people

of all ages and both sexes toward the end of their meetings.

c. A singing room is a place that people of all ages and both sexes visit just before finishing their meetings.

d. People of all ages and both sexes visit singing rooms toward the end of their meetings.

추가예문 Carrying a meeting over from one venue to a singing room is commonly done by people of all ages and both sexes.
People of all ages and both sexes will move their meeting to a singing room.

'남녀노소'는 people of all ages and both sexes로 옮긴다.

'모임' meeting은 셀 수 있는 명사로 '한 모임'은 a meeting이고 일반적인 의미의 모임은 meetings이다.

'모임이 끝나다'는 동사구 end one's meeting(s), finish one's meeting(s)로 옮기거나 명사구 the end of one's meetings로 옮긴다.

'노래방을 찾다'는 '노래방을 방문하다'는 뜻이므로 visit a singing room, visit singing rooms로 옮긴다.

둘째 예문의 singing rooms는 동명사 visiting의 목적어이다.

셋째 예문의 that은 접속사가 아니라 목적격 관계대명사이다. 'that-절' 내의 동사 visit의 목적어가 that 앞의 a place이기 때문이다. 바꾸어 말하면, a place가 관계대명사 that의 선행사이다.
carry~over는 '~을 이어가다'는 뜻이고 venue는 '행위의 현장'을 뜻한다.

5. a. Everybody tends to sing his favorite songs well.

b. One can sing one's favorite songs well and this is natural.

c. One's favorite songs are those which one is apt to sing well.

d. It is a general tendency that everyone can sing his favorite songs well.

추가예문 People tend to sing their favorite songs well.
Your favorite songs are the ones you can sing well.

'누구나'는 everybody, everyone, one, people, you로 옮긴다.

'자기가 좋아하는 노래'는 one's favorite songs로 옮긴다.

'~을 잘 부르기 마련이다'는 tend to sing~well, can sing~well, be apt to sing well, it is a general tendency that~can sing~well로 옮긴다.

tend to do~는 '~하는 경향이 있다'는 의미이다.
be apt to do~는 '~하기 쉽다'는 뜻이다.

둘째 예문의 this는 앞 절(One can~well)전체를 가리키는 대명사이다.

셋째 예문의 those는 songs를 가리키는 대명사이다.

넷째 예문의 'that-절'은 앞의 가주어 it에 대한 진주어이다.

6. a. There's nobody who cannot sing well after he practices singing frequently in a singing room.

b. Anyone can sing well if he sings songs a lot in a singing room.

c. Frequently practicing singing in a singing room can make anybody a good singer.

d. If anyone sings frequently in a singing room, he'll be able to sing well.

추가예문 Virtually anyone who sings frequently in a singing room can sing well.
Frequently singing in a singing room will make you able to sing well.

'노래방에서'는 in a singing room으로 옮긴다.

'노래를 많이 불러보다'는 practice singing frequently, sing songs a lot, frequently practice singing, sing frequently, frequently sing으로 옮긴다.

'노래를 불러보면'은 '노래를 부르는 연습을 한 후에'를 의미하므로 부사절 after~practice singing으로 옮기거나 '노래를 부른다면'의 뜻으로 조건 부사절 if~sings songs로 옮길 수도 있고 '노래 부르는 연습을 하는 것'을 뜻하므로 명사구 practicing singing으로 옮긴다.

'누구나 ~할 수 있다'는 there's nobody who cannot~, anyone can~, ~can make anybody ~, anyone will be able to do~로 옮긴다.

7. a. To sing too many songs in a row irritates other people.
   b. It irritates other people if you sing too many songs continuously.
   c. If anyone sings too many songs continuously, he is disliked by other people.
   d. When one sings too many songs continuously, it irritates other people.

추가예문 It bothers other people when one person hogs the mike.

Not taking turns while singing songs can anger other people.

'혼자서'는 '연속해서'를 뜻하므로 in a row, continuously로 옮긴다.

'너무 많은 노래'는 too many songs로 옮긴다. too many song으로 옮기면 비문법적이 된다. 수를 나타내는 양화사 many 뒤는 셀 수 있는 명사의 복수형이 오기 때문이다.

'다른 사람들'은 other people로 옮긴다. other는 수를 나타내는 양화사이고 people은 셀 수 있는 명사의 복수형이다.

'혼자서 너무 많은 노래를 계속해서 부르다'는 sing too many songs in a row, sing too many songs continuously로 옮길 수도 있고 '마이크를 독차지하다'는 의미로 hog the mike로 옮기거나 '노래하는 동안 교대하지 않다'는 의미로 not take turns while singing songs로 옮긴다. hog는 '~을 독차지하다'는 뜻이다.

8. a. Lots of Koreans sing frequently in singing rooms, so they sing well.
   b. There are lots of Koreans visiting singing rooms frequently, so they sing well.
   c. Due to frequently practicing in a singing room, lots of Koreans sing well.
   d. Since lots of Koreans sing frequently in singing rooms, they sing well.

추가예문 Koreans who frequently sing in singing rooms sing well.

The Koreans who consistently visit singing rooms are really good at singing.

'많은 한국인'은 lots of Koreans로 옮긴다.

'노래방' singing room은 셀 수 있는 명사로 '한 노래방'은 a singing room이고 일반적인 의미의 노래방은 singing rooms로 옮긴다.

'노래를 자주 부르다'는 sing frequently, visit singing rooms frequently, frequently practice in a singing room, frequently sing in singing rooms, consistently visit singing rooms로 옮긴다.

'그래서 ~하다'는 ~, so~로 옮기거나 due to~, since~로 옮긴다.

'노래를 잘하다'는 sing well, be good at singing으로 옮긴다.

첫째 예문의 so는 '그래서'를 뜻하는 등위접속사로 앞 절과 뒷 절을 대등하게 연결하는 기능을 한다.

셋째 예문의 due to에서 to가 전치사여서 동사 practice가 동명사 practicing으로 와서 전치사의 목적어로서의 기능을 한다.

9. a. Others create a lively/fun atmosphere when a person sings and this is customary in a singing room.
   b. According to singing room etiquette, others create a lively atmosphere when a person sings.
   c. If a person sings, others will arouse

excitement. This is etiquette in a singing room.

d. When somebody sings, other people arouse excitement. This is normal in a singing room.

추가예문 What happens is that having other people in the singing room with you creates a fun environment.

As a rule, having others in the singing room makes the atmosphere lively and fun.

'누가 노래를 부르면'은 when a person sings, if a person sings로 옮긴다.

'다른 사람들'은 others, other people로 옮긴다.

'흥을 돋우다'는 create a lively atmosphere, add to fun, arouse excitement, create a fun environment, make the atmosphere lively and fun으로 옮긴다. add to~는 '~을 늘리다, 더하다'는 뜻이다.

'노래방 예절이다'는 is customary in a singing room, according to singing room etiquette, is etiquette in a singing room, is normal in a singing room으로 옮긴다.

10. a. Most of the people who come to a singing room are not afraid of singing songs.

b. Most people are not afraid of singing when they come to a singing room.

c. It is difficult to find people who hesitate to sing once they come to a singing room.

d. Few people are afraid of singing songs when they visit a singing room.

추가예문 Most people who frequent singing rooms have no fear of singing.

People who enjoy going to singing rooms aren't afraid of singing at all.

'대부분의 사람들'은 most of the people, most people, people로 옮긴다. 엄밀히 말하면, most of the people은 '그 사람들 중 대부분'이고 most people은 '대부분의 사람들'이고 people은 일반적인 의미의 사람들을 가리킨다.

'노래방에 오면'은 ~who come to a singing room, when~come to a singing room, once~come to a singing room, when~visit a singing room으로 옮긴다.

'~을 두려워하지 않다'는 be not afraid of~, it is difficult to find~who hesitate to do~, few ~are afraid of~, have no fear of singing, aren't afraid of singing at all로 옮긴다.

제13장 | 동사의 행위자 표현법

Ⅱ. 기본연습

1. a	2. c	3. b	4. b	5. d
6. d	7. d	8. a	9. d	10. c

Ⅲ. 심화연습

1. d	2. c	3. d	4. b	5. b
6. a	7. c	8. c	9. d	10. d

Ⅳ. 기본영작

1. a. A dog   b. a dog
2. a. a dog   b. a dog
3. a. other dogs   b. other dogs' 또는 other dogs
4. a. the dog's 또는 the dog
   b. the dog
5. a. to understand   b. One, You, We
6. a. The white dog   b. Leaving
7. a. its owner, the owner   b. it
8. a. This little dog   b. It
9. a. a few dogs   b. itself
10. a. a dog owner   b. to be understood

Ⅴ. 심화영작

1. a. A subway is an important means of public transportation in big cities.

b. An important means of public transportation is a subway in big cities.
c. As a means of public transportation, a subway plays an important role in big cities.
d. Big cities have subways as an important means of public transportation.

추가예문 An important mode of transportation in metropolises are subways.
Subways are an important method of getting from point A to point B in big cities.

'대도시' big city는 셀 수 있는 명사로 '한 대도시'는 a big city이고 일반적인 의미의 대도시는 big cities이다. 예문에서는 일반적인 의미의 대도시를 가리키기 위해 모두 big cities로 표현한 것이다. big cities 대신 metropolises를 쓸 수 있다.

'지하철' subway는 셀 수 있는 명사로 '한 지하철'을 가리킬 때는 a subway로 옮기고 일반적인 의미의 지하철을 가리킬 때는 subways로 옮긴다.

'대중교통수단'은 a means of public transportation, a mode of transportation, a method of getting from point A to point B로 옮긴다. '수단'을 뜻하는 means는 단수형과 복수형이 동일하다.

셋째 예문의 play an important role은 '중요한 역할을 하다'는 뜻이다.

2. a. Some people are eager to sell things on the subway.
b. There are some people absorbed in selling things on the subway.
c. You can see some people absorbed in selling things on the subway.
d. A subway is a place in which some people are eager to sell things.

추가예문 There are a few people on the subways who busy themselves in selling things.
On the subway, there are people who are occupied with selling things to others.

'어떤 사람들'은 some people, a few people, people로 옮긴다.

'물건을 팔다'는 sell things로 옮긴다.

'~하는데 열중하다'는 be eager to do~, be absorbed in~, busy oneself in~, be occupied with~로 옮긴다.

첫째 예문의 to-부정사 to sell의 행위자는 주절의 행위자 some people과 동일하여 특별히 표시할 필요가 없어 표시하지 않은 것이다.

둘째 예문은 '~가 있다'는 의미를 전하는 '존재의 there-구문'으로 some people이 동사 are의 주어이다. absorbed는 동사 absorb의 과거분사로 주어인 people을 수식하고, in selling은 전치사구로 동명사 selling이 전치사 in의 목적어로 기능을 하고 있다. 또한 명사구 things는 동명사 selling의 목적어이다. 동명사 selling은 동사 sell을 명사처럼 만든 것으로 앞은 동명사로 나타난 동사의 행위를 하는 행위자가 올 수 있는 자리로, 이 행위자가 some people을 가리키는 소유격 their인데 불필요하여 생략한 것이다.

3. a. The subway almost always enables you to be punctual for your appointment.
b. You are rarely late for your appointment when you go by subway.
c. Rarely are you late for your appointment when you take the subway.
d. When you go by subway, you are scarcely late for your appointment.

추가예문 If you take the subway, you are rarely late for your engagement.
The subway practically always allows you to be on time for your appointments.

'지하철을 이용하면'은 the subway, when you go by subway, when you take the subway, if you take the subway로 옮긴다.

'약속시간'은 one's appointment, one's engagement로 옮긴다.

'~에 늦는 일이 거의 없다'는 be punctual for ~, be rarely late for~, be scarcely late for~, allow~to be on time for~로 옮긴다.

첫째 예문의 to-부정사 to be의 행위자는 동사 enable의 목적어인 you이다. 이 점에서 you는 동사의 목적어로서의 기능과 to-부정사의 주어로서의 기능을 함께 하고 있다.

셋째 예문은 '좀처럼 ~않다'는 의미의 부정부사 rarely가 둘째 예문과 같은 문장 가운데 위치, 즉 be동사 are 뒤에서 이것을 강조하기 위해 문장 첫머리로 이동하면서 파생된 주어와 동사가 도치된 문장이다. 부정부사의 전치에 의한 도치에 관해서는 '제8장 부사'의 〈핵심연구〉의 부정부사에 관한 설명을 참조하라.

4. a. Lots of ordinary people feel not only joy but also sorrow on the subway.
   b. A subway is a place where lots of ordinary people feel both joy and sorrow.
   c. There are lots of ordinary people who feel both joy and sorrow on the subway.
   d. Both joy and sorrow are felt by lots of ordinary people on the subway.

추가예문 Emotions are varied on the subway; ordinary people here feel both joy and sorrow.

Joy and sorrow are felt hand in hand on the subway by the ordinary people who frequent it.

'지하철은'은 '지하철에서는'을 뜻할 때는 전치사구 on the subway로 옮기고 '지하철'을 뜻할 때는 명사구 a subway로 옮긴다.

'서민'은 ordinary people로 옮기고 '많은 서민'은 lots of ordinary people로 옮긴다.

'기쁨과 슬픔이 교차하다'는 feel not only joy but also sorrow, feel both joy and sorrow, both joy and sorrow are felt, emotions are varied, joy and sorrow are felt hand in hand로 옮긴다.

둘째 예문의 명사구 a place는 동사 is의 주격보어이고, 장소를 나타내는 관계부사 where가 이끄는 관계절의 수식을 받는 관계부사의 선행사이다. frequent는 '~에 자주가다'는 동사이다.

5. a. Getting on the subway at rush hour may not give you your peace of mind.
   b. You can have difficulty feeling comfortable on the subway during rush hour.
   c. When you get on the subway at rush hour, it's difficult for you to feel at ease.
   d. If you get on the subway at rush hour, you can hardly feel comfortable.

추가예문 It's hard to feel comfortable during rush hour on the subway.

It feels quite cramped and inhospitable on the subway during rush hour.

'출퇴근시간' rush hour는 셀 수 있는 명사로 단수형과 복수형으로 모두 쓰일 수있다. 그러나 '출퇴근시간에'는 at rush hour, during rush hour처럼 전치사 뒤에 셀 수 없는 명사처럼 쓸 수도 있다.

'지하철을 타다'는 get on the subway로 옮기고 on the subway는 '지하철을 타고'를 뜻한다.

'마음의 여유'는 peace of mind로 옮기고 '마음의 여유를 가지다'는 give a person peace of mind, feel comfortable, feel at ease로 옮긴다.

'~하기 어렵다'는 may not give a person something, have difficulty ~-ing, it's difficult for~to do~, can hardly do~, it's hard to do~로 옮긴다.

cramped는 '비좁고 갑갑한'의 의미로 feel cramped는 '갑갑하다'는 뜻이고 inhospitable은 '사람이 지내기 힘든'의 뜻이다.

6. a. The subway gives you an opportunity to see people of various occupations and races easily when you get on it.
   b. If you get on the subway, you can easily see people of various occupations and races.
   c. You can see people of various

occupations and races easily on the subway.

d. It is easy to see people of various occupations and races on the subway.

추가예문 It's easy to find people who work various jobs and are of multiple ethnicities while riding the subway.

One can easily observe people from all walks of life taking the subway.

You can't miss noting people who work different jobs and who are of various ethnic groups on the subway.

'지하철을 타면'은 the subway, on the subway, if~get on the subway, while riding the subway로 옮긴다.

'다양한 직업과 인종의 사람들'은 people of various occupations and races, people who work various jobs and are of multiple ethnicities, all walks of life, people who work different jobs and who are of various ethnic groups로 옮긴다.

'~을 쉽게 보다'는 see~easily, easily see~, it is easy to see/find~, can't miss noting~으로 옮긴다.
넷째 예문은 to-부정사 to see를 진주어로 둔 가주어 it으로 시작되는 문장이다.

7. a. People who get on the subway carefully observe the behavior of other people around them.

b. Subway passengers carefully observe the behavior of other passengers around them.

c. When people get on the subway, they carefully observe the behavior of other passengers.

d. Other passengers' behavior is carefully observed by subway passengers.

추가예문 Getting on the subway, passengers observe each other's behavior.

When taking the subway, people carefully observe other passengers' behavior.

'지하철을 타는 사람들'은 people who get on the subway, subway passengers로 옮길 수도 있고 분사를 사용하여 getting on the subway, passengers~로 옮길 수도 있고 when taking the subway, people~로 옮길 수도 있다.

'주위 사람들'은 other people around~, other passengers around~, other passengers, each other로 옮긴다.

'~의 행동을 관찰하다'는 observe the behavior of~, one's behavior is observed로 옮긴다.

'유심히'는 carefully로 옮긴다.

8. a. Some old people want young people to give their seats to them.

b. Some old people hope that young people give their seats to them.

c. There are some elderly people who want young people to give their seats to them.

d. You can see some old people who want young people to give their seats to them.

추가예문 Some old people want young people to give up their seats for them.

Some elderly people hope that young people offer their seats to them.

'어떤 노인들'은 some old people, some elderly people로 옮긴다.

'젊은 사람들'은 일반적인 의미의 젊은 사람을 가리킬 때는 한정사를 앞에 붙이지 않고 young people로 옮긴다. 그러나 화자가 그의 청자도 알고 있다고 보는 일단의 젊은 사람들을 가리킬 때는 the young people로 옮긴다는데 유의하라.

'~에게 자리를 양보하다'는 give one's seat to~, give up one's seat for~, offer one's seat to~로 옮긴다. '자리'는 seat으로 옮기고 chair로 옮기지 않도록 주의해야 한다. seat은 보통 이동시

킬 수 없는 것을 가리키고 chair는 이동할 수 있는 것을 가리킨다.

'~가 ~하길 바라다'는 동사 want 뒤에 목적어와 목적보어인 to-부정사를 두어 옮기거나 동사 hope 뒤에 목적어인 that-절을 두어 옮긴다.

첫째 예문에서 원하는 주체는 주절주어 some old people이고 to-부정사 to give의 행위자는 young people이다.

9. a. Lots of young people are busy looking something up with their smartphones on the subway.
   b. Lots of young people are found looking something up with their smartphones on the subway.
   c. You see lots of young people absorbed in looking something up with their smartphones on the subway.
   d. Lots of young people with smartphones are busy looking something up on the subway.

추가예문 Lots of young people in the subway distract themselves by using their smartphones to look up trivial things.

There are many young people on the subway looking up stuff with their smartphones.

'많은 젊은이들'은 명사구 lots of young people, many young people로 옮긴다. lots of와 many는 '형용사+셀 수 있는 명사의 복수형' 앞에 붙은 수를 나타내는 양화사이다.

'스마트폰으로'는 with one's smartphone, with smartphones, by using one's smartphones로 옮긴다.

'뭔가를 검색하다'는 look something up, look up trivial things, look up stuff로 옮긴다.

'~하느라 바쁘다'는 be busy~-ing, be found ~-ing, see~absorbed in ~-ing, distract oneself로 옮긴다.

둘째 예문은 find lots of young people looking~에서 동사 find의 목적어인 lots of people을 화제로 삼기 위해 동사 find 앞으로 이동하면서 파생된 문장이다.

10. a. On the subway, people are carrying big suitcases.
    b. People carrying big suitcases are seen on the subway.
    c. There are people carrying big suitcases on the subway.
    d. You can see people carrying big suitcases on the subway.

추가예문 On the subway you can see people lugging around big suitcases.

On the subway you can see people carrying big pieces of luggage.

'여행가방' suitcase는 셀 수 있는 명사로 '여행가방 하나'는 a suitcase이고 일반적인 의미의 여행 가방은 suitcases이다. 그리고 '커다란 여행가방 하나'는 a big suitcase이고 일반적인 의미의 커다란 여행 가방은 big suitcases이다.

'커다란 여행 가방을 가지고 다니다'는 '하나의 커다란 여행 가방을 가지고 다니다'는 carry a big suitcase이지만 일반적인 의미의 커다란 여행 가방을 가지고 다니다는 의미는 carry big suitcases, lug around big suitcases, carry big pieces of luggage로 옮긴다. lug around~는 '(무거운 것을)이리저리 끌고 다니다'는 뜻이다.

둘째 예문은 동사 see의 목적어인 people carrying big suitcase가 목적어 자리에서 주어지리로 이동하여 파생된 문장이다.

제14장 | 동사가 나타내는 때로 의미 바꾸기

Ⅱ. 기본연습

1. d 2. c 3. b 4. b 5. d
6. b 7. c 8. c 9. c 10. a

Ⅲ. 심화연습

1. d 2. b 3. a 4. b 5. c

6. d 7. d 8. c 9. d 10. a

Ⅳ. 기본영작

1. a. is b. have
2. a. was b. had
3. a. may be blowing b. is
4. a. was blowing b. had
5. a. is to be over b. will be over
6. a. may have blown b. may have had
7. a. will have subsided
   b. won't blow
8. a. have been swaying
   b. began, are
9. a. may be raising b. may be swirling
10. a. had already stopped
    b. stopped

Ⅴ. 심화영작

1. a. A few decades have passed since I saw red dragonflies.
   b. I don't think I've seen red dragonflies in a few decades.
   c. It seems that I haven't seen red dragonflies for a few decades.
   d. Red dragonflies seem to have not been seen for a few decades.

추가예문 I haven't seen red dragonflies for at least a few decades.
It seems that red dragonflies haven't been around for the last few decades.

'몇 십 년 동안'은 a few decades, in a few decades, for a few decades, for at least a few decades, for the last few decades로 옮긴다. a decade가 십년이므로 '몇 십 년'은 십년이 여러 개이므로 decade 뒤에 반드시 복수어미 -s를 붙여야 한다.

'고추잠자리' red dragonfly는 셀 수 있는 명사로 '고추잠자리 한 마리'는 a red dragonfly이고 일반적인 의미의 고추잠자리는 red dragonflies이다. 예문에서는 모두 일반적인 의미의 고추잠자리를 가리키기 위해 앞에 한정사를 붙이지 않고 red dragonflies로 옮긴 것이다.

몇 십 년 동안 보지 못했다는 것은 현재를 기준으로 몇 십 년 전인 과거에 본이래 현재까지 보지 못했다는 의미로, 과거에 본 것은 단순과거시제로 옮기고 그때 이후 지금까지 본적이 없다는 사실은 과거와 현재의 연관성을 나타내므로 현재완료시제로 옮긴다.

넷째 예문은 주절동사는 현재시제(seem)로 옮기고 to-부정사는 완료부정사(to have not been seen)로 나타내어 과거와 현재의 연관성을 나타낸다.

2. a. The beauty of dragonflies makes them appear even in the words of a popular song.
   b. A dragonfly is so pretty that it appears even in the words of a popular song.
   c. Dragonflies are pretty enough to appear even in the words of a popular song.
   d. Since dragonflies are pretty, they appear even in the words of a popular song.

추가예문 Even a famous song depicts dragonflies due to their grace and beauty.
Dragonflies are so graceful that they even appear in the lyrics of a well-known song.

'예뻐서'는 the beauty of~, ~is so pretty that~, be pretty enough, since~is pretty, due to one's grace and beauty, be so graceful that ~으로 옮긴다.

'한 대중가요 가사에도'는 even in the words of a popular song, even a famous song, in the lyrics of a well-known song으로 옮긴다.

'~에 나오다'는 ~appear in~, ~depict~로 옮긴다.

한국어 원문은 현재의 일반적인 사실을 가리키므로 모두 동사를 단순현재시제(makes, is, appears, are, appear, depicts)로 옮긴다.

3. a. Red dragonflies were easily seen here and there when I was a young child.
   b. When I was a young child, I could easily see red dragonflies here and there.
   c. It was easy to see red dragonflies here and there when I was a young child.
   d. As a child, I could see red dragonflies here and there without difficulty.

추가예문 As a child it was easy to find dragonflies all over the place.

When I was a child, I could see dragonflies both far and wide.

'어렸을 때'는 단순한 과거의 사실로 단순과거시제 when I was a young child로 옮기거나 전치사구 as a child로 옮긴다.

'주위에서'는 부사구 here and there, all over the place, both far and wide로 옮긴다.

'~을 쉽게 볼 수 있었다'는 단순한 과거사실을 나타내므로 단순과거시제로 ~were easily seen, could easily see~, was easy to see~, could see~without difficulty, it was easy to find~로 옮긴다.

셋째 예문의 it은 진주어인 to-부정사 to see를 가리키는 가주어이고 형용사구 easy는 be동사 was의 주격보어이다.

4. a. I am afraid that red dragonflies may have died out on the earth.
   b. I am worried that red dragonflies may have died out on the earth.
   c. It worries me that red dragonflies may have died out on the earth.
   d. My concern is that red dragonflies may have died out on the earth.

추가예문 It troubles my mind to think that the red dragonflies have become extinct worldwide.

It worries me that red dragonflies seem to have disappeared from the face of the earth.

'지구상에서'는 형태상으로 전치사구이고 기능상으로는 부사구인 on the earth로 옮긴다.

'멸종되다'는 die out, become extinct, disappear from the face of the earth로 옮긴다.

'멸종된 것이 아닌지'는 '멸종되었을 지도 몰라서'를 의미한다. 이것은 과거의 비단정적 추측을 나타내므로 'may have + 과거분사' may have died out으로 표현한다.

'~이 아닌지 걱정되다'는 현재의 사실을 나타내므로 동사는 현재시제를 써서 I am afraid that~, I am worried that~, it worries me that~, my concern is that~, it troubles my mind to think that~으로 옮긴다.

셋째 예문의 it은 진주어인 'that-절'을 가리키는 가주어이다.

5. a. A red dragonfly had so red a body that it looked pretty.
   b. Since a red dragonfly had so red a body, it looked pretty.
   c. I thought a red dragonfly was pretty with its body so red.
   d. The body of a red dragonfly was so red that the dragonfly looked pretty.

추가예문 With its body a vivid red color I thought the dragonfly looked so breathtaking.

The red dragonfly looked so beautiful with its body such a deep red color.

'몸통이 너무나 붉은 색이어서'는 have so red a body that~, with one's body so red, the body is so red that~, with its body a vivid red color, with its body such a deep red color로 옮긴다. '너무나 붉은 몸'은 명사구 so red a body로 옮기며 부사 so가 형용사 red를 수식하기 위해 자기 가까이 당김으로써 부정관사 a가 가장 앞이 아닌 명사 body 앞에 놓임으로써 명사구 내에서 어순의

도치가 일어난 것이다.
'보기에 예뻤다'는 looked pretty, was pretty로 옮긴다.
셋째 예문의 동사 thought 뒤에 접속사 that이 생략되어 있다.

6. a. As for red dragonflies, they were more difficult to catch than normal dragonflies.
   b. A red dragonfly was more difficult to catch than normal dragonflies.
   c. It was more difficult to catch a red dragonfly than to catch a normal dragonfly.
   d. I had more difficulty catching a red dragonfly than a normal dragonfly.

추가예문 Red dragonflies were harder to catch than normal dragonflies.
Red dragonflies proved to be harder to catch than normal dragonflies.
'보통의 잠자리'는 a normal dragonfly, normal dragonflies로 옮긴다.
'잡기가 더 어렵다'는 be more difficult to catch, have more difficulty catching, be harder to catch로 옮긴다.
첫째 예문의 as for는 '~에 관하여 말하면'의 의미이다. they were difficult to catch는 it was difficult to catch them에서 to-부정사 to catch의 목적어인 them이 의미상 비어있는 가주어 it자리로 이동하여 파생된 문장이다.
넷째 예문의 have difficulty ~-ing는 '~하기가 어렵다'는 뜻이다.

7. a. They say that a change in the environment has made dragonflies disappear from our sight.
   b. It is said that we no longer see dragonflies due to climate change.
   c. People say that it is because of climate change that we no longer see dragonflies.
   d. We no longer see dragonflies, and this is said to be related to a change in the environment.

추가예문 Because of climate change, we can no longer find dragonflies.
Climate change has made it so that we can no longer see dragonflies here.
'~을 볼 수 없게 되다'는 make~disappear, no longer see~, no longer find~로 옮긴다.
'환경의 변화'는 a change in the environment, climate change로 옮긴다.
'~라고 하다'는 they say that~, it is said that ~, people say that~으로 옮긴다.
첫째 예문은 주절동사 say는 현재시제이고 종속절 동사는 현재완료시제 has made이므로 자연환경의 변화가 현재 고추잠자리를 볼 수 없게 만들었다고 사람들이 말하는데 이것이 현재의 사실이라는 것을 나타낸다.
둘째 예문의 it은 진주어인 'that-절'을 가리키는 가주어이다.
셋째 예문의 'that-절' 내의 it은 뒤의 'that-절'을 가리키는 가주어이다.
넷째 예문의 this는 앞 절(We~dragonflies)을 가리키는 대명사이다.

8. a. The image of dragonflies in my childhood is still cherished in my heart even though I am an adult now.
   b. I still cherish the image of dragonflies that I saw in my childhood even though I am an adult now.
   c. Never do I forget the image of dragonflies in my childhood even though I am an adult now.
   d. A dragonfly in my childhood made an unforgettable impression on me, so it is still cherished in my heart even though

I am an adult now.

추가예문 Even in my adult years, I still cherish the memories of seeing red dragonflies as a child.

The childhood memories of seeing red dragonflies are still cherished by me even though I am an adult now.

'동심속의 고추잠자리'는 the image of dragonflies in one's childhood, the image of dragonflies that~saw in one's childhood, a dragonfly in one's childhood, the memories of seeing red dragonflies as a child, the childhood memories of seeing red dragonflies로 옮긴다.

'성인이 된 지금도'는 even though I am an adult now, even in my adult years로 옮긴다.

'지금도 잊혀 지지 않다'는 is still cherished, still cherish~, never do I forget~, is still cherished in one's heart로 옮긴다.

셋째 예문은 원래 I never forget the image of~에서 부정부사 never를 강조하기 위해 문장 첫머리로 이동하면서 주어(I)와 동사(forget)의 어순이 조동사(Do) 주어(I) 본동사(forget)의 어순으로 도치가 된 것이다. 이것을 주어-조동사 도치라고 한다.

9. a. I think it regrettable that children of today cannot see red dragonflies like we did in the past.
   b. Children of today can no longer see red dragonflies like we did in the past, and this is a regrettable thing.
   c. A regrettable thing is that children of today cannot see red dragonflies as we did in the past.
   d. It is regrettable that children of today no longer have the opportunity to see red dragonflies as we did in the past.

추가예문 I regret the fact that children these days aren't able to see the red dragonflies that I saw as a child.

It's unfortunate that children today can't see the red dragonflies that we saw as children.

'지금의 어린아이들'은 children of today, children these days, children today로 옮긴다. 여기서 children은 앞에 한정사가 붙지 않은 복수형이므로 일반적인 의미의 어린아이를 가리킨다. 이 점에서 children of today는 일반적인 의미의 지금의 어린아이를 가리키며 특정한 어린아이들을 가리키는 것은 아니다.

'옛날의 고추잠자리'는 '옛날에 우리가 보았던 고추잠자리'를 가리키므로 red dragonflies like we saw in the past, red dragonflies as we saw in the past, the red dragonflies that I saw as a child, the red dragonflies that we saw as children으로 옮긴다.

'~하게 되어 유감이다'는 think it regrettable that~, ~is a regrettable thing, a regrettable thing is that~, it is regrettable that~, regret the fact that~, it's unfortunate that~으로 옮긴다.

첫째 예문의 it은 동사 think의 진목적어인 'that-절'을 가리키는 가목적어이고 형용사구 regrettable은 동사의 목적보어이다.

10. a. It seems that the impression of the red dragonflies that I saw as a child won't be forgotten all my life.
   b. I think I won't forget the impression of the red dragonflies that I saw when I was a child all my life.
   c. I saw red dragonflies as a child and the impression of them is likely to be remembered all my life.
   d. The impression of the red dragonflies that I saw in my childhood is not likely to be forgotten all my life.

추가예문 The red dragonflies that I saw as

a child seemingly made an impression on me that will last the rest of my life.

For the rest of my life, it seems I will remember the red dragonflies that I saw as a child.

'어렸을 때'는 전치사구 as a child 부사절 when ~was a child 전치사구 in one's childhood로 옮긴다.

'~에 대한 인상'은 the impression of~으로 옮긴다.

'평생'은 all one's life, the rest of one's life, for the rest of one's life로 옮긴다.

'~을 잊을 수 없을 것 같다'는 won't be forgotten, won't forget~, be likely to be remembered, be not likely to be forgotten, will last, it seems that ~will remember~로 옮긴다.

첫째 예문의 주절동사는 단순현재시제(seems)로 현재의 사실을 나타내고 'that-절' 내의 주어에 관한 묘사는 과거시제(saw)로 되어 있어 과거의 사실을 나타내고 동사는 단순미래시제(won't be forgotten)로 되어 있어 미래에 대한 예언이나 예측을 나타낸다.

제15장 | 명사구의 위치와 형태의 제약

Ⅱ. 기본연습

1. a 2. d 3. d 4. b 5. c
6. a 7. a 8. c 9. d 10. d

Ⅲ. 심화연습

1. b 2. a 3. c 4. b 5. c
6. b 7. c 8. b 9. d 10. b

Ⅳ. 기본영작

1. a. Spring b. It
2. a. a university student
   b. university
3. a. a career woman b. a job
4. a. a lot of friends b. when
5. a. Spring b. the girl's heart
6. a. a university student
   b. who
7. a. a cafe b. where
8. a. a place b. walking
9. a. a world famous one
   b. a world famous businesswoman
10. a. the president b. a wellknown one

Ⅴ. 심화영작

1. a. *Makkolli* is a typical Korean wine.
   b. A typical wine in Korea is *makkolli*.
   c. A wine representing Korea is *makkolli*.
   d. Korea's representative wine is *makkolli*.

추가예문 *Makkolli* is a conventional Korean wine.

Makkolli is an emblematic wine of Korea.

'막걸리'는 한국어에서 영어에 들어간 외래어이므로 *makkolli*로 옮긴다.

'한국의 대표적인 술'은 a typical Korean wine, a typical wine in Korea, a wine representing Korea, Korea's representative wine, a conventional Korean wine, an emblematic wine of Korea로 옮긴다.

첫째 예문의 *makkolli*는 셀 수 없는 명사로 쓰인 문장의 주어로 기능을 하는 명사구이고 a typical Korean wine은 동사 is의 주격보어로 기능을 하는 명사구이다. 명사 wine은 술 자체를 가리킬 때는 물질명사로 셀 수 없는 명사로 쓰이지만 술의 종류를 나타낼 때는 셀 수 있는 명사이다. 예문에서는 '전형적인 한국의 한 (종류의) 술'을 뜻하므로 셀 수 있는 명사로 쓰여 부정관사 a를 앞에 붙인 것이다.

둘째 예문의 a typical wine은 문장의 주어로 쓰인 명사구이고 in Korea는 이 명사구를 한정하는 형용사적인 기능을 하는 전치사구로 Korea는 명사구로 전치사 in의 목적어로서의 기능을 한다.

셋째 예문의 representing은 현재분사로 명사구 Korea를 목적어로 가지고 있으면서 앞의 주어인 명사구 a wine을 수식하는 형용사적인 기능을 한다.

넷째 예문의 Korea's representative wine은 동사 is의 주어로 기능을 하는 명사구이고 명사 wine 앞에 이것을 수식하는 형용사와 그 형용사 앞에 wine이 누구에게 속하는가를 나타내는 한정사의 하나인 소유격이 나와 있는 구조이다.

2. a. The young man's favorite food is *gochujeon.*
   b. *Gochujeon* is the food that the young man likes most.
   c. The young man likes *gochujeon* more than any other food.
   d. The food that the young man enjoys eating most is *gochujeon.*

추가예문 The young man loves *gochujeon* more than any other food.

The dish that the young man enjoys more than any other dish is *gochujeon.*

'청년'은 young man으로 옮기고 '그 청년'은 한 사람이면서 화자가 그의 청자도 알고 있다고 보는 대상을 가리키므로 the young man으로 옮긴다.

'가장 좋아하는 음식'은 one's favorite food, the food that~like most, ~like~more than any other food, the food that~enjoy eating most, the dish that~enjoys more than any other dish로 옮긴다.

둘째 예문의 동사 is의 주격보어로 기능을 하는 명사구 the food는 목적격 관계대명사 that이 이끄는 관계절 내의 동사 like의 목적어이다.

넷째 예문의 주어 the food는 관계대명사 that이 이끄는 관계절 내의 동명사 eating의 목적어인 명사구이다.

3. a. Koreans eat unripe hot peppers, vegetables that they eat a lot, particularly in summer.
   b. In Korea, people eat unripe hot peppers a lot, particularly in summer.
   c. Unripe hot peppers are vegetables that Koreans eat a lot, particularly in summer.
   d. A vegetable that Koreans eat a lot, particularly in summer, is unripe hot peppers.

추가예문 Koreans eat unripe hot peppers a lot, especially in summer.

You can commonly see Koreans eating unripe hot peppers during the summer season.

'풋고추' unripe hot pepper는 셀 수 있는 명사로 '풋고추 하나'는 an unripe hot pepper로 옮기고 일반적인 의미의 풋고추는 한정사를 붙이지 않은 unripe hot peppers로 옮긴다.

'특히 여름에'는 particularly in summer, especially in summer, during the summer season으로 옮긴다.

'한국인들'은 일반적인 의미의 한국인을 가리키므로 한정사를 붙이지 않은 복수형 Koreans로 옮긴다.

'~을 많이 먹다'는 eat~a lot으로 옮긴다.

'채소' vegetable은 셀 수 있는 명사로 '한 채소'는 a vegetable로 옮기고 일반적인 의미의 채소는 vegetables로 옮긴다.

예문의 Koreans, unripe hot peppers, vegetables는 모두 셀 수 있는 명사를 앞에 한정사를 붙이지 않은 복수형을 사용하여 일반적인 의미를 전할 때 쓰는 명사구의 형태이다.

4. a. I regard both hot peppers and *makkolli* as healthy.
   b. I think that both hot peppers and *makkolli* are healthy.
   c. Both hot peppers and *makkolli* are thought of as healthy.
   d. Not only hot peppers but also *makkolli* are regarded as healthy.

추가예문 I believe that hot peppers and

makkolli are good for your health.

It is my belief that both hot peppers and *makkolli* are beneficial for your health.

'고추' hot pepper는 셀 수 있는 명사로 '고추 하나'는 a hot pepper로 옮기고 일반적인 의미의 고추는 hot peppers로 옮긴다. 예문에서는 모두 일반적인 의미를 전하기 위해 hot peppers로 옮긴 것이다.

'건강에 좋은'은 healthy, good for one's health, beneficial for one's health로 옮긴다.

'~와 ~ 모두'는 상관접속사 both~and~, not only~but also~로 옮긴다.

'~을 ~라고 생각하다'는 regard~as~, think that~, think of~as~, be thought of as~, be regarded as~로 옮긴다.

예문은 모두 주절 또는 주절과 종속절에서 동사가 모두 단순현재시제로 현재의 사실을 진술하는 문장이다.

5. a. You find *gochujeon* tasteless when it is made with peppers that are either too spicy or not spicy enough.

b. If you make *gochujeon* with peppers that are too spicy or not spicy enough, you'll find it tasteless.

c. Either peppers that are too spicy or not spicy enough are not good for *gochujeon* because *gochujeon* made with these is tasteless.

d. *Gochujeon* is not delicious if it is made with peppers that are too spicy or not spicy enough.

추가예문 If your peppers for making *gochujeon* are too spicy or not spicy enough, your dish will be unpalatable.

When making *gochujeon*, if you use peppers that are too spicy or not spicy enough, your *gochujeon* will be flavorless.

'너무 매운'은 too spicy로 옮기고 부사와 형용사로 된 형용사구이다.

'맵지 않은'은 '충분히 맵지 않은'의 의미이므로 not spicy enough로 옮긴다. enough가 부사로 쓰일 때는 자신이 수식할 형용사나 부사 뒤에 오므로 not enough spicy로 옮겨서는 안 된다.

'~은 맛이 없다'는 find~tasteless, ~is tasteless, is not delicious, be unpalatable, be flavorless로 옮긴다.

첫째 예문의 동사 find는 목적어인 명사구 *gochujeon*과 목적보어인 형용사구 tasteless를 두어 '~가~하다는 것을 발견하다'는 의미를 전하는 동사이다.

6. a. *Gochujeon* goes best with *makkolli*, not beer or whiskey.

b. *Makkolli* goes better with *gochujeon* than beer or whiskey does.

c. The liquor that goes best with *gochujeon* is *makkolli*, not beer or whiskey.

d. It is *makkolli*, not beer or whiskey, that goes best with *gochujeon*.

추가예문 *Gochujeon* goes best with *makkolli* as opposed to beer or whiskey.

The alcohol that complements *gochujeon* best is *makkolli*, not beer or whiskey.

'~와 가장 잘 어울리다'는 go best with~, go better with~than~or~does, complement~로 옮긴다.

둘째 예문의 종속절의 does는 주절 동사 goes의 반복을 피하기 위해 대신 쓰인 대동사이다.

셋째 예문의 that은 문장의 주어인 the liquor를 수식하는 관계절(that~*gochujeon*)을 이끄는 주격관계대명사이다.

넷째 예문은 It~that~강조구문으로 It와 that 사이에 있는 명사구 *makkolli*, not beer or whiskey를 강조한다. 이 문장의 that은 주격관계대명사이다.

예문의 주절이나 종속절에 쓰인 동사가 모두 단순현재시제로 되어있으므로 현재의 사실을 진술하는 문장이다.

7. a. A bowl of *makkolli* tastes great when you drink it with warm *gochujeon* on a rainy day.
   b. If you drink a bowl of *makkolli* with warm *gochujeon* on a rainy day, you'll find it very tasty.
   c. A warm *gochujeon* eaten as a side dish on a rainy day makes a bowl of *makkolli* taste great.
   d. You'll find a bowl of *makkolli* very tasty when you drink it with warm *gochujeon* on a rainy day.

추가예문 Rainy days make eating warm *gochujeon* with a bowl of *makkolli* very enjoyable.
On a rainy day, a bowl of *makkolli* is very tasty when eaten with warm *gochujeon*.

'비오는 날'은 시간을 나타내는 부사구 on a rainy day로 옮긴다. 시간부사는 문장 끝에 주로 오지만 문장 첫머리에 올 수도 있다.

'따뜻한 고추전'은 warm *gochujeon*으로 옮긴다.

'한 잔의 막걸리'는 a bowl of *makkolli*로 옮긴다.

'맛이 일품이다'는 taste great, find~very tasty, be very enjoyable, be very tasty로 옮긴다. 동사 taste는 '맛이~하다, ~한 맛이 나다'는 의미를 전할 때 뒤에 형용사구가 보어로 나오기를 요구하는 동사라는데 유의하라.

둘째 예문과 넷째 예문의 동사 find는 뒤에 목적어와 목적보어인 형용사구를 두어 '~가 ~하다는 것을 알아차리다'는 의미를 전한다.

셋째 예문의 사역동사 make는 목적어로 a bowl of *makkolli*를 목적보어로 원형부정사 taste를 가지고 있다.

8. a. When he sees *gochujeon*, he thinks of the *gochujeon* that his mother would make for him as a child.
   b. He cannot help thinking of the *gochujeon* that his mother would make for him as a child when he sees one.
   c. Seeing *gochujeon* reminds him of the *gochujeon* that his mother would make for him as a child.
   d. His mother would cook *gochujeon* for him in his childhood, so he thinks of his mother's *gochujeon* whenever he sees one.

추가예문 Seeing *gochujeon* brings back memories of his mom making *gochujeon* for him as a child.
Seeing *gochujeon* awakens his childhood memories of his mom making *gochujeon* for him.

'~을 보면'은 부사절 when~see~로 옮기거나 동명사를 사용하여 seeing~으로 옮길 수도 있고 부사절 whenever~see~로 옮길 수도 있다.

'어렸을 때'는 전치사구 as a child, in one's childhood로 옮긴다.

'그의 어머니가 부쳐주던 고추전'은 the *gochujeon* that his mother would make for him, his mother's *gochujeon*, his mom making *gochujeon* for him으로 옮긴다. 조동사 would는 과거의 불규칙적인 습관을 나타낸다.

'~이 생각나다'는 think of~, cannot help thinking of~, ~remind~of~, bring back memories of~, awaken one's memories of~로 옮긴다. cannot help~-ing는 '~하지 않을 수 없다'는 의미로 help는 '~을 그만두다, 피하다'는 뜻이다.

9. a. I think that the warm and slightly spicy taste of hot pepper in *gochujeon* goes well with a particular flavor of *makkolli*.
   b. It seems that the warm and slightly spicy taste of hot pepper in *gochujeon* goes well with a particular flovor of *makkolli*.

c. Since *gochujeon* is warm and a little spicy, it seems to go well with a particular flavor of *makkolli*.

d. The warm and slightly spicy taste of hot pepper in *gochujeon* seems to go well with a particular flavor of *makkolli*.

추가예문 A particular type of *makkolli* goes best with the warm and spicy taste of *gochujeon*.

Makkolli brewed (in) a certain way best complements the warm and spicy flavors of *gochujeon*.

A distinct blend of *makkolli* complements the warm and spicy flavors of *gochujeon*.

'약간 매운 고추 맛'은 slightly spicy taste of hot pepper로 옮긴다.

'막걸리 특유의 맛'은 a particular flavor of *makkolli*로 옮긴다.

'~와 잘 어울리다'는 go well with~, go best with~, best complement~로 옮긴다.

'~인 것 같다'는 I think~, it seems that~, seem to do~로 옮긴다.

한국어 원문은 현재의 사실을 진술하고 있으므로 영어예문의 동사의 시제는 모두 단순현재시제로 옮긴다.

둘째 예문의 it은 뒤의 진주어인 'that-절'을 가리키는 가주어이다.

셋째 예문의 'since-절'은 이유를 나타내는 부사절로 그 이유가 이미 청자에게 알려져 있는 이유일 때 사용한다. 이와 달리 이유를 나타내는 'because-절'은 그 이유를 주장할 때 사용한다.

10. a. The temperature goes down a little on rainy days, which makes eating warm *gochujeon* seem as though it's warming you up.

b. As the rain falls and the temperature goes down, eating warm *gochujeon* will make it feel like it's warming you from the inside out.

c. When it is a rainy day, the temperature falls a little. In this situation, warm *gochujeon* seems to make you warm.

d. It seems that you can warm your body by eating warm *gochujeon* on a rainy day when the temperature goes down a little.

추가예문 On a rainy day when the temperatures drop a little, enjoying *gochujeon* will warm your body.

As the rain falls and the temperatures go down, eating *gochujeon* will feel like it's warming you from the inside out.

'비오는 날은'은 '어떤 날이건 비오는 날에는'을 의미할 때는 on a rainy day로 옮기고 일반적인 의미의 비오는 날을 가리킬 때는 on rainy days로 옮긴다.

'기온' temperature는 셀 수 있는 명사와 셀 수 없는 명사로 모두 쓰인다. 정관사 the를 앞에 붙여 쓸 때는 화자가 자신이 가리키는 대상에 대해 그가 어떤 것을 가리키는지 그의 청자도 알고 있다고 보고 말할 때 사용한다.

'좀 내려가다'는 go down a little, fall a little, drop a little로 옮긴다.

'몸을 따뜻하게 하다'는 warm~up, warm~, make~warm, warm one's body, warm~from the inside out으로 옮긴다.

'~인 것 같다'는 make~seem as though~, make~feel like~, seem to do~, it seems that ~, will~, feel like it's~로 옮긴다.

제16장 | 반복요소의 표현법

Ⅱ. 기본연습

1. a　2. b　3. c　4. c　5. c
6. c　7. c　8. d　9. a　10. d

Ⅲ. 심화연습

1. d 2. d 3. d 4. a 5. d
6. c 7. c 8. d 9. d 10. b

Ⅳ. 기본영작

1. a. it b. the spring rain
2. a. that/which b. it
3. a. there b. where
4. a. whose b. they
5. a. where b. in which
6. a. then b. at that time
7. a. when b. this
8. a. which b. which
9. a. so b. him
10. a. why b. for this reason

Ⅴ. 심화영작

1. a. The man sells various kinds of fruit on the sidewalk.
   b. The man's job is selling various kinds of fruit on the sidewalk.
   c. You can see the man selling various kinds of fruit on the sidewalk.
   d. Selling various kinds of fruit on the sidewalk is what the man does.

추가예문 There is a man whose job is to sell various kinds of fruit on the sidewalk.
The man makes a living off of selling various kinds of fruit on the sidewalk.

'길가에서'는 on the sidewalk으로 옮긴다.

'여러 종류의 과일'은 various kinds of fruit으로 옮긴다.

make a living off of selling various kinds of fruit은 '여러 가지 과일을 팔아 생계를 유지하다'는 뜻이다.

한국어 문장에서 과일을 파는 행위는 과거에도 팔았고 현재도 팔고 있고 미래에도 어느 기간 팔 것이 틀림없는 행위로 긴 시간에 걸쳐 이루어지는 행위이다. 따라서 동사는 단순현재시제 sells, is, can see, does로 옮긴다.

첫째 예문은 '그 남자' the man을 둘째 예문은 '그 남자의 직업' the man's job을 셋째 예문은 '당신' you를 넷째 예문은 '길가에서 여러 종류의 과일을 파는 것' selling various kinds of fruit on the sidewalk을 화제로 삼아 옮긴 것이다.

둘째 예문의 selling은 is의 보어인 동명사로 '파는 것'으로 해석되고 셋째 예문의 selling은 see의 목적보어인 현재분사로 '팔고 있는'으로 해석된다.

2. a. The fruit vendor is an innocent young man.
   b. The man selling fruit is both innocent and young.
   c. The fruit vendor, who is innocent, is a young man.
   d. The man who sells fruit is an innocent young man.

추가예문 The fruit vendor is a young and innocent man.
The guy who sells fruit is an innocent young man.

'과일장수' fruit vendor는 셀 수 있는 명사로 일반적으로 수의 개념으로 쓰인다. 따라서 '그 과일장수'는 한 사람이면서 화자가 그의 청지도 알고 있다고 보는 대상이므로 the fruit vendor로 옮긴다. the guy who sells fruit으로 표현할 수도 있다.
'순박한'은 innocent로 옮긴다.

둘째 예문의 selling은 현재분사로 명사구 fruit을 목적어로 가지고 있으면서 자신은 앞의 명사 man을 수식하는 형용사적인 기능을 하는 현재분사이다.

셋째 예문의 who는 앞의 명사구 the fruit vendor의 반복을 피하기 위해 쓰인 주격관계대명사이다.

넷째 예문의 who 역시 앞의 명사구 the man의 반복을 피하기 위해 쓰인 주격관계대명사이다.

3. a. Seemingly, he isn't well educated.
   b. It appears that he has not learned a lot.

c. His appearance tells me that he isn't well educated.

d. He seems to have not learned a lot from his appearance.

추가예문 He doesn't appear well educated.
He seems not to have much of an education.

'겉으로 보기에'는 seemingly, it appears that~, one's appearance~, seem to do~, doesn't appear~, seem not to do~로 옮길 수 있다.

둘째 예문의 it은 진주어인 'that-절'을 가리키는 가주어이다.

셋째 예문의 tell은 간접목적어(me)와 함께 직접목적어로 'that-절'을 가진 동사이다.

넷째 예문은 주절동사는 현재시제(seems)이고 뒤에 완료부정사(to have not learned)가 와서 많이 배우지 못한 것은 과거부터 현재까지이고 보이는 것은 현재라는 것을 가리킨다.

4. a. His fruits for sale are apples, pears, melons, peaches, grapes, and strawberries.

b. The fruits that he sells include apples, pears, melons, peaches, grapes, and strawberries.

c. The following are what he sells: apples, pears, melons, peaches, grapes, and strawberries.

d. He sells the following fruits: apples, pears, melons, peaches, grapes, and strawberries.

추가예문 He sells fruits such as apples, pears, melons, peaches, grapes and strawberries.
Apples, pears, melons, peaches, grapes and strawberries are some of the kinds of fruit he sells.

'과일' fruit은 보통 셀 수 없는 명사로 쓰이지만 종류를 가리킬 때는 셀 수 있는 명사로 쓰인다.

'그가 파는 과일'은 his fruits for sale, the fruits that he sells, the following are what he sells, he sells the following fruits, he sells fruits such as~, ~are some of the kinds of fruit he sells로 옮긴다.

'사과' apple '배' pear '참외' melon '복숭아' peach '포도' grape '딸기' strawberry는 셀 수 있는 명사로 일반적인 의미로 사용할 때는 한정사를 앞에 붙이지 않은 복수형 apples, melons, peaches, grapes, strawberries로 옮긴다.

5. a. It seems to me that he is married, but I haven't seen his wife or children.

b. I think he is married; however, I haven't seen his wife or children.

c. He looks like a married man, but I haven't seen his wife or children.

d. Though he looks like a married man, I have seen neither his wife nor children.

추가예문 I believe he is married, though I haven't seen his wife or children.
He appears to be a married man, although I can't be certain since I haven't seen his wife or kids.

'결혼한 것처럼 보이다'는 it seems to me that~ is married, I think~is married, look like a married man, I believe~is married, appears to be a married man으로 옮긴다.

'~을 본 적은 없다'는 haven't seen~, have seen neither~nor~로 옮긴다.

첫째 예문의 it은 진주어인 'that-절'(that~married)을 가리키는 가주어이다.

셋째 예문의 like a married man은 전치사 like와 전치사의 목적어인 명사구 a married man으로 이루어진 전치사구이다.

6. a. His thin body and somewhat dark skin seem to be caused by his poverty.

b. He is characterized by his thin body and slightly dark skin, which seem to be related to his poverty.

c. It seems that his thin body and tanned skin are related to his poverty.

d. He is thin and has dark skin, which seems to be related to his poverty.

추가예문 His thin, wiry body and tan skin indicate his low status in life.

With leathery skin and a thin frame, the man appears to have low social standing.

'야위고 피부가 좀 검은'은 one's thin body and somewhat dark skin, one's thin body and dark skin, one's thin body and tanned skin, ~is thin and has dark skin이나 one's thin, wiry body and tan skin 또는 with leathery skin and a thin frame으로 옮긴다.

'그의 가난과 관련이 있다'는 be caused by his poverty, be related to his poverty, indicate his low status in life, have low social standing으로 옮긴다.

'~해 보이다'는 seem to do~, it seems that~, indicate~, appear to do~로 옮긴다.

첫째 예문의 be caused by는 '~에 의해 야기되다'는 뜻이다.

둘째 예문의 be characterized by는 '~의 특징을 나타내다'는 뜻이다.

셋째 예문의 be related to는 '~와 관련이 있다'는 뜻이다.

7. a. My younger friend and I agree that he is seriously ill.

b. I think that he is seriously ill, and so does my younger friend.

c. My assumption is that he may be seriously ill, and my younger friend also agrees with me.

d. He is seriously ill, I think, and my younger friend also agrees with me.

추가예문 My younger friend and I believe that he is gravely ill.

My younger friend and I believe that he has a chronic illness.

'중병에 걸렸다'는 be seriously ill, be gravely ill, has a chronic illness로 옮긴다.

'내 후배'는 my younger friend로 옮긴다.

'~도 그렇게 생각하다'는 ~agree that~, ~think that~and so does~, ~also agree with~, ~believe~로 옮긴다.

첫째 예문에서 my younger friend는 뒷 절에서 다시 반복되므로 이것을 대명사 he로 대치한다.

둘째 예문의 so does my younger friend는 my younger friend also thinks that he is seriously ill과 같은 의미로 my younger friend also thinks so에서 so는 명사절인 that he is seriously ill을 가리키는 대명사의 역할을 하는 부사이다.

넷째 예문의 He is seriously ill, I think는 I think he is seriously ill에서 종속절을 주된 주장으로 만들어 주기 위해 주절 앞으로 이동한 문장으로 본다.

8. a. You could see his cheeks frozen and red with cold when he sold fruit on cold winter days.

b. When it was cold on winter days, his cheeks were frozen and became red while he sold fruit.

c. He sold fruit on cold winter days; you could see his cheeks frozen and red with cold.

d. On cold winter days, his cheeks were frozen and red with cold when he sold fruit.

추가예문 The bitter cold winter days turned his frozen cheeks red when he sold fruit.

On bitter cold winter days, his cheeks turned red, frozen from the cold when he sold fruit.

'추운 겨울날'은 '한 추운 겨울날'을 가리킬 때는 on a cold winter day로 옮기고 일반적인 의미의 추운 겨울날을 가리킬 때는 on cold winter days로 옮긴다. the bitter cold winter days, on bitter cold winter days로 옮길 수도 있다.

'그가 과일을 팔 때'는 부사절 when he sold fruit으로 옮긴다.

'그의 두 볼은 추위로 빨갛게 얼어있었다'는 could see his cheeks frozen and red with cold, his cheeks were frozen and became red, his cheeks were frozen and red with cold, ~turned his frozen cheeks red 또는 his cheeks turned red, frozen from the cold로 옮긴다.

둘째 예문의 it은 날씨를 가리키는 대명사이다.

9. a. Nobody has seen him in the place where he used to sell fruit since some time ago.
   b. Ever since some time ago, I haven't seen him sell fruit in the place where he used to sell it.
   c. He hasn't been seen in the place in which he used to sell fruit since some time ago.
   d. I haven't seen him in the place where he used to sell fruit since some time ago.

추가예문 The last time I saw him was the time before last.

I didn't see him at the place where he sells fruit the last time I went by there.

'어느 날부터'는 '어느 날 이래 지금까지'의 의미로 since some time ago, ever since some time ago로 옮긴다.

'그가 언제나 과일을 팔던 장소'는 '그가 과일을 팔곤 했던 장소'를 가리키므로 the place where he used to sell fruit, the place in which he used to sell fruit로 옮긴다. 'used to-부정사'는 과거의 규칙적 습관을 나타내며 '~하곤 했다'로 해석한다.

'그의 모습이 보이지 않다'는 nobody has seen him, I haven't seen him, he hasn't been seen으로 옮긴다. 현재완료시제를 쓴 이유는 과거부터 현재까지 그를 본적이 없다는 의미를 전하기 위한 것이다.

the time before last는 '지지난번'의 뜻이다.

예문의 where는 앞에 나온 장소를 나타내는 명사구 the place의 반복을 피하기 위해 쓰인 관계부사이다.

둘째 예문의 it은 앞서 나온 명사구 fruit의 반복을 피하기 위해 사용한 대명사이다.

10. a. Even though he cannot speak English, he tries to express his goodwill using Korean and gestures towards foreigners who don't speak Korean.
   b. English is a language that he cannot speak, but he tries to express his goodwill using Korean and gestures towards foreigners who don't speak Korean.
   c. Ignorant of English though he is, he tries to express his goodwill using Korean and gestures towards foreigners who don't speak Korean.
   d. He cannot speak English but tries to express his goodwill using Korean and gestures towards foreigners who don't speak Korean.

추가예문 Using a mix of Korean phrases and gestures, he tries to express his friendliness towards foreigners who cannot speak Korean, even though he himself cannot speak English.

Trying to express his friendliness towards foreigners who cannot speak Korean, the man uses a variety of Korean phrases and gestures since he cannot speak English.

'영어를 할 수 없다'는 cannot speak English, English is a language that he cannot speak, he is ignorant of English로 옮긴다.

'한국어를 모르는 외국인들'은 foreigners who

don't speak Korean, foreigners who cannot speak Korean으로 옮긴다.

'한국어와 몸짓으로'는 using Korean and gestures, using a mix of Korean phrases and gestures, use a variety of Korean phrases and gestures로 옮긴다.

'~에 대한 호감을 표현하다'는 express one's goodwill towards~, express one's friendliness towards~로 옮기며 towards가 전치사이므로 뒤는 목적어인 명사구가 온다.

'~하려고 애쓰다'는 try to do~로 옮긴다.

둘째 예문의 that은 앞의 명사구 a language의 반복을 피하기 위해 쓰인 목적격관계대명사이다.

제17장 | 앞 요소의 뒤 요소 선택

Ⅱ. 기본연습

1. d	2. b	3. c	4. c	5. d
6. b	7. c	8. c	9. d	10. d

Ⅲ. 심화연습

1. a	2. d	3. b	4. d	5. d
6. b	7. b	8. c	9. d	10. d

Ⅳ. 기본영작

1. a. flower　　b. a
2. a. The　　b. The
3. a. flower, those　　b. The, the
4. a. well known　　b. among
5. a. A few　　b. more beautiful
6. a. of a bride's blush
   b. see azaleas
7. a. the road　　b. but also
8. a. a few forsythias
   b. a few forsythias in her hair
9. a. some　　b. for
10. a. are　　b. scattered

Ⅴ. 심화영작

1. a. Most Koreans have a smartphone.
   b. Nearly every Korean has a smartphone.
   c. Smartphones are used by most Koreans.
   d. There are few Koreans who don't have smartphones.

추가예문 The vast majority of Koreans own a smartphone.

Practically every Korean you see owns a smartphone.

'대부분의 한국인'은 most Koreans, nearly every Korean, few Koreans who don't~, the vast majority of Koreans, practically every Korean으로 옮긴다.

most Koreans에서 most는 '대부분의'를 뜻하는 양화사로 한정사의 하나이다. 따라서 뒤에 셀 수 있는 명사의 복수형을 선택한다.

every Korean에서 every는 수를 나타내는 양화사로 보통 뒤에 셀 수 있는 명사의 단수형을 선택하여 함께 명사구를 만든다. 따라서 every Koreans는 명사구가 아니다. 예외적으로 뒤에 셀 수 있는 명사의 복수형이 오는 경우는 every twenty minutes (20분마다), every two months (두 달마다), every three years (3년 마다)처럼 뒤에 시간을 나타내는 표현이 올 때이다.

명사구 few Koreans에서도 few는 '거의 없는'을 뜻하는 수를 나타내는 양화사로 뒤에 셀 수 있는 명사의 복수형을 선택한다. 따라서 few Koreans는 명사구이지만 few Korean은 명사구가 아니다.

'~을 가지고 있다'는 have~, ~be used by~, own~으로 옮긴다.

2. a. You find lots of young Korean people addicted to using their smartphones.
   b. The number of smartphone addicts is high among young Koreans.
   c. Lots of young Korean people are addicted to using their smartphones.
   d. There are lots of young people addicted to using their smartphones in Korea.

추가예문 Cell phone addiction is prevalent among Korean youth.

Young Korean people are addicted to their smartphones.

'많은 한국 젊은이들'은 lots of young Korean people, young Koreans, Korean youth, young Korean people로 옮긴다. 양화사 lots of는 뒤에 셀 수 있는 명사의 복수형을 선택한다.

'~에 중독되어 있다'는 be addicted to~, ~ be prevalent로 옮긴다. prevalent는 '(습관, 병 등이)만연하는, 유행하는'의 뜻이다. 첫째 예문의 addicted는 과거분사로 동사 find의 목적보어인 '중독된'의 의미이다. 넷째 예문의 addicted 역시 과거분사로 '중독된'의 의미로 앞의 people을 수식한다.

첫째 셋째 넷째 예문의 using은 모두 전치사 to의 목적어인 동명사이다.

3. a. The use of smartphones has a lot of merits and demerits.
   b. A smartphone user has both lots of advantages and not a few disadvantages.
   c. There are not only lots of merits in using smartphones, but also demerits.
   d. With the use of a smartphone, you can have both lots of advantages and lots of disadvantages.

추가예문 There are many good points and not too many negative points concerning owning a cellphone.

Owning a smartphone provides many advantages and not too many disadvantages.

'장점' merit, advantage, good point와 '단점' demerit, disadvantage, negative point는 모두 셀 수 있는 명사로 '장점 하나'는 a merit, an advantage, a good point '단점 하나'는 a demerit, a disadvantage, a negative point로 옮기고 일반적인 의미의 장점과 단점은 merits, advantages, good points와 demerits, disadvantages, negative points로 옮긴다.

a lot of와 lots of는 수나 양에 모두 쓰이는 양화사로, 수를 나타내는 명사를 선택할 때는 언제나 복수형을 선택한다는데 유의하라.

넷째 예문의 with the use of a smartphone은 전치사구 with the use와 use를 수식하는 또 하나의 전치사구 of a smartphone으로 되어 있다. 전치사 with는 명사구 the use를 선택하고 전치사 of는 명사구 a smartphone을 선택한다. 다시 말하면, 전치사는 뒤에 목적어인 명사구가 반드시 나오기를 요구한다.

concerning은 '~에 관하여'를 뜻하는 전치사로 뒤는 목적어인 명사구가 오므로 동사가 올 때는 동명사(owning)로 온다는데 유의하라.

4. a. It has become necessary for lots of Koreans to use smartphones.
   b. Lots of Koreans think that smartphones are indispensable in their daily lives.
   c. Smartphones have become a daily necessity for lots of people in Korea.
   d. Lots of people in Korea feel inconvenienced without using smartphones in their daily lives.

추가예문 Using smartphones has become a necessity among most Korean people.

Smartphone usage has become a daily necessity for most Korean people.

'스마트폰' smartphone은 셀 수 있는 명사로 '스마트폰 하나'는 a smartphone이고 일반적인 의미의 스마트폰은 smartphones이다. 예문에서는 모두 일반적인 의미를 전하기 위해 smartphones로 표현한 것이다.

'많은 사람들'은 lots of Koreans, lots of people in Korea, most Korean people로 옮긴다. 양화사 lots of는 수나 양에 모두 쓰이는 양화사로 셀 수 있는 명사가 뒤따를 때는 복수형(Koreans)을 선택한다. 따라서 단수형 Korean이나 person은 올 수 없다.

'생활필수품이 되다'는 become necessary, be indispensable, become a daily necessity, feel inconvenienced without using~in one's daily life, become a necessity, become a daily necessity로 옮긴다. 동사 become은 '~가 되다'는 의미로 뒤에 명사구(a daily necessity)나 형용사구(necessary)를 보어로 선택한다. be동사 역시 뒤따를 명사구나 형용사구를 선택하므로 형용사구(indispensable)가 선택된 것이다. 또한 동사 feel은 '~한 느낌이 들다'는 의미를 전할 때 형용사구(inconvenienced)를 선택한다.

5. a. It is important to use a smartphone well, for it is a modern convenience.
   b. A smartphone is a modern convenience, so it is important to use it well.
   c. One should use a smartphone well and this is important, for it is a modern convenience.
   d. Since a smartphone is a modern convenience, it is important to use it well.

추가예문 As a modern convenience, it is important to be able to use your smartphone correctly.
Since it is a modern time-saving device, one should try their best to use their smartphone well.

'이기' convenience, device는 셀 수 있는 명사로 '하나의 이기'는 a convenience, a time-saving device이고 일반적인 의미의 이기는 conveniences, time-saving devices이다. 따라서 '문명의 한 이기'는 a modern convenience, a modern time-saving device로 옮긴다.

'~이므로'는 이유를 나타내므로 첫째 셋째 예문처럼 가볍게 이유를 덧붙여 줄 때 사용하는 '쉼표+for-절'로 옮기거나 둘째 예문처럼 '~, so~'로 옮길 수도 있고 넷째 예문처럼 이미 청자에게 알려져 있는 이유를 제시할 때 쓰는 'since-절'로 옮길 수도 있다. 또한 자격을 나타내는 전치사를 써서 as~로 옮길 수도 있다.

'~을 올바로 사용하다'는 use~well, use~correctly로 옮긴다.

'~하는 것이 중요하다'는 it is important to do ~, ~is important로 옮기거나 당연함을 나타내는 조동사 should~로 옮긴다. it은 가주어이고 to do가 진주어이다.

6. a. A consumer is encouraged to spend too much money as new smartphones with new features come out continuously.
   b. Smartphones with new features come out continuously and promote consumers' overspending.
   c. New smartphones come out with new features continuously, so this encourages consumers' overspending.
   d. With the successive launches of new smartphones with new features, consumers are encouraged to spend excessive amounts of money.

추가예문 With new models coming out at an aggressive rate, customers are pushed to spend extravagant amounts of money on new smartphones.
Consumers are encouraged to spend an excessive amount of cash as new smartphones continuously enter the market.

'새로운 기능의 스마트폰'은 '하나의 새로운 기능의 스마트폰'을 의미하는 것으로 볼 때는 a new smartphone with new features, a new model로 옮기고 일반적인 의미의 새로운 기능의 스마트폰은 new smartphones with new features, new models로 옮긴다.

'연달아 나오다'는 동사구 come out continuously, come out at an aggressive rate, continuously enter the market이나 명사구 the successive launches로 옮긴다.

'소비자' consumer는 셀 수 있는 명사로 '한 소비자'는 a consumer이고 일반적인 의미의 소비자는 consumers로 옮긴다.

'과소비를 부추기다'는 be encouraged to

spend too much money, promote consumers' overspending, encourage consumers' over-spending, be encouraged to spend excessive amounts of money, be pushed to spend extravagant amounts of money, be encouraged to spend an excessive amount of cash로 옮긴다.

7. a. With time various features are added to smartphones, so new smartphones are gradually coming out with new features.
   b. As time goes by, smartphones with various features are gradually coming out.
   c. They are launching a new smartphone with various features on the market as time goes by.
   d. New smartphones with various features are gradually coming out as time goes by.

추가예문 Smartphones with new additional features are coming out continuously.
New smartphone features are being introduced with each passing day.

'시간이 지나면서'는 전치사구 with time 부사절 as time goes by로 옮긴다. go by는 '(시간 등이) 지나가다, 경과하다'는 뜻이다.

'점점 더 다양한 기능을 가진'은 with new features, with various features, with new additional features, new smartphone features로 옮긴다.

'출시되고 있다'는 현재를 기준으로 출시되는 행위가 진행 중에 있다는 의미로 현재진행시제로 are coming out, are launching~, are being introduced로 옮긴다.

8. a. You can make calls, search the Internet, listen to music, and take a picture with a smartphone.
   b. Smartphones are used for various purposes: making calls, searching the Internet, listening to music, and taking a picture.
   c. We use a smartphone to make calls, search the Internet, listen to music, and take a picture.
   d. A smartphone is used to make calls, search the Internet, listen to music, and take a picture.

추가예문 Making phone calls, browsing the Internet, listening to music and taking pictures are things that people use their smartphones for.
People tend to use smartphones for making phone calls, browsing the Internet, listening to music, and taking pictures.

'스마트폰으로'는 with a smartphone으로 옮기거나 smartphones are used, ~use a smart-phone, a smartphone is used, use one's smart-phones for~, use smartphones for~로 옮긴다.

'전화를 하다'는 make calls, make phone calls로 옮긴다.

'인터넷을 검색하다'는 search the Internet, browse the Internet으로 옮긴다.

'음악을 듣다'는 listen to music으로 옮기며 music은 셀 수 없는 명사로 a music으로 표현할 수 없다. 또한 앞에 the를 붙여 the music으로 표현하면 특정한 음악을 의미하게 되어 일반적인 의미의 음악을 가리킬 수 없게 된다는데 유의하라.

'사진을 찍다'는 take a picture, take pictures로 옮긴다.

첫째 예문은 동사구 네 개(make calls, search the Internet, listen to music, take a picture)를 쉼표(,)와 등위접속사(and)로 대등하게 연결한 문장이다.

둘째 예문의 콜론(:) 뒤는 네 개의 동명사구(making calls, searching the Internet, listening to music, taking a picture)가 쉼표와 등위접속사(and)에 의해 대등하게 연결되어 있다.

셋째 넷째 예문에서는 to-부정사 네 개(to make calls, search the Internet, listen to music, take a picture)가 쉼표와 등위접속사(and)로 대등하게 연결되어 있다.

9. a. I am sure that more and more useful features will be added to smartphones as time goes by.
   b. More and more useful features will surely be added to smartphones as time passes.
   c. With time it is clear that more and more useful features will be added to smartphones.
   d. It is evident that with time more and more useful features will be added to smartphones.

추가예문 More and more convenient features will be added to smartphones in time.
I bet that with each passing day more and more useful features will be added to smartphones.

'더 많은 유익한 기능'은 more and more useful features, more and more convenient features로 옮긴다.

'~에 추가되다'는 be added to~로 옮기며 to가 전치사이므로 뒤는 전치사의 목적어가 될 수 있는 명사구가 온다.

'~이 분명하다'는 be sure that~, will surely be~, it is clear that~, it is evident that~, I bet that~으로 옮긴다. 셋째 예문과 넷째 예문의 it은 모두 뒤의 진주어인 'that-절'을 가리키는 가주어이다.

10. a. People are annoyed by a smartphone user if he or she does not observe good phone manners.
   b. When a smartphone user does not observe phone manners, people around him or her are annoyed.
   c. A smartphone user annoys others around him or her if he or she does not observe good phone manners.
   d. A person who does not observe smartphone user manners annoys people around him.

추가예문 There are certain manners that must be followed when one uses a smartphone; not to do so would greatly annoy others.
It annoys people when someone doesn't use cellphone etiquette when using their smartphone.

'스마트폰사용자' smartphone user는 셀 수 있는 명사로 '한 스마트폰 사용자'나 '어떤 사람이건 스마트폰사용자'를 가리킬 때는 a smartphone user이고 일반적인 의미의 스마트폰사용자는 smartphone users이다.

'사용예절을 지키다'는 observe good phone manners, observe phone manners, observe smartphone user manners, there are certain manners that must be followed로 옮긴다.

'주위의 사람들에게 피해를 주다'는 people are annoyed by~, people around~are annoyed, annoy others around~, annoy people around~, annoy others, annoy people로 옮긴다.

제18장 | 진술 내용의 진위에 따른 표현법

Ⅱ. 기본연습

1. b 2. b 3. d 4. d 5. a
6. b 7. b 8. a 9. c 10. a

Ⅲ. 심화연습

1. c 2. a 3. d 4. c 5. b
6. a 7. d 8. c 9. d 10. d

Ⅳ. 기본영작

1. a. go　　b. goes
2. a. Don't　　b. not
3. a. finished　　b. was
4. a. Bring　　b. you
5. a. goes　　b. is
6. a. anybody　　b. not
7. a. go　　b. to go
8. a. went　　b. will not go
9. a. had gone　　b. did not go
10. a. should come　　b. comes

Ⅴ. 심화영작

1. a. Su-Bin, a career woman, works for a company.
   b. As a career woman, Su-Bin works for a company.
   c. Su-Bin is a career woman working for a company.
   d. Su-Bin works for a company, so she is a career woman.

추가예문 Su-Bin works at a company as an office worker.

A company is where Su-Bin, an office worker, works.

'회사에서 일하다'는 work for a company, work at a company, a company is where~works로 옮긴다.

'직장여성'은 a career woman, an office worker로 옮긴다.

한국어 원문은 현재의 사실을 이야기하는 문장이므로 단순현재시제 works, is로 옮긴다.

첫째 예문의 명사구 a career woman은 주어인 Su-Bin을 가리키는 동격명사구이다.

둘째 예문의 as a career woman은 전치사구로 as는 자격을 나타내는 전치사구이고 a career woman은 명사구로 전치사 as의 목적어이다.

셋째 예문의 working은 앞 명사 woman을 수식하는 형용사 기능을 하는 현재분사이다. 이것은 관계대명사가 이끄는 관계절인 who works로 바꿔 쓸 수 있다.

2. a. After washing her long hair, she goes to work every day.
   b. She washes her long hair before going to work every day.
   c. Before she leaves for work, she washes her long hair every day.
   d. Her long hair is washed by her before leaving for work every day.

추가예문 Every day she washes her long hair and goes to work.

Prior to leaving for work, she washes her long hair every day.

'매일'은 every day로 옮기며 everyday로 옮겨서는 안 된다. eveyday는 '매일의'를 뜻하는 형용사이다.

'출근하다'는 go to work, leave for work으로 옮긴다.

'출근하기 전'은 before going to work, before leaving for work, before~leave for work, ~ and goes to work, prior to leaving for work으로 옮긴다.

'긴 머리'는 long hair로 옮기며 a long hair로 옮겨서는 안 된다. long hair는 어떤 사람의 머리털 전체가 길다는 뜻이지만 a long hair는 '긴 머리카락 하나'를 뜻하기 때문이다.

'머리를 감다'는 wash one's hair, one's hair is washed로 옮긴다.

한국어 원문은 현재의 규칙적 반복적 행위를 나타내므로 동사는 모두 단순현재시제 goes, washes, leaves, is washed로 나타낸다.

3. a. Walk up to her and tell her that you love her, if you love her.
   b. If she is your type, go up to her and tell her that you love her.
   c. In case you like her, go up to her and

tell her that you love her.

d. How about going up to her and telling her that you love her if she is your type?

추가예문 If she is your kind of girl, march over there and tell her you love her.
If you have feelings for her, you should go over and tell her you love her.

'그녀가 마음에 든다면'은 부사절 if you love her, if she is your type, in case you like her, if she is your kind of girl, if you have feelings for her로 옮긴다.

'~에게 다가가다'는 walk up to~, go up to~, march over there, go over로 옮긴다. to는 전치사이므로 뒤는 전치사의 목적어인 명사구가 온다.

'~에게 사랑을 고백하다'는 tell~that~love~로 옮긴다.

'~해라'는 단순한 사실을 진술하는 것이 아니라 명령을 하는 것이므로 동사의 형태를 명령법, 즉 동사원형으로 표현한다. 첫째 둘째 셋째 예문의 walk, tell, go는 모두 그 동사의 명령법 형태이다.

넷째 예문은 제안이나 권유를 나타내는 How about~?으로 표현한 것이다.

4. a. Don't steal a glance at her beautiful long wet hair.

b. You'd better not steal a glance at her beautiful long wet hair.

c. I want you not to steal a glance at her beautiful long wet hair.

d. Would you please not steal a glance at her beautiful long wet hair?

추가예문 I'd prefer it if you didn't catch a glance of her beautiful long wet hair.
It'd be better if you didn't catch a glance of her beautiful long wet hair.

'그녀의 아름다운 긴 젖은 머리'는 her beautiful long wet hair로 옮긴다. 이 명사구의 가장 앞에는 한정사인 소유격 her가 오고 그 다음은 견해를 나타내는 형용사 beautiful이 오고 그 다음에 크기를 나타내는 형용사 long이 오고 다음에 상태를 나타내는 형용사 wet이 온다는데 유의하라. 명사구 내에서 명사 앞에 형용사가 여러 개 올 때 일반적으로 정해진 순서가 존재하며 순서가 완전히 자유로운 것이 아니라는데 유의하라. 원칙적으로 말하면, 주관적 판단에 의존하거나 추상적 개념을 나타내는 형용사가 객관적 판단에 의존하거나 구체적인 개념을 나타내는 형용사보다 앞쪽에 온다.

'~을 훔쳐보다'는 steal a glance at~으로 옮긴다.

'~하지 마라'는 부정명령문 Don't~나 had better not do~, want~not to do~, would you please not do~?로 옮긴다.

한국어 원문은 명령문으로 영어로 옮길 때는 첫째 예문처럼 don't를 사용한 부정명령문으로 옮길 수도 있고, 둘째 예문처럼 권유를 하는 형식을 사용할 수도 있고, 셋째 예문처럼 현재의 사실을 진술하는 직설법현재로 옮길 수도 있고, 넷째 예문처럼 정중한 부탁을 하는 형식으로 옮길 수도 있다.

둘째 예문의 had better 뒤는 동사 원형이 오므로 '~하지 않는 게 좋겠다'는 의미는 'had better + not +동사원형'으로 옮긴다.

5. a. With her wet hair flying, she goes to work in a hurry every day.

b. She hurriedly goes to work every day with her wet hair flying in the wind.

c. Her departure for work is done in a hurry every day with her wet hair flying in the wind.

d. As her wet hair flies in the wind, she leaves for work in a hurry every day.

추가예문 With her wet hair flying in the breeze, she runs off to work each day.
With her wet hair trailing behind her, she hurries off to work each day.

'젖은 머리를 흩날리며'는 전치사구 with one's wet hair flying, with one's wet hair flying in the breeze, with one's wet hair trailing behind her로 옮기거나 부사절 as one's wet hair flies in the wind로 옮긴다. trail은 '(머리카락 등이)늘어지다'는 뜻이다.

'바쁘게'는 in a hurry, hurriedly로 옮긴다.

'출근하다'는 go to work, one's departure for work is done, leave for work으로 옮긴다.

'바쁘게 출근하다'는 go to work in a hurry, hurriedly go to work, one's departure for work is done in a hurry, leave for work in a hurry, run off to work, hurry off to work으로 옮긴다.

한국어 원문은 현재의 규칙적 반복적 행위를 나타내므로 영어예문은 모두 단순현재시제 goes, is done, flies, leaves로 옮긴다.

6. a. Her mother asks her to wash her hair every other day.
   b. Her mother suggests that she wash her hair every other day.
   c. She is advised to wash her hair every other day by her mother.
   d. Her mother's suggestion is that she wash her hair every other day.

추가예문 Her mother advises her to wash her hair every other day.

Her mother recommends her to wash her hair every other day.

'격일로'는 every other day로 옮긴다.

'머리를 감다'는 wash one's hair로 옮긴다.

'~하라고 하다'는 '~하라고 요구하다, 제의하다'는 의미로 ask~to do~, ~suggest that~do~, is advised to do~, one's suggestion is~, advise~to do~, recommend~to do~로 옮긴다.

첫째 예문과 셋째 예문은 현재의 사실을 진술하는 문장으로 동사는 모두 직설법현재형이 쓰인다.

둘째 예문은 제안을 나타내는 주절동사 뒤에 'that-절'이 나오므로 이 절 내에서는 동사가 가정법현재형, 즉 동사원형 wash가 온다는데 유의하라. 마찬가지로 넷째 예문에서도 제안을 나타내는 명사 suggestion이 'that-절'을 가지고 있으므로 이 절 내에서는 가정법현재형 wash가 온다. 직설법현재형은 washes이다.

7. a. She wishes she didn't have to wash her hair every day.
   b. She thinks it regrettable that she should wash her hair every day.
   c. Her hair has to be washed every day, which is a regrettable thing for her.
   d. A regrettable thing for her is that she has to wash her hair every day.

추가예문 She wishes she didn't have to wash her hair every day.

She thinks it would be better if she didn't need to wash her hair every day.

한국어 원문은 현재 머리를 매일 감는다는 사실에 대한 유감을 나타내어 그렇게 하지 않는 상황을 마음속으로 그려보는 문장이다. 따라서 첫째 예문처럼 주절동사 wish를 현재시제로 종속절에 과거시제를 두어 가정법과거로 표현하면 현재의 사실에 반하는 상황을 나타내게 된다.

don't have to do~는 '~할 필요가 없다'는 뜻이다.

둘째 예문은 가정법 과거가 아닌 직설법을 사용하여 현재의 사실을 기술한 문장이다. 주절동사 think가 'that-절'을 진목적어로 하는 가목적어 it을 두고 목적보어로 형용사구 regrettable을 가진 문장이다.

셋째 예문도 직설법현재로 표현한 문장으로 주절 She has to wash her hair every day에서 to-부정사 to wash의 목적어인 her hair를 화제로 삼기 위해 문장의 주어자리로 이동하면서 수동부정사(to be + 과거분사)가 만들어진 문장이다.

넷째 예문은 직설법현재로 표현한 문장으로 명사절인 'that-절'이 동사 is의 보어이다.

8. a. Since she was born a woman, she washes her hair every day.
   b. As a woman it is regrettable to her that she has to wash her hair every day.
   c. She washes her hair every day because she is a woman, not a man.
   d. If she had been born as a man, she wouldn't wash her hair every day.

추가예문 As a woman, she feels she should wash her hair every day.

Being female, she thinks it's necessary to wash her hair every day.

한국어 원문은 과거에 여자로 태어났기 때문에 현재 머리를 매일 감는다는 의미로 '과거에 남자로 태어났더라면 현재 매일 머리를 감지는 않을 텐데'라는 의미이다. 따라서 가정법의 문장으로 옮기면 넷째 예문처럼 조건절은 가정법 과거완료(had been born)가 되고 주절은 가정법과거(wouldn't wash)가 된다.

첫째 예문은 이유를 나타내는 종속절은 단순과거시제(was born)로 옮기고 주절은 단순현재시제(washes)로 옮겨 각각 과거의 사실과 현재의 사실을 표현한다.

둘째 예문은 주절과 종속절 모두 단순현재시제(is, has)로 표현하여 현재의 사실을 기술하고 있다.

셋째 예문은 주절과 이유를 나타내는 종속절 모두 단순현재시제(washes, is)로 옮겨 현재의 사실을 묘사한다.

Being female은 이유를 나타내는 종속절인 Because/As she is female을 분사구문으로 만든 것이다.

9. a. She washes her hair every day because she is a career woman.
   b. Her daily hair washing is related to the fact that she is a career woman.
   c. The reason why she washes her hair every day is related to the fact that she is a career woman.
   d. If she were not a career woman, she wouldn't wash her hair every day.

추가예문 Her career-minded attitude dictates that she wash her hair every day.

Because she is an office worker, she thinks it's necessary to wash her hair every day.

'직장에 다니다'는 be a career woman, be an office worker로 옮긴다.

한국어 원문은 그녀가 직장에 다니므로 현재 머리를 매일 감는다는 현재의 사실에 반하는 상황을 가정해 보는 문장이다. 따라서 가상의 상황을 가정해 볼 때는 가정법과거가 되고 현재의 사실을 기술할 때는 직설법현재가 된다.

넷째 예문은 가정법과거로 옮긴 것이고 나머지 세 예문은 모두 직설법현재로 옮긴 것이다.

10. a. She grew her hair so long because she was born a woman.
    b. Growing her hair so long was related to the fact that she was born a woman, not a man.
    c. The reason that she grew her hair so long was related to the fact that she was a woman, not a man.
    d. If she had been born a man, she wouldn't have to grow her hair so long.

추가예문 She grew her hair long because she is feminine.

Being a female, she decided to grow her hair out.

한국어 원문은 과거의 사실에 반하는 상황을 가정해보는 의미를 가지고 있다. 따라서 넷째 예문처럼 가정법과거완료로 옮길 수도 있고, 나머지 세 문장처럼 과거의 사실을 기술하는 직설법과거로 옮길 수도 있다.

'남자로 태어났더라면'은 과거에 남자로 태어나지 않은 사실에 대해 이것과 반하는 상황을 가정해 보는 것으로 가정법과거완료의 조건절 if~had been born a man로 옮길 수도 있고, 직설법과거를 사용하여~was born a woman, ~was a woman으로 옮길 수도 있다.

'머리를 그렇게 길게 기르다'는 grow one's hair so long, grow one's hair out으로 옮긴다.

둘째 예문은 동명사를 주어로 두어 옮긴 것이다.

셋째 예문의 첫 번째 that은 이유를 나타내는 관계부사 why 대신 쓰인 that이다. 따라서 why를 써도 같은 의미를 전한다.

제19장 | 어순의 변화와 의미의 변화

Ⅱ. 기본연습

1. d 2. b 3. a 4. d 5. b
6. d 7. a 8. d 9. d 10. b

Ⅲ. 심화연습

1. b 2. d 3. d 4. d 5. d
6. b 7. c 8. d 9. b 10. a

Ⅳ. 기본영작

1. a. Down a country road
   b. drives
2. a. Into the middle
   b. goes
3. a. too pretty a daughter
   b. a
4. a. A real farmer b. a real farmer
5. a. he b. who
6. a. A wise old man b. an old man
7. a. has the car b. never
8. a. The farmer's pretty daughter
   b. the farmer's pretty daughter
9. a. him b. a wise old man
10. a. Joon-Soo b. he

Ⅴ. 심화영작

1. a. A young man hurried into a gym.
   b. Into a gym hurried a young man.
   c. It was into a gym that a young man hurried.
   d. A man who was young entered a gym in a hurry.

추가예문 A young man ran inside a gym.
A young man rushed into a gym.

'한 청년'은 a young man으로 옮긴다.

'체육관' gymnasium은 셀 수 있는 명사로 구어체에서는 보통 gym이라고 하며 '한 체육관'은 a gym이고 일반적인 의미의 체육관은 gyms로 옮긴다.

'~으로 서둘러 들어가다'는 hurry into~, enter ~in a hurry, run inside~, rush into~로 옮긴다. inside와 into는 전치사이므로 뒤에 목적어인 명사구가 온다.

첫째 예문은 '한 청년' a young man을 화제로 삼아 옮긴 문장이다.

둘째 예문은 첫째 예문에서 문장 끝 위치에 있는 전치사구인 방향부사구 into a gym을 강조하기 위해 문장 첫머리로 이동하여 정상적인 주어(a young man) 동사(hurried)의 어순이 동사(hurried) 주어(a young)의 어순으로 도치가 일어난 문장이다.

셋째 예문은 방향부사구 into a gym을 강조하는 It~that~강조구문으로 옮긴 것이다.

2. a. He often uses a leg press machine.
   b. A leg press machine he often uses.
   c. A leg press machine is the one that he often uses.
   d. The machine that he often uses is a leg press machine.

추가예문 He frequently uses the leg press machine.
He makes a habit of using the leg press machine.

'레그 프레스 머신'은 a leg press machine, the leg press machine으로 옮긴다.

'자주'는 often, frequently로 옮긴다.

첫째 예문과 둘째 예문을 비교하면 첫째 예문은 동사 use의 목적어 a leg press machine이 동사 뒤에 있는 정상적인 문장이지만 둘째 예문은 이 목적어를 화제로 삼기 위해 주어 앞으로 이동해 놓은 문장이다. 따라서 둘째 예문의 A leg press machine은 이동 후에도 여전히 동사 use의 목적어로서의 기능을 한다.

셋째 예문의 one은 앞에 이미 나온 명사구 내의 명사 machine의 반복을 피하기 위해 쓰는 대명사이다.

make a habit of ~는 '~을 습관으로 하다'는 뜻이다.

3. a. His legs he has finally strengthened.
   b. He has finally strengthened his legs.
   c. His legs have finally been strengthened by him.
   d. At last he has succeeded in strengthening his legs.

추가예문 He has accomplished strengthening his legs.

His legs have finally become strong thanks to his hard work.

'다리를 강하게 만들다'는 strengthen one's legs, one's legs are strengthened, accomplish strengthening one's legs, one's legs become strong으로 옮긴다.

'마침내'는 finally, at last로 옮긴다.

첫째 예문은 둘째 예문에서 동사 strengthen의 목적어인 his legs를 화제로 삼기 위해 문장 첫머리로 이동한 문장이다. 이동 후에도 여전히 동사의 목적어로서의 기능을 유지하고 있다.

셋째 예문은 둘째 예문에서 동사 strengthen의 목적어인 his legs를 화제로 삼기 위해 문장의 첫머리로 이동하면서 능동문에서 수동문으로 바뀐 것이다.

넷째 예문의 succeed in ~-ing는 '~하는데 성공하다'는 표현이다.

4. a. He has long built up his chest muscles.
   b. His chest muscles he has built up for a long time.
   c. His exercise to build up his chest muscles has been done for a long time.
   d. A long time has passed since he began to build up his chest muscles.

추가예문 He has been strengthening his chest muscles for a long time.

He has been working on strengthening his chest muscles for quite some time.

'가슴근육'은 one's chest muscles로 옮긴다.

'오랫동안'은 long, for a long time, for quite some time으로 옮긴다.

'~을 단련하다'는 build up ~, strengthen ~으로 옮긴다.

둘째 예문은 has built up의 목적어인 his chest muscles를 화제로 삼기 위해 동사의 목적어 자리에서 주어(he) 앞으로 이동하여 나온 문장이다. 이동 후에도 여전히 동사의 목적어로 기능을 한다.

셋째 예문은 has done의 목적어인 his exercise to build up his chest muscles를 화제로 삼기 위해 목적어 자리에서 주어자리로 이동하여 파생된 수동문이다.

5. a. A treadmill he generally doesn't use.
   b. He generally doesn't use a treadmill.
   c. It is a treadmill that he generally doesn't use.
   d. In general, he doesn't walk or run on a treadmill.

추가예문 He tends not to use a treadmill for working out.

Generally speaking, he doesn't work out on a treadmill.

'러닝머신' treadmill은 셀 수 있는 명사로 '러닝머신 하나'는 a treadmill이고 일반적인 의미의 러닝머신은 한정사를 앞에 붙이지 않은 복수형 treadmills로 옮긴다.

'일반적으로'는 generally, in general, generally speaking으로 옮긴다.

첫째 예문은 둘째 예문에서 동사 use의 목적어인 명사구 a treadmill을 화제로 삼기 위해 문장의 첫머리인 주어(he) 앞으로 이동한 것이다.

셋째 예문은 둘째 예문의 동사 use의 목적어인 명사구 a treadmill을 It ~ that ~ 강조구문에서 강조하고자 하는 요소를 두는 It와 that 사이에 두어 강조한 것이다.

넷째 예문처럼 동사 use 대신 walk or run으로 표현할 수도 있다.

tend to do~는 '~하는 경향이 있다'는 뜻이고 tend not to do~는 '~하지 않는 경향이 있다'는 뜻이다.

work out은 '운동하다'는 뜻이다.

6. a. Near the wall lay a leg press machine.
   b. A leg press machine lay near the wall.
   c. There was a leg press machine near the wall.
   d. One could see a leg press machine near the wall.

추가예문 Near the wall was a leg press machine.

The leg press machine was over by a wall.

'그 벽 가까이'는 전치사구 near the wall로 옮긴다. near는 '~의 가까이'를 뜻하는 전치사로 뒤는 명사구인 목적어가 오기를 요구하므로 명사구 the wall이 온 것이다.

'놓여 있었다'는 동사 lie의 과거 lay로 옮기거나 was~, could see~로 옮길 수 있다.

첫째 예문은 둘째 예문에서 자동사 lie의 과거형 lay 뒤의 위치부사구 near the wall을 화제로 삼기 위해 문장 첫머리로 이동하여 파생된 문장이다.

셋째 예문은 '~이 있다'는 의미를 전하는 '존재의 there-구문'으로 옮긴 것이다.

넷째 예문은 일반인을 나타내는 주어 one을 사용하여 옮긴 것이다.

over는 '저편에, 저쪽으로'를 뜻하는 부사이다.

7. a. The young man successfully built up his chest muscles.
   b. The young man succeeded in building up his chest muscles.
   c. His chest muscles were successfully built up by the young man.
   d. The young man's increase in chest muscle mass was successful.

추가예문 The young man succeeded in strengthening his chest muscles.

The young man was successful in strengthening his chest muscles.

'가슴근육'은 one's chest muscles로 옮기고 '가슴근육을 단련하다'는 build up one's chest muscles, strengthen one's chest muscles로 옮긴다.

'~하는데 성공하다'는 successfully do~, succeed in doing~, be successfully done~, be successful in~으로 옮긴다.

첫째 예문과 둘째예문은 '그 청년' the young man을 화제로 삼아 옮긴 것인데 비해 셋째 예문은 '그의 가슴근육' his chest muscles를 넷째 예문은 '그 청년의 가슴근육량증가' the young man's increase in chest muscle mass를 화제로 삼아 옮긴 것이다.

8. a. He has much interest in building up his chest and legs.
   b. His exercise is largely focused on building up his chest and legs.
   c. His concern is largely focused on strengthening his chest and legs.
   d. His chest and legs are those which he is much interested in building up.

추가예문 He is focused on strengthening his leg and chest muscles when working out. His workout routine reflects his motivation to strengthen his leg and chest muscles.

'가슴과 다리를 강화하다'는 build up one's chest and legs, strengthen one's chest and legs, strengthen one's leg and chest muscles로 옮긴다.

'~에 관심이 많다'는 have much interest in~, is largely focused on~, one's concern is largely focused on~, be much interested in~, ~reflect one's motivation to do~로 옮긴다.

예문의 in과 on은 모두 전치사로 뒤따르는 동사는 전치사의 목적어가 되어야 하므로 모두 동명사 building, strengthening으로 나타난 것이다.

넷째 예문의 those는 동명사 building up의 목적어이고 which는 목적격관계대명사이다.

9. a. He rarely skips going to the gym three times a week.
   b. His regular visits to the gym occur three times a week.
   c. He makes it a rule to visit the gym three times a week.
   d. Rarely does he skip visiting the gym three times a week.

추가예문 He is determined to go to the gym three times a week.
He makes a habit of visiting the gym three times a week.

'일 주일에 세 번'은 three times a week으로 옮긴다.

'그 체육관'은 하나이면서 화자가 그의 청자도 알고 있다고 보는 대상을 가리키므로 the gym으로 옮긴다.

'좀처럼 ~않다'는 막연한 빈도를 나타내는 부정빈도부사 rarely~로 옮긴다.

'~을 거르다, 건너뛰다'는 skip~으로 옮기고 '~을 찾는 일을 거르다'는 skip going to~, skip visiting~으로 옮긴다.

셋째 예문의 make it a rule to do~는 '~하는 것을 규칙으로 하다'는 의미로 to-부정사 to do가 동사 make의 진목적어이도 it이 가목적어이고 명사구 a rule이 목적보어인 구조이다.

넷째 예문은 '좀처럼 ~않다'는 부정의 의미를 가진 빈도부사가 첫째 예문처럼 문장 가운데 위치, 즉 일반동사(skip) 앞 위치에서 문장 첫머리 위치로 이것을 강조하기 위해 이동하면 이 부정어가 뒤의 절 전체를 부정하게 되어 주어와 조동사의 도치가 일어나 he skips가 does he skip으로 바뀐다는 데 유의하라.

10. a. Being so diligent a youth, he doesn't hate visiting the gym.
    b. He is so diligent a youth that he doesn't hate visiting the gym.
    c. His visiting the gym he doesn't hate, for he is a very diligent youth.
    d. Because he is a very diligent youth, he doesn't hate visiting the gym.

추가예문 An eager beaver, he doesn't mind going to the gym.
As persistent as he is, he doesn't dislike going to the gym.
Because he is a hard working young man, going to the gym is not a problem for him.

'너무나 부지런한 청년'은 명사구 so diligent a youth, a very diligent youth 또는 an eager beaver, he~로 옮기거나 as persistent as he is, because he is a hard working young man으로 옮긴다. so diligent a youth는 '한정사(a)+부사(so)+형용사(diligent)+명사(youth)'라는 통상적인 구조에서 부사인 so를 문장 앞으로 이동함에 따라 이 부사의 수식을 받는 형용사 diligent가 so 가까이로 이동하여, 명사구 내에서 한정사가 가장 앞에 오는 원칙을 깨고 도치가 일어난 명사구 내부구조를 가지게 된 것이다. 이것을 명사구 내에서의 도치라고 한다.

첫째 예문의 Being so diligent a youth는 원래 이유를 나타내는 종속절 As he is so diligent a youth에서 종속접속사 As를 없애고 주어가 뒤의 주절주어와 동일하므로 he를 없애고 is를 원형으로 바꾸어 -ing를 붙여 나온 것으로 볼 수 있다. Being은 분사구문을 이끄는 현재분사이다.

셋째 예문의 앞부분 His visiting the gym he doesn't hate는 동사 hate의 목적어인 동명사구 his visiting the gym을 화제로 삼기 위해 이 동사의 목적어 자리에서 주어(he) 앞으로 이동하여 파생된 문장이다.

제20장 | 남의 말을 인용하는 법

Ⅱ. 기본연습

1. a	2. b	3. d	4. a	5. c
6. a	7. a	8. d	9. b	10. d

Ⅲ. 심화연습

1. d 2. b 3. b 4. b 5. a
6. a 7. a 8. a 9. c 10. c

Ⅳ. 기본영작

1. a. says b. that
2. a. said to b. not
3. a. said b. the
4. a. says to b. asks
5. a. says b. to
6. a. these b. those
7. a. were b. were
8. a. said to b. had almost caught
9. a. to b. whether
10. a. said b. had been

Ⅴ. 심화영작

1. a. His son asked him when he was going to buy a new car.
   b. His son said, "Dad, when are you going to buy a new car?"
   c. His son asked him about the time when he was going to buy a new car.
   d. He was asked by his son as to when he was going to buy a new car.

추가예문 His son asked him when he was thinking about buying a new car.
The father was asked by his son as to when he was planning to buy a new car.

'새 자동차를 시디'는 buy a new car로 옮긴다. '언제 사요?'는 '언제 사려고 해요?'를 뜻하므로 직접화법으로 옮기면 둘째 예문처럼 when are you going to buy~?로 옮긴다. 그러나 간접화법으로 옮기면 질문한 시점이 과거이므로 과거에서 본 미래를 나타내므로 was going to buy~?로 옮긴다.

첫째 예문은 직접화법인 둘째 예문을 간접화법의 문장으로 바꾸어 옮긴 것이다. 셋째 예문의 명사구 the time은 때를 나타내는 관계부사 when이 이끄는 관계절의 한정을 받는 관계부사의 선행사이다.

넷째 예문의 as to는 ' 에 관하여'의 의미이다.

2. a. His son asked him what car he was going to buy.
   b. His son said, "Dad, what car are you going to buy?"
   c. He was asked by his son as to what car he was going to buy.
   d. He was asked by his son about the kind of car he was going to buy.

추가예문 His son asked him what kind of car he was going to buy.
He was asked by his son as to what model of car he was planning on buying.

'첫째 예문은 직접화법인 둘째 예문을 간접화법으로 바꾸어 놓은 것이다. 간접의문인 what car~to buy가 주절동사 ask의 직접목적어이다.

셋째 예문은 간접의문인 명사절 what car~to buy가 as to의 목적어로서의 기능을 한다.

넷째 예문의 the kind of car는 전치사 about의 목적어이면서 to-부정사 to buy의 목적어이고 car와 he 사이에 목적격관계대명사 that이 생략되어 있다.

3. a. His father said, "I will buy a new car at the end of next year."
   b. His father told him that he would buy a new car at the end of the following year.
   c. His father said to him that he would buy a new car at the end of the following year.
   d. His father said that he would buy a new car at the end of the following year.

추가예문 His father said that he would buy a new car by the end of next year.

His father replied by saying that he would buy a new car by the end of next year.

'내년 말에'는 at the end of next year, at the end of the following year, by the end of next year로 옮긴다.

첫째 예문은 직접화법으로 옮긴 것이고 나머지 세 예문은 첫째 예문을 간접화법으로 바꾸어 표현한 것이다. 직접화법의 주어 I는 간접화법에서 he로 바뀌고 미래조동사 will은 과거에서 본 미래인 would로 바뀌고 next year는 the following year로 바뀐다.

셋째 예문에서 동사 said는 간접목적어와 직접목적어를 said him that~의 구조로 취할 수 없다. 따라서 동사 뒤에 전치사 없이 직접 간접목적어와 직접목적어를 둘 때는 said 대신 둘째 예문처럼 told him that~의 구조를 사용해야 한다.

4. a. His father asked him what make of car he was going to buy.
   b. His father said, "What make of car do you want to buy?"
   c. His father asked him about the make of car he wanted to buy.
   d. He was asked by his father as to what make of car he wanted to buy.

추가예문 His father asked him which make he was planning on buying.
He was asked by his father about what make he was thinking of buying.

'어느 회사 차'는 what make of car, which make, what make로 옮긴다.

'~를 사고 싶다'는 be going to buy~, be planning on buying~, be thinking of buying~으로 옮긴다.

첫째 예문은 직접화법인 둘째 예문을 간접화법으로 바꿔 쓴 것으로, 직접화법의 전달동사 said는 간접화법에서 asked로 바뀌고 따옴표 내의 직접의문은 의문사(what make of car) 뒤에 주어(he)와 동사(was going)가 나오는 간접의문의 형태로 바뀌고 동사의 시제가 주절동사의 시제(asked)의 영향으로 현재시제 is going에서 과거시제 was going으로 바뀐 것이다.

셋째 예문의 the make of car는 전치사 about의 목적어이면서 동시에 to-부정사 to buy의 목적어로 car와 he 사이에 목적격관계대명사 that이 생략되어 있다.

5. a. His mother said that electric cars would be commercialized sooner or later.
   b. His mother predicted that electric cars would be commercialized sooner or later.
   c. His mother said, "Electric cars will be commercialized sooner or later."
   d. His mother told him that it would not be long before electric cars were commercialized.

추가예문 His mother was optimistic about the fact that electric cars would be available on the mass market before long.
His mother believed that electric cars would be available for purchase before long.

'조만간'은 sooner or later, not be long, before long으로 옮긴다.

'~가 상용화되다'는 be commercialized, be available on the mass market, be available for purchase로 옮긴다.

첫째 예문은 직접화법인 셋째 예문을 간접화법으로 바꿔 쓴 것이다.

둘째 예문은 한국어 원문이 예측을 나타내므로 동사 predict를 주절동사로 두어 옮긴 것이다.

넷째 예문의 it은 시간을 가리키는 대명사이다.

6. a. His son said, "I'd like to buy a BMW or a Benz."
   b. His son hoped that he would buy a BMW or a Benz.
   c. His son said that he'd like to buy a BMW

or a Benz.

d. His son said that he wanted to buy a BMW or a Benz.

추가예문 His son stated that he'd like to buy a BMW or Benz.

His son replied by saying that he'd like to buy a BMW or Benz.

'BMW'나 'Benz'는 각각 BMW사의 자동차 한 대나 Benz사의 자동차 한 대를 의미하므로 부정관사를 붙여 a BMW와 a Benz로 옮긴다.

'~을 산다면 좋겠어요'는 '~을 사고 싶어요'를 뜻하므로 would like to buy~, want to buy ~로 옮긴다.

첫째 예문은 직접화법의 문장이고 이것을 간접화법으로 바꾼 것이 셋째 예문이다.

7. a. His father explained that he would have difficulty getting car parts when an imported car broke down.

b. His father pointed out the difficulty of getting car parts if an imported car broke down.

c. His father said, "It's difficult to get car parts if an imported car needed to be repaired."

d. His father said that it was difficult to get car parts if an imported car needed repairing.

추가예문 His father replied by saying that it's difficult buying parts for import cars, so that if it breaks down, he'd have trouble.

His father retorted by saying that if the car breaks down it would be difficult to buy parts for it, as it would be an imported car.

'외제차' imported car, import car는 셀 수 있는 명사로 '외제차 한 대'는 an imported car, an import car이고 일반적인 의미의 외제차는 imported cars, import cars이다.

'고장 나다'는 break down, need to be repaired, need repairing으로 옮긴다.

'자동차 부품' car part는 셀 수 있는 명사로 '자동차 부품 하나'는 a car part이고 일반적인 의미의 자동차부품은 car parts이다.

'부품을 구하다'는 get car parts, buy parts for import cars로 옮긴다.

'~하기가 어렵다'는 have difficulty~-ing, the difficulty of~, it is difficult to do~, it's difficult ~-ing로 옮긴다.

셋째 예문은 직접화법으로 이것을 간접화법으로 바꾸면 넷째 예문과 유사한 His father said that it was difficult to get car parts if an imported car needed to be repaired가 나온다.

8. a. His mother suggested that he forget about buying a new car for the time being.

b. His mother advised him to forget about buying a new car for the time being.

c. His mother said, "For the time being, you'd better forget about buying a new car."

d. His mother said that for the time being, he'd better forget about buying a new car.

추가예문 His mother recommended that he put off buying a new car for now.

His mother suggested that he table the idea of buying a new car for now.

'당분간'은 for the time being, for now로 옮긴다.

'~은 잊어버리다'는 '~에 관해서는 잊어버리다'는 의미로 forget about~, put off~-ing, table the idea of~로 옮긴다. table은 '(의안. 결의 등을)보류하다, 연기하다'는 뜻이다.

첫째 예문은 제안을 나타내는 동사 suggest 뒤에 보문인 'that-절'이 와 있으므로 이 절 내에서는 동사가 가정법현재형으로 오므로 동사 forget의 가정법현재형 forget이 온 것이다. 그리고 가정법은 주절동사의 시제의 영향을 받지 않으므로 주절동사가 과거형 suggested이지만 종속절 동사는 과거형 forgot을 쓰지 않는다.

셋째 예문은 직접화법이고 이것을 간접화법의 문장으로 바꾸면 넷째 예문이 된다.

9. a. His father said, "These days nearly every car company produces good cars."
   b. His father pointed out that these days nearly all car companies produce good cars.
   c. His father claimed that these days nearly all car companies manufacture good cars.
   d. His father said that these days nearly every car company produces good cars.

추가예문 His father said matter-of-factly that these days practically all manufacturers make good cars.

His father stated that these days nearly every car manufacturer makes good cars.

'요즘은'은 these days로 옮긴다.

'거의 모든 자동차 회사'는 nearly every car company, nearly all car companies, practically all manufacturers, nearly every car manufacturer로 옮긴다. nearly는 '거의'를 뜻하는 부사이고 양화사 every 뒤는 일반적으로 셀 수 있는 명사의 단수형이 오므로 company를 단수형으로 쓴 것이고 양화사 all 뒤에 셀 수 있는 명사를 쓸 때는 복수형이 오므로 companies가 온 것이다.

첫째 예문은 직접화법으로 옮긴 것으로 이것을 간접화법으로 바꾸면 넷째 예문이 나온다. 직접화법에서 따옴표 내의 내용은 현재에도 여전히 사실이므로 간접화법으로 바뀔 때 주절동사의 과거시제(said)의 영향을 받지 않으므로 현재시제(produces)가 쓰인 것이다.

10. a. His father suggested that he take safety, efficiency and comfort into consideration when he chooses a car.
   b. His father said, "You should take into consideration safety, efficiency and comfort when you choose a car."
   c. His father said that he should take into consideration safety, efficiency and comfort when he chooses a car.
   d. His father's suggestion was that he take safety, efficiency and comfort into consideration when he chooses a car.

추가예문 His father recommended that he take safety, fuel economy, and comfort into consideration when purchasing a new car.

His father advised him to take safety, fuel economy, and comfort into account when searching for a new car.

'자동차를 고르다'는 choose a car로 옮긴다.

'안전성'은 safety로 옮기고 '경제성'은 efficiency '승차감'은 comfort로 옮긴다.

'~을 고려하다'는 take~into consideration, take into consideration~, take~into account로 옮긴다.

둘째 예문은 직접화법으로 옮긴 것이고 이것을 간접화법으로 바꾼 것이 셋째 예문이다.

한국어 원문은 제안을 나타내는 것으로 볼 수 있으므로 첫째 예문과 넷째 예문처럼 제안을 나타내는 동사나 그 명사형을 사용하여 옮길 수도 있다.